FIRMICUS MATERNUS

MATHESIS

LIVRES I et II

COLLECTION DES UNIVERSITÉS DE FRANCE

publiée sous le patronage de l'ASSOCIATION GUILLAUME BUDÉ

FIRMICUS MATERNUS

MATHESIS

TOME I

LIVRES I et II

TEXTE ÉTABLI ET TRADUIT

PAR

P. MONAT

Professeur à l'Université de Franche-Comté

Deuxième tirage

PARIS

LES BELLES LETTRES

2002

Conformément aux statuts de l'Association Guillaume Budé, ce volume a été soumis à l'approbation de la commission technique, qui a chargé M. J. Beaujeu d'en faire la révision et d'en surveiller la correction en collaboration avec M. P. Monat.

95 boulevard Raspail, 75006 Paris
www.lesbelleslettres.com

Première édition 1992

ISBN : 2-251-01363-6
ISSN : 0184-7155

INTRODUCTION

L'AUTEUR

Les manuscrits de la *Mathesis* attribuent cet ouvrage à Julius Firmicus Maternus *Junior*. Cet ajout au *cognomen* a conduit bien des critiques à considérer, à la suite de Lenain de Tillemont, que l'auteur du traité d'astrologie ne devait pas être confondu avec Julius Firmicus Maternus, le bouillant apologiste du christianisme, à qui nous devons le *De errore profanarum religionum*. La critique a maintenant écarté de façon définitive les difficultés minimes qui avaient empêché de reconnaître dans ces deux œuvres la main d'un même auteur, encore païen quand il écrit la *Mathesis*, puis converti au christianisme.

C'est de cet ouvrage que nous tirons le peu que nous savons de lui. Non que les confidences personnelles y soient très nombreuses, mais la *Mathesis* est dédiée à un personnage de l'aristocratie sénatoriale que nous connaissons fort bien par d'autres documents, Egnatius Mavortius Lollianus[1]. Les recoupements ainsi rendus possibles, ajoutés à quelques allusions à divers événe-

1. Sur ce personnage, voir A. Chastagnol, *Les Fastes de la Préfecture de Rome au Bas-Empire*, p. 114-121; A.H.M. Jones *et alii*, *The Prosopography of the Later Roman Empire*, I, p. 513-516. Il est présenté (*math.* 1, *pr.* 8) comme *consul ordinaire désigné* au moment de la dédicace de l'œuvre. Comme il n'atteignit le consulat qu'en 355, on a longtemps retardé jusqu'à cette date la composition de l'ouvrage. Il semble pourtant qu'en 337, date assurée de la composition de l'œuvre, Mavortus était bien consul désigné, dans l'attente du consulat, mais que la mort de Constantin remit tout en question: les fils de l'empereur se montrèrent peu favorables à cet illustre sénateur païen qui dut attendre encore dix-huit ans le consulat.

ments datés avec certitude, comme l'éclipse totale de soleil du 17 juillet 334, permettent de regrouper un faisceau de probabilités autour de quelques certitudes. Toutes ces données ont été rassemblées et critiquées par R. Turcan dans l'*Introduction* qu'il a donnée, pour cette même collection, au *De errore profanarum religionum*, à laquelle nous renvoyons notre lecteur[2]. Nous nous contenterons d'indiquer sommairement ici les résultats présentés comme assurés au terme de cette enquête très serrée.

Julius Firmicus Maternus est né à Syracuse, vraisemblablement entre 300 et 310. Il exerce d'abord l'activité d'avocat, s'attirant ainsi, dit-il, de solides inimitiés. Mais, quand il écrit sa *Mathesis*, en 337, il n'est plus contraint de gagner sa vie par son talent oratoire: son protecteur Mavortius, dédicataire de l'œuvre, l'avait mis à l'abri du besoin, peut-être en obtenant pour lui un poste de fonctionnaire à la cour ou dans quelque administration. A ce moment-là, il est encore officiellement païen, comme son protecteur.

La mort de Constantin et l'arrivée au pouvoir d'un Constant au christianisme autoritaire, voire répressif, le contraignent à se réfugier dans une retraite studieuse. Après la promulgation de la législation antipaïenne de Constant (341), il opère une conversion qui semble obéir surtout à des raisons d'opportunité. Soucieux de donner des gages, il compose, entre 343 et 350, un pamphlet *De errore profanarum religionum* qui fait curieusement écho à la seconde loi antipaïenne promulguée par Constance II et Constant, très probablement en 346, sans que l'on puisse déterminer lequel, du pamphlet ou de la loi, avait précédé — voire influencé — l'autre.

C'est sans doute ce loyalisme un peu voyant qui lui valut le titre de *Vir Clarissimus* que lui donnent les manuscrits. On ne sait pas jusqu'à quelle date il vécut,

2. *CUF*, 1982.

mais ce fut vraisemblablement dans une certaine notoriété qui fit que, plus tard, certains crurent qu'il avait été évêque, qu'on lui attribua la paternité d'un autre ouvrage d'apologétique, les *Consultationes Zacchaei et Apollonii*, et même une part de responsabilité dans l'élaboration du *Canon* de la Messe romaine! Toutes hypothèses, il va sans dire, plus gratuites les unes que les autres.

De fait, le personnage n'était pas de première grandeur. Cet homme de cabinet semble bien avoir été égoïste et timoré: les préfaces qu'il a données aux divers livres de sa *Mathesis* ont une tonalité souvent obséquieuse, parfois agaçante. L'opportunisme et le ton parfois vengeur du *De errore* ne peuvent guère attirer de sympathies. Toutefois, il y a dans la *Mathesis* de nombreuses pages qui font honneur à leur auteur. De façon quelque peu paradoxale, Firmicus Maternus y manifeste un sentiment religieux à la fois plus profond et plus élevé, qui fit l'admiration du Père A.-J. Festugière[3]. Et surtout, il prodigue à ses lecteurs, futurs praticiens de l'astrologie, des conseils de vie d'une haute tenue, dont on n'oserait penser qu'il ait pu les écrire s'il ne les avait lui-même mis en pratique[4]. C'est pourquoi, en définitive, nous préférerions mettre ses flatteries et ses violences sur le compte des usages excessifs de l'époque en ces domaines et aussi sur celui d'une certaine maladresse; celle peut-être d'un homme de condition modeste, que son art a conduit à fréquenter et à redouter les grands, que la fragilité de sa position a contraint de donner à ses protecteurs successifs plus de gages peut-être même qu'ils n'en exigeaient.

3. A.-J. FESTUGIÈRE, *Trois dévots païens. I. Firmicus Maternus, Prières et conseils de vie*, Paris 1944.

4. *Math.* 2,30.

LA *MATHESIS*

Le titre La *Mathesis*, (ou *Traité d'astrologie*), est l'ouvrage d'astrologie le plus complet de ceux que nous a laissés l'Antiquité, et, après le poème de Manilius, les *Astronomica*, le premier traité didactique d'astrologie en prose latine. Le titre utilisé par l'auteur, qui a certainement été un praticien, et qui n'en était pas à son premier essai[1], rappelle bien la prétention de cette discipline à être une science, et même *la* science. Il est vrai que de nombreux astrologues, de Ptolémée à Képler, furent en même temps de véritables savants, et que l'apotélesmatique pouvait prétendre à bénéficier du prestige de l'astronomie. Il est vrai également que la technique des horoscopes supposait des connaissances, fussent-elles empiriques, dans le domaine de l'astronomie, et que ce petit bagage avait très vite incité un certain nombre d'astrologues à se prendre, ou à vouloir être pris pour des savants. Ainsi s'explique que le titre de *mathematicus*, accaparé par les astrologues, ne leur ait guère été contesté, mieux, leur ait été très vite réservé.

Les intentions de l'auteur Les prétentions affirmées dans le titre sont précisées par l'auteur au fil de l'ouvrage, et surtout dans les prologues qu'il a donnés à chacun de ses huit livres. Il s'agit d'abord, si l'on en croit le préambule, de répondre à un vœu fervent du dédica-

1. Il fait mention, dans le livre IV (20,2), d'un traité «sur le maître de la géniture et le *chronocrator*», dédié à un certain Murinus, et, dans le livre VII (7,4), d'un ouvrage qui traitait «de la fin de la vie». Par ailleurs, il annonce par deux fois son intention d'écrire un traité sur la *Moerogénèse* (*mat.* 5,1,38; 8,1,10).

taire de l'œuvre, Lollianus Mavortus; mais c'est là un *topos* de dédicace. L'intention profonde de l'auteur est de mettre cette science, par étapes, à la disposition et à la portée de lecteurs débutants, tout en fournissant aux praticiens un exposé et aide-mémoire systématique: c'est ce que veut montrer le recours permanent au terme *institutio* (exposé méthodique) emprunté aux rhéteurs et aux juristes. Il s'agit enfin, dans un certain nombre de pages, de confier au lecteur une révélation: le traité technique se veut donc parfois, de manière quelque peu paradoxale, ouvrage initiatique, à l'image de certaines de ses sources d'origine hermétique.

Les grandes lignes de l'œuvre

La composition de cet ensemble de huit livres est toute linéaire. Le premier livre est consacré à la défense de la discipline, bien souvent malmenée depuis Carnéade. Le deuxième livre rappelle un certain nombre de notions générales et de techniques fondamentales, à l'usage des débutants. Les six derniers, enfin, constituent l'application de ces principes: l'étude détaillée de multiples cas de figure est accompagnée de leurs conséquences prévisibles, donc des pronostics correspondants. Cette présentation schématique dissimule toutefois de nombreux points de suture, car les sources mises en œuvre sont multiples, parfois contradictoires, et pas toujours bien dominées. Nous présenterons donc de façon un peu plus détaillée chacun de ces huit livres.

Le livre I s'ouvre, un peu à la manière d'un dialogue cicéronien, par le rappel d'une conversation entre l'auteur et son protecteur. Firmicus, après avoir évoqué les merveilles naturelles de la Sicile, en vient tout naturellement à cette merveille de l'art que constituait la sphère armillaire construite par Archimède. Ainsi s'explique que Mavortius ait demandé instamment à son protégé de composer à son intention un traité de *mathesis*.

En dix chapitres, Firmicus conduit alors une vigou-

reuse défense de sa discipline. Après avoir évoqué les dissensions qui déchirent ses adversaires sur le problème de l'existence et de la nature des dieux (ch. I), il rappelle les arguments qu'avait développés Carnéade, ou que ses successeurs avaient repris contre l'astrologie. Ceux-ci sont essentiellement de deux ordres. Il y a d'abord celui que Firmicus appelle *de moribus hominum coloribusque*, qui consiste à s'étonner de ce que les gens qui habitent un même pays aient tous un aspect extérieur et des traits de caractère semblables, alors qu'ils sont nés à des moments différents. D'autre part, les ennemis des astrologues leur reprochent de saper toutes les règles de la morale et tous les ressorts de l'action humaine en laissant croire que toute conduite est déterminée par la position des astres (ch. II). Avant de répondre, Firmicus, dans une sorte de *praemunitio* traditionnelle, met en doute la compétence de celui qui a pu jeter le trouble dans l'esprit de Lollianus (ch. III), puis met en évidence les résultats aisément vérifiables déjà obtenus par ... l'astronomie. L'astrologie n'étant à ses yeux — et aux yeux de la majorité des Anciens — qu'une branche de cette même science, il se sent fondé à demander pourquoi ses détracteurs admettent principes et résultats, et refusent ce qu'il considère comme une simple application (ch. IV).

Il reprend ensuite les deux objections de ses adversaires. A l'argument tiré de la similitude des hommes nés à des moments différents sous un même climat, il répond en rappelant les différences qui séparent ces individus (ch. V). A ceux qui reprochent aux astrologues de saper toute morale et toute religion, il affirme qu'au contraire ceux-ci font beaucoup pour que les dieux soient honorés et invoqués: cette pieuse attitude doit permettre à l'âme de retrouver la vigueur de l'étincelle divine qui se trouve en elle (ch. VI): un peu paradoxalement, l'astrologue serait un libérateur!

La réfutation devient ensuite une démonstration de la

puissance du destin, évoquée dans des anecdotes qui semblent tout droit sorties des thèmes de *controuersiae*, puis dans des exemples plus célèbres, empruntés aussi à l'arsenal des déclamateurs, comme celui d'Alcibiade, de Pythagore, et surtout de Plotin et de Sylla, un sage et un tyran, entraînés l'un comme l'autre, par la fatalité, vers des destins différents (ch. VII). Firmicus revient ensuite sur les manifestations de ce pouvoir dans la vie de tous les mortels (ch. VIII-IX), puis il reprend l'objection *de moribus coloribusque*, pour y répondre cette fois par une esquisse de théorie des climats (ch. X,1-13). Le livre s'achève par un éloge de Constantin et par une fervente prière pour l'empereur et ses sujets, adressée aux sept dieux représentés par les cinq planètes et les deux luminaires (cf. X,13-fin).

Le livre II est une sorte d'introduction technique élémentaire. Firmicus y présente les notions astrologiques fondamentales qui devraient permettre à son lecteur de devenir astrologue: le Zodiaque, ses divisions et subdivisions de toute sorte; les planètes, présentées comme des êtres vivants, qui se complaisent en tel lieu du ciel — c'est leur *demeure* ou leur *maison* — se déplaisent en tel autre lieu et perdent leur pouvoir quand elles s'y trouvent, échangent entre elles des rayonnements plus ou moins favorables selon leur angle d'incidence; la détermination, au moment de la naissance d'un individu, d'une sorte de carte du ciel, ou *thème*, divisée en douze *lieux* dont chacun donnera des indications sur telle ou telle partie de la vie du natif, sa fortune, ses enfants, la forme de sa mort; la détermination, pour chaque individu également, de l'astre qui sera le maître de sa géniture, de celui qui déterminera son temps de vie... Cet ensemble qui se veut technique, et qui est, le plus souvent, fort embrouillé, révèle à l'évidence que l'astronomie est fort étrangère à Firmicus[2], mais

2. Les notes du livre II essaient de déterminer ce qu'il sait, ce qu'il a compris et ce qu'il croit avoir compris.

s'achève sur une magnifique page de déontologie, dans laquelle il exprime la haute idée qu'il se fait de la mission de l'astrologue.

Avec le livre III, nous entrons dans le domaine des applications. Le livre s'ouvre sur une présentation du *Thema mundi*, description du ciel tel qu'il se présentait à son premier jour, «horoscope», en quelque sorte, de notre univers; vient ensuite une évocation des *âges du monde*, qui nous éloigne des mythes auxquels nous sommes habitués: nous voyons le pouvoir passer successivement, suivant l'échelonnement des planètes dans le ciel, de Saturne à Jupiter, puis à Mars, et ensuite à Vénus, pour apprendre enfin que nous vivons sous le règne de Mercure. La seconde partie du livre évoque le rôle joué par chacun des sept astres dans la destinée des hommes, selon la position qu'il occupait dans le ciel au moment de la naissance. Pour chacun d'eux, l'auteur doit donc examiner douze cas, correspondant à chacun des douze signes du Zodiaque.

Le livre IV est essentiellement consacré à la Lune, à ses aspects, aux divers mouvements qui la rapprochent ou l'écartent de chacune des planètes, et à leurs conséquences sur les destinées humaines. Dans une seconde partie de ce livre, Firmicus examine l'influence du maître de la géniture; puis il expose quelques théories complémentaires comme celle des années climatériques, et surtout l'étonnante théorie égyptienne des lieux pleins et des lieux vides; il revient enfin sur le rôle joué par la Lune quand elle se trouve à l'ascendant d'une géniture.

Les livres suivants seront comparés par les uns à des catalogues, par les autres à des revues de détail. Le livre V indique l'influence exercée par chacun des cardinaux de la géniture selon le signe qui l'occupait au moment de la naissance. Il passait également en revue le rôle joué par les planètes selon leur position dans les signes, selon les domiciles des autres planètes... Mais cette partie du livre est presque totalement perdue. Le livre VI, le plus

long, dresse le catalogue des différentes configurations qui peuvent relier un astre à chacun des six autres, et indique les effets de pareilles rencontres: c'est dire son aspect répétitif, du moins dans la très longue première partie que constituent les chapitres 1-31. C'est l'occasion, au passage (ch. 30), de présenter quelques thèmes de personnages célèbres, fabriqués pour les besoins de la cause, que ce soit par Firmicus ou par ses sources: à ceux de Platon, de Démosthène ou d'Archimède s'ajoutent en effet ceux d'Homère, de Pâris, voire d'Oedipe. Puis Firmicus revient sur les décisions prises par les astres selon leur place dans les cardinaux, avant de reprendre en détail les influences de chacun d'eux sur un individu quand la configuration du ciel au moment de la naissance a fait de lui le «maître du ciel». Le livre VII étudie les rapports entre destinées et configurations astrales, mais en partant cette fois des résultats et non des causes: formes de la mort, maladies, conditions sociales, professions, sont ainsi cataloguées et expliquées par l'état du ciel au moment de la naissance.

Le livre VIII enfin, annoncé à diverses reprises comme devant constituer le point culminant de l'ouvrage, contient une description de ce qu'il est convenu d'appeler la *Sphère Barbarique*. Il s'agit d'une minutieuse revue du ciel, degré par degré cette fois, et qui s'étend, au-delà des constellations zodiacales, aux constellations qui accompagnent ces dernières dans le ciel. Bien entendu, l'évocation de chacun de ces degrés, de chacune de ces constellations, est enrichie d'indications sur leur rôle dans la géniture de l'individu, selon leur position dans le ciel au moment de la naissance.

Les prédécesseurs et les sources

Ainsi parcouru, l'ensemble de la *Mathesis* laisse l'impression d'un ouvrage méthodique et progressif, d'une véritable *institutio*, à la fois manuel et ouvrage de référence. Il n'en va plus de même lorsqu'on descend au niveau des

détails. Le lecteur découvrira vite les multiples simplifications abusives et les contradictions que l'on retrouve si souvent dans les manuels d'astrologie, de l'Antiquité à la Renaissance, et qui lui confèrent l'aspect d'une compilation hâtive. Le traducteur a pu aussi se rendre compte qu'il abandonnait souvent la prose alambiquée de Firmicus pour des textes dont la maladresse est différente: probablement des traductions élaborées par des professionnels peu soucieux d'écriture, et qui, comme les traducteurs des anciennes versions latines de la *Bible*, s'étaient souvent contentés de rendre un mot par un autre.

Cette mosaïque fait appel à de multiples sources, pas toujours dominées, pas toujours citées. Celles qui sont évoquées le sont en termes bien vagues, et la *Mathesis* ne présente guère de passages dont on puisse dire avec certitude qu'il s'agit de documents insérés par l'auteur, voire de paraphrases d'un ouvrage déterminé. Le plus souvent, un long développement est précédé de quelques noms propres, de gens d'époques et d'origines diverses, présentés indistinctement comme les garants de l'exposé qui suit.

Tentons cependant une présentation méthodique. Lorsque Firmicus situe son œuvre par rapport à des prédécesseurs, il mentionne «des Babyloniens», «des Égyptiens», et «des Grecs», c'est-à-dire, en fait, les trois grandes traditions astrologiques[3].

En Mésopotamie, l'astrologie a laissé des traces qui semblent remonter jusqu'à la première moitié du second millénaire avant J.-C.[4]. Isaïe, de son côté, décerne aux

3. Le schéma de la page 17, que j'emprunte, en francisant les noms, à GUNDEL, *Astrologoumena* (p. 384), permettra de saisir d'un coup d'œil les grandes lignes de cette histoire longue et complexe. On trouvera dans cet ouvrage, qui n'a pas, hélas, d'équivalent récent en français, des notices sur tous les auteurs qui figurent là.

4. J. BOTTÉRO, *Symptômes, signes, écritures*, dans: *Divination et rationalité*, Seuil 1974, p. 102s.

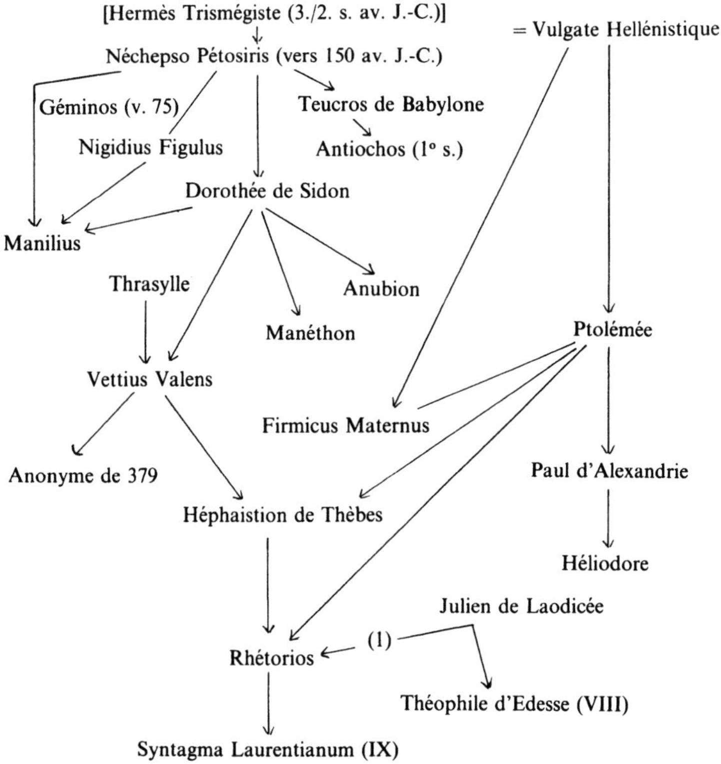

1. J'ai supprimé ici la mention de Palchos: ce nom, que l'on a cru longtemps être celui d'une personne, est en fait celui d'une cité où s'est formée une compilation byzantine (cf. D. PINGREE, *The astrological School of John Abramius*, Dumbarton Oaks Papers, 25, 1971, p. 203-204).

Adaptation de GUNDEL, *Astrologumena...* p. 384.

Babyloniens un véritable brevet d'astrologie[5], à l'époque où semblent avoir été tracés les premiers horoscopes personnels, les plus anciens, en tout cas, qui nous soient parvenus[6]. Les conquêtes d'Alexandre facilitent ensuite la diffusion de cet art dans le bassin méditerranéen. Dans l'Égypte des Ptolémées, l'astrologie reçoit, du clergé qui en est le dépositaire, un caractère de science révélée, que l'on doit atteindre par une véritable initiation. Au commencement, il y a Hermès-Thot, inspirateur et garant des écrits hermétiques, et en particulier, dans le domaine de l'astrologie, du roi Néchepso et de son prêtre Pétosiris. De leur œuvre, ainsi que de celle de leurs successeurs antérieurs à l'Empire, il ne nous reste, malheureusement, que des fragments[7]. On appellera enfin «astrologie grecque» une sorte de vulgate hellénistique élaborée à Alexandrie, empruntant aux Babyloniens comme aux Égyptiens. Telles sont les sources auxquelles puisent, ou du moins renvoient confusément les astrologues dont, à partir du premier siècle, nous commençons à connaître des noms, des fragments, puis, plus tard, des ouvrages entiers.

On sait qu'à Rome les astrologues étaient partout, dans la rue, chez les dames du monde et dans les cabinets des princes[8]: mais ni Théogène ni Thrasylle n'ont écrit. Les latins ne nous ont, en fait, laissé que deux ouvrages traitant d'astrologie. Les *Astronomica* de Manilius (cinq chants, publiés vers l'an 10 av. J.-C.), ont une ambition beaucoup plus élevée que celle d'apporter de simples recettes d'horoscopes: la description astrono-

5. *Isaïe*, 47,13.

6. Gundel, *Astrologoumena*, p. 40-51.

7. Cumont, *L'Égypte*... p. 17-18; Festugière, *La révélation*... *pass.* Les *Nechepsonis et Petosiridis fragmenta magica* ont été publiés par E. Riess (*Philol.* Suppl. VI,3, 1891, p. 323-394), et un supplément apporté par Fr. Boll dans le *Cat. Codd. Astrol. Graec.* VII, 129-151.

8. Sur cette place occupée à Rome par les astrologues, voir F. Cramer, *Astrology in Roman Law and Politics* (Philadelphie, 1954).

mique y constitue le point de départ d'une véritable élévation philosophique[9]. En revanche, l'ambition proclamée haut et fort par Firmicus est bien celle de mettre à la disposition des Romains de son époque tous les trésors accumulés par ses prédécesseurs.

Il est plus complexe d'atteindre dans le détail les sources de Firmicus. Il cite plus souvent des noms de Grecs, à la fois astronomes et astrologues, comme Critodème, Dorothée de Sidon, Hipparque, sans compter un Achilles, inconnu par ailleurs. Son fonds principal est constitué d'Égyptiens de l'époque ptolémaïque, dont il connaît les écrits soit en grec soit dans une médiocre traduction latine: Néchepso et Pétosiris, Hermès, Asclépios, Anubion. Sa dépendance à l'égard de ces sources a été établie par W. Kroll[10], dont la démonstration a permis à F. Cumont d'utiliser la *Mathesis* comme témoin privilégié pour la description qu'il a faite de l'Égypte ptolémaïque[11]. Deux noms latins, enfin, sont mentionnés par Firmicus, représentant des personnages inconnus par ailleurs, Fronton et Navigius[12]. S'il nomme aussi Aratos et ses traducteurs latins, c'est pour dénoncer leurs insuffisances. En revanche, il ne fait pas mention de Manilius, qu'il semble pourtant bien avoir connu et utilisé[13].

Firmicus n'a pas lu toutefois que des traités d'astrologie; mais il n'a guère l'occasion de le montrer que dans son premier livre. Il semble que ce soit dans les traités cicéroniens *De diuinatione* et *De natura deorum* qu'il ait rencontré la plupart des attaques contre l'astrologie aux-

9. Cf. J.H. ABRY, *L'astrologie à Rome: les «Astronomica» de Manilius*, dans *Pallas* 30, 1983, pp. 49-61.

10. *Kulturhistorisches aus astrologischen Texten*, dans *Klio*, 18, 1923, p. 213-225: si Firmicus modifie quelques termes techniques, il semble bien reproduire les pronostics des *diuini uiri* de l'Égypte ptolémaïque.

11. F. CUMONT, *L'Égypte... passim.*

12. Cf. *mat.* 2, *pr.*, 4 et note *ad loc.*

13. Cf. F. BOLL, PW, *art. Firmicus*, col. 2368-2370; *Sphaera*, Leipzig 1903, p. 39 s.; K. ZIEGLER, art. *Firmicus Maternus*, *RLAC*, 952-953.

quelles il répond alors. Il cite des fragments des *Histoires* de Salluste que nous ne connaissons que par lui. Il est à peu près établi qu'il a utilisé la *Vita Plotini* de Porphyre. Il a certainement puisé quelques arguments en faveur de l'astrologie chez les Stoïciens, mais il faut bien de l'audace pour prétendre qu'il a lu Posidonius. Si l'on ajoute à cela quelques couleurs virgiliennes assez appuyées, on devra reconnaître — et il le prouvera dans son *De errore*... — que Firmicus avait une culture assez étendue, mais dont une grande partie était sans doute de seconde main ou empruntée à des souvenirs d'école[14].

Firmicus et l'astrologie

Si la *Mathesis* est le traité d'astrologie antique le plus complet que nous connaissions, il est loin d'être le plus cohérent. «Firmicus est, en astrologie, la terreur de qui cherche à comprendre», dit A. Bouché-Leclercq dans une formule un peu trop spirituelle pour être exacte[15]. Il est vrai qu'en essayant de rassembler plusieurs millénaires de traditions, venues de Babylone à Rome en passant par la Grèce et l'Égypte, Firmicus risquait d'être débordé par l'abondance de la matière et de ne pouvoir dominer un ensemble de données forcément hétérogènes.

Héritier de traditions si diverses et souvent opposées, Firmicus se fait le vigoureux défenseur d'une discipline qui avait déjà été en butte à de multiples critiques. Il ne se contente pas de la défendre, dans son livre I, contre les objections héritées de Carnéade ou de Plotin, mais il montre avec complaisance que les faits ont apporté un cruel et exemplaire démenti à Plotin, mort d'atroce façon, victime de la Fatalité qu'il avait niée. C'est que Firmicus affirme avec la plus grande énergie une toute-puissance du destin bien supérieure à la volonté des dieux.

14. Voir nos notes dans le Livre I et l'article de F. Boll cité *supra*.
15. BL, *L'astrologie*... p. 492, n. 2.

Le plus souvent bardé de certitudes, il laisse toutefois apparaître quelques défauts dans sa cuirasse. Si certaines de ses formules sur le pouvoir du destin paraissent décisives, d'autres sont au contraire plus prudentes. Et n'est-il pas curieux que, dans une œuvre où il démontre l'implacable puissance de la fatalité, on rencontre plusieurs prières aux dieux, d'une telle ferveur qu'elles ont pu valoir à leur auteur le titre de *dévot païen*[16]?

C'est que Firmicus se montrait ouvert à tous les courants de pensée de son époque, cherchant sans doute à en faire son profit, sans saisir nécessairement leur sens profond, sans percevoir leurs contradictions, sans se rendre compte, enfin, qu'ils auraient dû le conduire à une critique plus sévère de sa propre discipline. Esprit tourmenté, comme l'est son style, en quête déjà d'une vérité qu'il pensera trouver plus tard dans le christianisme, il livre dans cette œuvre, au fil des prologues et des digressions, ce que l'on peut considérer comme de premières hésitations ainsi que quelques timides interrogations sur la destinée humaine. Cette réflexion est à la fois nourrie de lectures classiques et inspirée par son époque. Le goût du syncrétisme apparaît clairement dans les prières qu'il adresse au Soleil (*mat.* 1,10; 5, *pr.*), comme dans les généreuses assimilations qu'il pratique entre les dieux planétaires et les divinités de l'Olympe. S'il reprend volontiers les thèmes de la diatribe stoïcienne, il s'est, par Plotin et Porphyre, imprégné de néoplatonisme. Il croit en un *Deus summus*, *auctor*, Un, mais aussi «père et mère à la fois», voire «père et fils à lui-même» (5, *pr.*); il a adopté les doctrines néoplatoniciennes sur «la descente et l'ascension de l'âme» (7,1,2), sur une irréductible dualité de l'esprit et de la matière, cause première de tout mal. Des livres hermétiques, auxquels il a tant emprunté, il a tiré l'idée que l'astrologie est une connaissance révélée, presque initiatique;

16. A.-J. Festugière, *Trois dévots païens*, Paris 1944.

qu'elle est fondée sur une sorte de loi hermétique de «sympathie universelle», qui affirme que l'homme, corps et esprit, est un microcosme, réplique fidèle d'un macrocosme, Dieu, esprit dont le monde serait le corps (3, *pr.*). On ne s'étonnera pas, dès lors, qu'il considère le métier de *mathematicus* comme un véritable sacerdoce, et qu'il présente un véritable traité de déontologie à l'usage des futurs astrologues, qui devaient à la fois conserver une pureté totale pour contempler l'univers, et se conduire en savants, en prêtres et en saints. Tout bien pesé, la *Mathesis* «contient plus de conseils moraux» que le *De errore*[17].

Contradictions, certes. Mal perçues et mal dominées, assurément. Il n'est pas aisé de déterminer s'il conseille à l'homme, et à lui-même, d'accepter avec sérénité les décrets des astres (8,1,9), ou s'il pense qu'on peut leur résister, les dominer quelque peu par la pratique d'une ascèse personnelle (1,6,2).

On aimerait bien savoir à quel point Firmicus en était de son évolution vers le christianisme quand il a composé cet ouvrage. Les nombreuses pages d'inspiration néoplatonicienne avaient conduit F. Skutsch à penser qu'une influence chrétienne s'était manifestée sur l'esprit de Firmicus[18]. Mais E. Norden a montré que toutes ces admirables formules appartenaient à une tradition hymnique alors très répandue chez les païens comme chez les chrétiens[19]: le dossier n'apportait d'argument décisif ni dans un sens ni dans l'autre. Nous dirions, pour notre part, que la *Mathesis*, toute païenne qu'elle est, a pu naître dans un environnement teinté de christianisme, de ce christianisme mêlé et ambigu que connaissait la cour de Constantin. Une œuvre dans laquelle le Soleil occupait le rang de première des divinités devait plaire à un empereur qui fut si longtemps attaché au culte du *Sol*

17. P. Hadot, *DSpi*, *s.u.* Firmicus, col. 386.
18. *ARW* 13, 1910, p. 193.
19. *Agnostos Theos*, p. 233.

inuictus. N'est-ce pas ce même Soleil que Firmicus invoque en premier, après avoir célébré Constantin (1,10,14)? Il faut également relever que la *Mathesis*, présentée à chaque instant par son auteur comme une *institutio*, paraît, entre 334 et 337, quelques années après que Lactance a dédié à Constantin la deuxième édition de ses *Institutions divines*; et que la mort «exemplaire» de Plotin n'est pas sans rappeler les *morts des persécuteurs* complaisamment racontées par Lactance. Lorsque Firmicus écrit que l'âme humaine est naturellement divine et immortelle, et qu'elle doit retrouver conscience de sa dignité originelle, il pense peut-être à Porphyre, mais il reprend aussi un thème bien accepté dans l'entourage de Constantin, et que Firmianus Lactantius avait si bien orchestré. A mesure qu'il compilait ses multiples prédécesseurs astrologues, Firmicus cherchait peut-être déjà confusément à réconcilier un peu plus officiellement avec l'astrologie un peuple de chrétiens qui, dans les faits, ne lui avait jamais été totalement infidèle.

L'écrivain

Si le vocabulaire technique de Firmicus a été soigneusement étudié et largement utilisé dans les travaux d'A. Le Boeuffle[20], il reste encore bien à faire pour donner une analyse méthodique de sa langue et de son style. En effet, les dissertations qui lui ont été consacrées au XIXe siècle et au début du XXe étaient essentiellement destinées soit à relever les écarts de Firmicus par rapport aux usages cicéroniens, soit à montrer, par des ressemblances toutes ponctuelles dans ces domaines, que l'auteur de la *Mathesis* et celui du *De errore*... n'en faisaient qu'un[21].

20. *Les noms latins d'astres et de constellations*, Paris 1977; *Astronomie, Astrologie, Lexique latin*, Paris 1987.

21. C.H. Moore, *J. Firmicus Maternus, der Heide und der Christ*, diss. Munich 1897; F. Groehl, *De syntaxi Firmiciana*, diss. Vratislava 1918, où l'on trouvera une bibliographie.

Or, au lieu de vouloir tout ramener à une unité factice, il eût été plus logique d'opérer quelques distinctions, surtout à l'intérieur de la *Mathesis*. Le traducteur français porte ici témoignage qu'il a, en quelque sorte, rencontré au moins deux écrivains dans cet ouvrage. Il y a d'abord le traducteur, ou l'adaptateur de diverses traductions, responsable de la plus grande partie des livres II-VIII. Dominant mal les questions d'astronomie, peu au fait de la société alexandrine à l'intention de laquelle avaient été rédigés les ouvrages qu'il transmet, gêné par le caractère répétitif de ses modèles, il se contente d'un démarquage souvent si servile que l'on pourrait opérer une rétroversion et réécrire ses modèles grecs. L'agilité du système grec des particules donne paradoxalement naissance à des liaisons lourdes et pénibles; les essais de variations qu'il tente parfois d'opérer le conduisent à des périphrases gauches et obscures. On est parfois touché de tant de bonne volonté, mais souvent guetté par la lassitude. D'autre part, il y a aussi, en Firmicus, un déclamateur d'époque tardive, encore engoncé dans les usages de l'école, incapable de produire d'autres *exempla* que ceux des catalogues habituels[22]. Un tantinet pédant, il pratique systématiquement la redondance, sous de multiples formes[23], se gargarise d'élans emphatiques, se perd parfois dans des phrases où le lecteur aura l'indulgence de reconnaître des anacoluthes quelque peu hardies. C'est le Firmicus du livre I, des préambules et de quelques morceaux de bravoure disséminés dans l'ouvrage. Celui-là est encore maladroit; mais parfois s'élève un souffle de sincérité, une véritable ferveur, parfois excessive, parfois retenue, qui fait oublier les maladresses du traducteur et du rhéteur, ne laissant plus de doute sur la générosité de l'homme.

22. Cf. Livre I, chap. 9 et 10 et nos notes *ad loc.*
23. Cf. F. Groehl, *op. cit. pass.* en particulier p. 1 s., 13 s., 30 s.

Survie de l'œuvre

La multitude des manuscrits répandus au XIe siècle dans toute l'Europe et même en Angleterre est un premier signe de la pérennité de la *Mathesis*[24]. Mais on la trouve citée très tôt comme une source incontournable pour qui veut se pencher sur l'astrologie. D'abord, dans un ouvrage longtemps attribué à Boèce, *De dis et praesensionibus*[25], puis dans le *De philosophia mundi* de Guillaume de Conches, où Firmicus est rangé, parmi les astrologues, aux côtés de Ptolémée[26]; Marbode fait mention de lui dans son poème *De fato et genere*[27]; on retrouve son éloge chez Honorius d'Autun[28]; Guillaume de Malmesbury le cite dans son *De gestis regum Anglorum*, pour dire que Gerbert avait étudié ce livre en Espagne[29], et dans son *De gestis pontificum Anglorum*, pour rappeler qu'entre autres péchés, Girard, archevêque d'Évreux (mort en 1108), s'adonnait à la lecture de Firmicus[30]. On trouvera enfin, dans l'édition *Ksz*[31], de nombreux parallèles entre le texte de la *Mathesis* et celui d'un traité de droit anglais de 1114, intitulé *Quadripartitus*. On voit que l'œuvre de Firmicus fait véritablement partie de notre fonds commun européen.

24. Cf. *infra*, p. 26s.
25. Publié dans l'édition Orelli de Cicéron, t. V,1, p. 395,13.
26. Édité dans les œuvres de Bède, Bâle 1563, t. 2 = *PL* 90, col. 1127-1178.
27. *PL* 171, col. 1705.
28. *De philosophia mundi, II,5* = *PL* 172, col. 59.
29. *PL* 179, col. 1138B.
30. Éd. Hamilton, p. 259 n. 6. L'auteur, après avoir écrit cette accusation, l'avait rayée dans son manuscrit.
31. T. II, p. IV.

LES MANUSCRITS

Si l'on relève bien quelques mentions de Firmicus et de son œuvre chez divers auteurs du haut Moyen Âge, on ne trouve pas de manuscrit de la *Mathesis* antérieur au XIe siècle[1]. Les copies se multiplièrent à partir du XIIIe siècle, et le catalogue de l'édition Kroll-Skutsch-Ziegler ne compte pas moins de 43 numéros. Les fichiers de l'IRHT nous ont indiqué l'existence de six autres manuscrits[2], mais aucun d'entre eux n'apporte de données qui doivent faire remettre en question le classement esquissé par K. Sittl, repris par *Ksz* et que nous rappelons brièvement ici[3].

1. Relevé des *testimonia* dans *Ksz* II, p. III-IV.

2. En voici la liste:

FIRENZE, Bibl. Laurenz. San Marco 198 (XIIIe), f. 1-69v°;
LEIDEN, Bibl. der Rijksuniv. B.P.L. 968 (XIe), f. 1-2v° (fragm.);
LONDON, Brit. Libr. Harley 2766 (XVe);
Wellcome historical medical Libr. 274 (XVe), f. 4-162v°;
ROMA, Bibl. Casanat. 770 (D.VI.15);
VATICANO, Vat. lat. 8965 (XVe), f. 1-232;
VENEZIA, Museo Correr, Cicogna 2317 (a.1469), f. 2-238.

Quatre de ces manuscrits (ceux de Londres, du Vatican, de Venise) ne sont que des témoins tardifs; dans le manuscrit de Rome, *Bibl. Casanat.* 770, il n'y a que quelques figures; les deux feuillets de Leyde contiennent un passage du premier livre (I,4,5 *bre/ui maiestatis* - I,6,4 *mentis perniciosa*), écrit par deux mains différentes (le relai se fait en I,5,12 *uiuescant // quare nunc*). Le texte s'apparente à celui de *P*. Une troisième main, beaucoup plus tardive, a ajouté en marge des corrections empruntées à un modèle proche de *A* et de l'édition de Venise. Quant au manuscrit de Florence, il donne le texte jusqu'à II,30, *inimicitiis gaudeas*, et il appartient à la famille des *mutili*, dont il présente la lacune caractéristique en II,7.

3. On trouvera une description détaillée des manuscrits dans l'édition *Ksz*, II, p. V-XXXII.

Une première classe est constituée par un ensemble de manuscrits, les plus anciens, qui sont tous incomplets: ils s'arrêtent en 4,22,9 et présentent, au livre II, une lacune de plusieurs chapitres[4]. Ils semblent issus d'un archétype gaulois. Ce sont:

M : *Montepessulanus 180*. Dans ce magnifique manuscrit du XIe siècle, longuement décrit par M. Bonnet[5], on peut déceler quatre mains différentes, sans compter les notes ajoutées par Hermann de Bine, qui en était propriétaire au XVIe siècle.

P : *Parisinus 7311*. Remontant également au XIe siècle, ce manuscrit contient en outre l'*Ars amatoria* d'Ovide et provient de l'abbaye de S. Benoît-des-Fossés.

R : *Vaticanus reginae 1244*, proche du précédent, présente une lacune supplémentaire, de I, *pr.* 7 à 1,8,5.

A ces trois témoins fidèles d'un archétype gaulois, il convient de joindre:

V : *Vaticanus lat. 3425* et *Q*: *Parisinus 17867*: tous deux du XIIIe siècle et descendants d'un exemplaire de la famille de *MPR* corrigé à l'aide d'un manuscrit de l'autre famille[6]. Tel est également le cas de *S*, *Florentianus 198*[7] et des sept manuscrits décrits sous les numéros 6 à 12 dans la préface de *Ksz*.

L'autre classe est constituée de manuscrits beaucoup plus récents (XVe-XVIe), qui contiennent l'intégralité de l'œuvre. On peut les répartir en deux familles, l'une dite *germanique* (Γ) tandis que l'autre est dite *italique* (Δ). Mais à une époque où l'œuvre de Firmicus était l'objet d'une vive curiosité, les corrections, remaniements et contaminations furent relativement nombreux, dans des

4. De 2,7,2 à 2,10,5; voir note *ad loc.*

5. *RPh.* 8, 1884, 187-190.

6. *Q* offre des lacunes qui ont été comblées au XVe siècle par une main anonyme (passages indiqués dans *Ksz*, I, p. v).

7. Nous avons examiné sur microfilm ce manuscrit inconnu de *Ksz*: il ne constitue qu'un représentant de plus de cette même famille.

exemplaires qui étaient par ailleurs écrits avec beaucoup de soin et d'élégance.

Nous avons eu recours essentiellement aux manuscrits suivants: pour la famille germanique:

A : *Norimbergensis cent. V 60*, Nuremberg, Bibl. mun.: ce manuscrit, daté de 1468, est très proche de l'*editio princeps*, si proche même que l'édition *Ksz* a retenu, de curieuse façon, le sigle *A'* pour les désigner ensemble lorsqu'ils proposent la même leçon;

B : *Monacensis 49*, Munich, Bibl. royale: daté du XVIe siècle et écrit avec beaucoup de négligence. Nous n'utilisons son témoignage que lorsque les autres témoins sont pour la plupart défaillants (2,7,2-2,10,4).

O : *Oxoniensis, coll. Lincoln 114*: dans ce manuscrit du XVe siècle, la *Mathesis* occupe les fol. 135-222;

pour la famille italique:

D : *Vaticanus Palatinus lat. 1418*, manuscrit très soigné du XVe siècle, qui contient un certain nombre de corrections apportées par un relecteur qui disposait sans doute d'un manuscrit proche de *N* (voir *infra*) et qui savait faire preuve, personnellement, de beaucoup d'esprit critique.

Dans cet ensemble, un manuscrit mérite une mention spéciale: il s'agit de *N* (*Neapolitanus* V A 17, XVe). Il appartient à la famille italique, mais il a été corrigé à l'aide, semble-t-il, d'un exemplaire proche de l'archétype commun à Γ et Δ, qui remontait peut-être à l'époque carolingienne[8]: il se pose ainsi comme un précieux représentant de l'ensemble de cette classe[9]. Malheureusement son copiste avait également une certaine audace dans la

8. Cf. *Ksz* II, p. XII.

9. Après l'avoir assez peu utilisé, dans les livres I-IV, d'après la collation que leur avait procurée Hölk, *Ksz*, s'étant aperçu que bien souvent *N* contenait en fait le texte qu'ils étaient amenés à restituer quand les autres manuscrits ne donnaient pas de leçon satisfaisante, ont présenté une collation complète en tête de leur tome II, et ont utilisé systématiquement son témoignage à partir du livre IV.

conjecture et n'hésitait pas à combler les lacunes. Cet excellent témoin devra donc être utilisé avec précaution.

Le *stemma* que nous proposons plus loin (p. 38) résume ces données et permet de faire apparaître les principes sur lesquels se fonde cette édition.

Pour la première partie (jusqu'à 4,22,9 et sauf pour la lacune du livre II), nous utiliserons essentiellement *MPR*, de beaucoup les plus anciens, que nous avons revus grâce aux microfilms de l'IRHT. Le témoignage des *integri* sera apporté, tout au long de l'édition, par *N*, qui semble avoir recueilli des leçons appartenant à l'état le plus ancien de cette famille, et que nous avons également revu. Pour la seconde partie de l'œuvre, là où les *antiquiores et mutili* sont défaillants, nous utiliserons en permanence *A* pour la famille germanique, et *D*, qui est de loin le meilleur représentent de la famille italique.

Nous avons revu tous les manuscrits qui servent de base permanente à la présente édition; nous avons simplement consulté les autres pour les passages qui offraient quelque difficulté. C'est ainsi que le témoignage de *A* invoqué de façon ponctuelle pour la première partie, est utilisé de façon systématique à partir du livre IV. Comme certains des manuscrits de base présentent quelques lacunes, nous rappelons ici les manuscrits qui servent de fondement permanent aux différentes tranches de l'édition et que nous avons revus pour chacune.

Capitula			*MR*	
1,pr.	-	1,pr.7	*MPR*	*N*
1,pr.7	-	1,8,4	*MP*	*N*
1,8,4	-	1 fin	*MPR*	*N*
2,pr.1	-	2,7,2	*PR*	*N*
2,7,2	-	2,10,4	*AB*	*DN*
2,10,4	-	2,19,7	*PR*	*N*
2,19,7	-	4,19,27	*MPR*	*N*
4,19,27	-	4,20,7	*MPR*	*A*

4,20,7	-	4,22,3	*MPR*	*N*
4,22,3	-	4,22,16	*PR*	*N*
4,22,16	-	5,4,24	*A*	*DN*
5,4,25	-	5,5,3	*O*	*DN*
5,5,4	-	fin	*A*	*DN*

LES ÉDITIONS

Des extraits de la *Mathesis* furent imprimés dès 1488, dans un ensemble intitulé *Astrolabium Planum*. L'éditeur Johannes Angeli en avait confié la réalisation à Erhardt Ratdolt, imprimeur à Augsbourg. On y trouve presque tout le livre III, une grande partie du livre IV et à peu près le tiers du livre V; l'ordre des chapitres y est parfois quelque peu modifié[1]. L'éditeur a utilisé un manuscrit *recentior* de la classe Γ, proche de *A* et de *G*, revu et corrigé à l'aide d'un manuscrit de l'autre classe des *recentiores*, tout proche de *N*.

La véritable *editio princeps* fut imprimée à Venise en 1497. L'éditeur, qui nous est inconnu, a également utilisé un manuscrit de la classe Γ, et probablement aussi l'édition partielle de J. Angeli[2]. C'est aux colonnes et pages de cette édition que renvoie le *Thesaurus linguae latinae* pour les livres V à VIII[3]. Nous en indiquons donc la pagination dans les marges de ces livres.

Une *editio Aldina* parut à Venise en 1499, préparée par Pescennius Franciscus Niger. Cet érudit au nom impérial avait été envoyé par le cardinal Hippolyte d'Este à la recherche de nouveaux manuscrits en Europe

1. Cet ouvrage figure à la B.N. sous la cote *Rés.m.V.90*. On en trouvera une description plus détaillée dans la préface de W. Kroll et K. Ziegler, t. 2, p. XXVIII-XXIX; puis un certain nombre de ses leçons p. XLIV-LXIII.

2. C'est à celle-ci qu'il emprunte, en particulier, le passage apocryphe qui comble une lacune en 4,13,8. Sur cette édition, cf. *Ksz*, II, p. XXIX-XXX.

3. L'éditeur Sittl (cf. n. 6) n'avait publié que les livres I-IV quand la *Mathesis* fut dépouillée pour le *Thesaurus Linguae Latinae*.

du Nord et avait poussé sa quête jusqu'en Finlande. Le résultat ne fut pas probant, car l'édition qu'il donna est fondée, comme les précédentes, sur un *recentior* de la classe Γ. Il voulut en outre amender le texte, mais saisi par le démon de la correction, il s'appliqua à donner une couleur cicéronienne à ce latin tardif; emporté par son élan, il reprit également la composition de certains passages et ajouta même des compléments empruntés ici ou là[4].

Telle est l'édition qu'on se contenta de reproduire au XVIe siècle, avec quelques aménagements du texte, et en ajoutant quelques traités d'autres auteurs. La plus durable de ces éditions est celle que procura, à Bâle, en 1533, l'astrologue N. Pruckner: c'est encore à elle que se réfère A. Bouché-Leclercq à l'aube du XXe siècle[5]!

Un regain d'intérêt pour Firmicus et pour l'astrologie suscita, vers la fin du XIXe siècle, un certain nombre de travaux qui devaient permettre, de la *Mathesis*, la première édition digne de ce nom. Un essai de C. Sittl ne donna pas entière satisfaction[6] et le travail fut repris, toujours pour la *Collectio Teubneriana*, par W. Kroll et F. Skutsch, (livres I-IV, 1897) auxquels K. Ziegler vint prêter main-forte pour le second volume (livres V-VIII, 1913).

La reproduction de l'ensemble, en 1968, fut dirigée par K. Ziegler, qui l'enrichit de divers *addenda*, voire *addenda addendis*, qui contraignent le lecteur à divers détours s'il veut être assuré que le texte qu'il lit en pleine page est bien celui que l'éditeur souhaite finalement voir retenu[7]. Mais, par ses *Indices*, ses relevés de variantes,

4. Exemples dans la préface de *Ksz*, II, p. XXXII.
5. A. BOUCHÉ-LECLERCQ, *L'Astrologie grecque*, Paris, 1899, p. XIV.
6. C. Sittl, Leipzig, 1894.
7. IVLII FIRMICI MATERNI *Matheseos* Libri VIII *ed.* W. Kroll et F. Skutsch, *in operis societatem assumpto* K. Ziegler. *Editio stereotypa editionis anni 1913. Addenda addendis subiunxit* K. Ziegler, 2 vol.,

ses descriptions de manuscrits, elle demeurera longtemps irremplaçable.

Stutgardiae, 1968. Dans son apparat critique, cette édition distingue les corrections et apports proposés par chacun des collaborateurs, désignés respectivement par κ, σ, ζ. Nous renverrons plus simplement à l'ensemble de l'édition par l'abréviation *Ksz*, sauf dans les cas où une correction proposée par l'un seulement des éditeurs est restée dans l'apparat.

TRADUCTIONS

La *Mathesis* n'a jamais fait l'objet d'une traduction française. Quelques pages seulement, celles qui ont une résonance religieuse, voire mystique, ont été traduites en 1944 par A.-J. Festugière[1]. L'ouvrage n'a d'ailleurs pas tenté beaucoup plus les étrangers. Une traduction allemande, à tirage restreint, a été donnée par H. Thorsonn en 1927: elle est «scientifiquement inutilisable»[2]. Nous devons enfin une traduction à un américain, J.R. Bram: elle est accompagnée d'une rapide introduction et de quelques notes; l'auteur déclare dans sa préface qu'il n'a pas l'intention de traduire le texte mot à mot, et il tient largement parole[3]...

Il faut ajouter à cet état un mémoire de maîtrise préparé sous la direction de G. Sabbat et J.-H. Abry, présenté en octobre 1990 devant l'Université de Lyon-II, par Olivier Rimbault, et que l'auteur a bien voulu me communiquer après sa soutenance. On y trouvera une traduction du livre II de la *Mathesis*, accompagnée d'un commentaire. L'auteur possède une très grande connaissance de l'astrologie moderne et contemporaine: il a donné une traduction plus résolument moderne que la nôtre, et un commentaire plus développé pour tout ce qui concerne l'astrologie proprement dite: l'un et l'autre nous ont été fort utiles.

1. A.-J. Festugière, *Trois dévots païens. I. Firmicus Maternus, Prières et conseils de vie*, Paris 1944. Les passages traduits sont: I,10,14-fin; II,30; V, *praef.* 3-6; VII, *praef.*; VIII, *praef.*; VIII,33.

2. H. Thorsonn, *Firmicus Maternus: Matheseos libri VIII*, Königsberg, 1927. Nous reproduisons ici le jugement de H.G. Gundel, *Astrologumena*, p. 228, n. 3.

3. J.-R. Bram, *Theory and practice, Matheseos libri VIII, by F. Maternus*, transl. by J.R. Bram, Noyes Press, Park Ridge, 1975.

CONSPECTVS SIGLORVM[1]

I. CODICES

Antiqviores et mvtili

	M	Montepessulanus H 180, Montpellier, Faculté de Médecine	XI° s.
	P	Parisinus 7311, Paris, Bibliothèque Nationale	XI° s.
	R	Vaticanus reginae 1244, Cité du Vatican, Bibl. apost.	XI° s.
	V	Vaticanus lat. 3425, Cité du Vatican, Bibl. apost.	XIII° s.
	Q	Parisinus 17867, Paris, Bibl. nationale	XIII° s.
	S	Florentianus S. Marco 198, Florence, Bibl. Laurentienne	XIII°

Recentiores et integri

Γ	*A*	Norimbergensis cent. V 60, Nuremberg, Bibl. munic.	anno 1468
	B	Monacensis 49, Münich, Bibl. royale	XVI° s.
	G	Marcianus Ven. lat. VI 156, Venise, Bibl. S. Marc	anno 1465
	O	Oxoniensis, coll. Lincoln 114, Oxford, Lincoln College	XV° s.
	F	Vindobonensis 3195, Vienne, Bibl. nat.	XV° s.

1. Pour les manuscrits, ces sigles reproduisent ceux de l'édition Kroll-Skutsch-Ziegler (*Ksz*); pour les éditions, nous avons adopté l'usage moderne de l'abréviation trilittérale (nous indiquons plus bas les correspondances avec *Ksz*: on prendra garde toutefois que cette édition désigne, d'étonnante façon, l'accord entre le *codex A* et l'*editio princeps* par le sigle *A'*).

Δ	*C*	Vaticanus 2227, Cité du Vatican	XV° s.
	D	Vaticanus Palatinus lat. 1418, Cité du Vatican	XV° s.
	E	Vaticanus Vrbinas lat. 263, Cité du Vatican	XV° s.
	L	Laurentianus XXIX 31, Florence	anno 1479
	N	Neapolitanus V A 17, Naples, Bibl. nat.	XV° s.

II. EDITORES ANTIQVIORES

Ang.: editio parum plena, in *Astrolabio Plano*, Augustae Vindelicorum, 1488 (= α *in Ksz*).
Ven.: editio princeps, Venetiis, 1497 (= v *in Ksz*).
Ald. : editio Aldina, Venetiis, 1499 (= a *in Ksz*).
Pru. : editio N. Pruckner, Basileae, 1551.

III. EDITORES RECENTIORES

Sit. : *ed.* K. SITTL, Lipsiae 1894.
Ksz : *ed.* W. KROLL, F. SKUTSCH, K. ZIEGLER, Lipsiae, 2 vol. 1897-1913, repr. Stutgardiae, 1968, cum *Addendis* K. Ziegler: ubi, in apparatu, coniectura ab uno tantum ex editoribus proponitur, eam ab ipsius nomine signaui.

IV. EMENDATORES RECENTIORES

Bae. : W.A. BAEHRENS, *Beitrage zur lateinischen Syntax, Phil. Suppl. XII,2, p. 233-556: cf. Ksz*, II, p. XXXV.
Bra. : C.J. BRAKMAN, *Firmiciana, Mn* 52, 1924, p. 318-325.
Beaujeu, *Brind'Amour* : dum plagulas huius editionis corrigunt, plures emendationes proposuerunt, quas eorum nomine signaui.
Mommsen, *Müller* : dum plagulas editionis *Ksz* corrigunt, plures emendationes proposuerunt, quas eorum nomine signaui.

Nem[1]. : G. NEMETHY, *Nouae emendationes in Firmicum Maternum astrologum, Egyetemes Philologiai Közlöny Archivum*, 1895, 19, p. 1-15 et 353-366; *Spicilegium criticum in F. Maternum astrologum, ibid.* 1898, 22, p. 1-19.

Nem[2]. : Id., *Coniecturae ad emendandum F. Maternum astrologum*, Budapest 1918.

Use. : H. USENER, ed. F. Materni *Mathesis* 1,7,25-38, *ap.* B. MAURENBRECHER, *C. Sallustii Crispi Historiarum reliquiae*, Stuttgart 1891, p. XV-XXI.

Wik[1]. : T. WIKSTRÖM, *In F. Maternum studia critica*, diss. Uppsala 1935.

Wik[2]. : T. WIKSTRÖM, *Firmiciana, Eranos* 40, 1942, p. 37-80.

Zie[1]. : K. ZIEGLER, *Addenda et corrigenda, in ed. Teubneriana* repr. 1968, p. 546-555.

Zie[2]. : Id., *Addenda addendis, ibid.*, p. 560-567.

V. COMMENTATORES QVI SAEPIVS CITANTVR

BL = A. BOUCHÉ-LECLERCQ, *L'Astrologie grecque*, Paris 1899.

CUMONT, *L'Égypte*... = F. CUMONT, *L'Égypte des astrologues*, Bruxelles 1937.

FESTUGIÈRE, *La révélation* ... = A.-J. FESTUGIÈRE, *La révélation d'Hermès Trismégiste*, 4 vol., Paris, 1942-1954.

GUNDEL, *Astrologumena* = W. und H.G. GUNDEL, *Astrologumena, Die astrologische Literatur in der Antike und ihre Geschichte* (= *Sudhoffs Archiv*, 6), Wiesbaden 1966.

LB *Lexique* = A. LE BOEUFFLE, *Astronomie, astrologie. Lexique latin*, Paris, 1987.

LB *NLAC* = A. LE BOEUFFLE, *Les noms latins d'astres et de constellations*, Paris, Belles Lettres, 1977.

STEMMA CODICVM

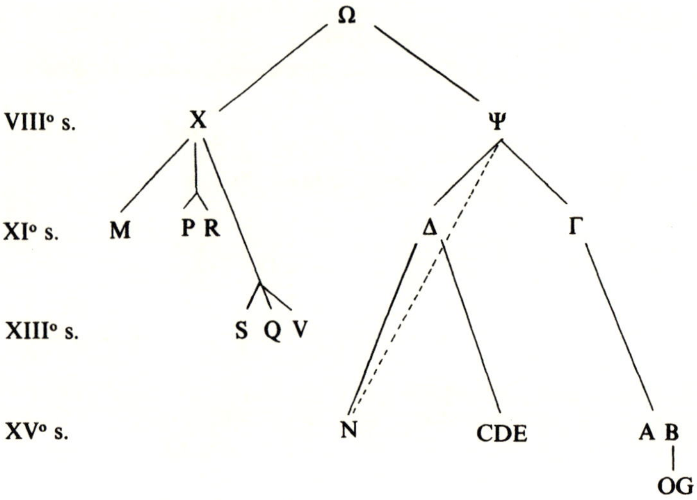

SIGNES DU ZODIAQUE

ARIES	♈	LIBRA	♎
TAURUS	♉	SCORPIUS	♏
GEMINI	♊	SAGITTARIUS	♐
CANCER	♋	CAPRICORNUS	♑
LEO	♌	AQUARIUS	♒
VIRGO	♍	PISCES	♓

LUMINAIRES

SOL	☉	LUNA	☾

PLANETES

SATURNUS	♄	VENUS	♀
JUPITER	♃	MARS	♂

MERCURIUS ☿

NOTE SUR L'ÉTABLISSEMENT DU TEXTE ET LA TRADUCTION

On trouvera p. 29-30 la liste des manuscrits utilisés pour la présente édition. La base de notre texte peut paraître plus étroite que celle de *Ksz*: elle est, en fait, légèrement différente: en éliminant *V*, qui est le plus souvent un doublet de *M*, nous avons fait place à *N*, dont la valeur avait été tardivement reconnue par *Ksz*. Notre texte s'écarte assez souvent de celui qu'ils ont imprimé (à titre d'exemple, 59 fois dans le livre I, 49 fois dans le livre II), mais beaucoup de nos corrections tiennent compte des suggestions qui figurent dans leurs *addenda* et *addenda addendis*. Nous avons choisi d'uniformiser l'orthographe, en particulier celle des mots composés et celle des diphtongues finales en *-ae*, en suivant l'usage du dictionnaire de F. Gaffiot: cela pour faciliter, à longue échéance, d'éventuelles saisies optiques pour des traitements informatisés du texte.

Notre apparat tente de répondre également à ce souci de simplification: nous n'avons pas relevé les bévues, les approximations orthographiques, en particulier dans le domaine des noms propres: les astres étant représentés dans les manuscrits tantôt par leur nom tantôt par des symboles, il n'a pas toujours été possible d'indiquer à coup sûr à quel cas ils se trouvaient dans tel ou tel manuscrit; nous n'avons pas relevé les nombreux cas où *N* intervertit des mots. Les remords de copistes sont signalés quand ils correspondent à une variante qui existe au moins dans un autre manuscrit, mais pas dans le cas contraire. Les désaccords avec le texte imprimé de

Ksz sont toujours signalés; nous avons en particulier supprimé de leur texte, quand la tradition manuscrite nous y conduisait, les corrections classicisantes qu'il était de bon ton d'effectuer au début de notre siècle.

L'écriture de Firmicus Maternus est lourde de redites, répétitions, maladresses, incohérences dans l'emploi des temps, négligences diverses, que j'ai conservées pour la traduction, dans la limite du supportable. J'ai toutefois été conduit à préciser assez souvent un sujet, quand Firmicus fait se succéder, dans une même phrase, deux verbes dont l'un a pour sujet un nom d'astre et l'autre, jamais précisé car semblant pour lui aller de soi, l'individu dont on examine le destin: dans ce cas, j'ai eu recours au terme *natif*, qu'utilisent les astrologues modernes pour désigner la personne née sous la configuration du ciel qu'ils sont en train d'évoquer. De même, certains termes techniques sont employés de façon fantaisiste et peu cohérente (*partes*, *stella*...): sous peine d'être illisible, la traduction devait mettre un peu d'ordre dans cette incohérence. Dans ce domaine technique encore, après de longues hésitations et plusieurs rétractations, je me suis résolu à m'écarter de l'usage strictement académique, pour adopter quelques termes qui sont d'un usage courant et consacré dans les ouvrages d'astrologie, du XVIe siècle à nos jours, ou chez les historiens de l'astronomie, même si les dictionnaires ne relèvent pas cette acception: c'est en particulier le cas de *climats* (pour *latitudes*) de *confins* (pour *secteurs*) de *Milieu* et de *Fond du Ciel* (pour *Culmination Supérieure* et *Inférieure*) de *course* (pour *trajectoire*)... J'ai également essayé de traduire le plus littéralement possible les expressions anthropomorphiques auxquelles recourt Firmicus pour exprimer situations, influences et interactions des astres, comme *se réjouir*, *s'attrister*, *se regarder*, *se rendre témoignage*... Il a aussi fallu tenir compte du fait que le texte de Firmicus est souvent lui-même une traduction du grec, qu'il transpose un certain nombre de titres et de

fonctions de l'Égypte ptolémaïque de façon vague ou aléatoire (F. CUMONT, *L'Égypte*... p. 71). Enfin Firmicus, ou son modèle, a transcrit très lourdement le système plus léger des particules grecques, et nous avons dû là-dessus tenter de glisser sans appuyer.

Ce travail a largement bénéficié de la science de Monsieur Pierre BRIND'AMOUR, professeur à l'Université d'Ottawa. Avec la plus chaleureuse bienveillance, il m'a proposé les multiples suggestions que lui inspirait sa profonde connaissance des traités d'astronomie et d'astrologie. Cette édition lui doit beaucoup plus que ne peuvent l'indiquer les mentions de son nom dans les notes, et je tiens à lui exprimer ma plus vive gratitude.

Monsieur Jean BEAUJEU a bien voulu assumer la tâche ingrate de relire cet ouvrage. Sa compétence vigilante m'a évité bien des erreurs; sa grande érudition a éclairé pour moi de nombreux points obscurs et m'a indiqué de fructueuses pistes de recherches. Ses notes généreuses m'ont apporté non seulement une aide précieuse pour la mise au point de cet ouvrage, mais encore de véritables enseignements qui, je l'espère, laisseront traces dans d'autres travaux à venir. Qu'il veuille bien trouver ici l'expression de ma profonde reconnaissance.

MATHESIS

Chapitres des livres de la *Mathesis* de Julius Firmicus Maternus Junior, clarissime.

Le premier livre contient une lettre sur ce qu'est l'astrologie.

Le livre II contient[1]:

I. Les douze signes.
II. Les domiciles des astres.
III. Les exaltations.
IV. Les dépressions.
V. Les décans.
VI. Les degrés des signes.
VII. Les confins.
VIII. Les planètes: lesquelles sont heureuses, le jour, lesquelles le sont la nuit?
IX. Les formes des planètes.
X. Le lever des planètes.
XI. La Lune: qu'indique-t-elle en s'associant à un astre donné?
XII. Les planètes: quand sont-elles matinales?
XIII. Les positions des planètes.
XIV. Les caractères des planètes; quelle forces ont-elles à une époque donnée?

1. Cette table des matières ne correspond pas, loin s'en faut, au contenu du livre II. Il y a d'abord un décalage dû au fait que les *capitula* répartissent sur deux chapitres, III et IV, le contenu du chapitre III; leurs titres *IX* à *XVI* correspondent au contenu des chapitres X-XII; avec un décalage de quatre unités, les titres XVII-XVIII recouvrent les chapitres XII-XVI; les chapitres XV-XVI ne correspondent à aucun *capitulum*; enfin les *capitula* XIX-XXII correspondent aux chapitres XVII-XX.

Incipiunt capitula librorum *Matheseos* Iulii Firmici Materni Iunioris V. C.

Primus liber epistolam habet quid sit mathesis.
Secundus habet:

XV. Les planètes: quand sont-elles matinales et quand sont-elles vespérales?
XVI. Les caractères des signes et leur nature; leurs ascensions; sous quels vents ils sont placés.
XVII. Les dodécatémories.
XVIII. Les huit lieux et les cardinaux.
XIX. Les lieux inertes.
XX. L'ordre des lieux.
XXI. Les pouvoirs des douze lieux.
XXII. Les noms des lieux: quels pouvoirs ont obtenus les divers astres et quels en sont les accomplissements.
XXIII. La qualité des génitures.
XXIV. Diamètres, trigones, quadrats, hexagones et signes aveugles.
XXV. Les signes: à quelles parties du corps ils sont attribués.
XXVI. Combien d'années de vie accorde tel ou tel dieu.
XXVII. Le maître des temps.
XXVIII. La répartition des temps.
XXIX. La division de l'année.
XXX. Les nombres des antiscies et leur influence.

Le livre III contient ceci[2]:

I. L'homme à l'image du monde,
II. Le thème du monde.
III. Effets produits par les planètes selon les lieux où elles sont placées.
IV. Conjonction du Soleil et de Mercure.
V. Conjonction de Saturne et de Mercure.
VI. Conjonction de Mercure et de Jupiter.
VII. Conjonction de Mars et de Mercure.

2. La correspondance est loin d'être rigoureuse avec le contenu du livre: les titres I et II sont inversés; III correspond aux chapitres III à VII, puis on retrouve le parallélisme avec un décalage de quatre unités.

XV. De stellis: quando sint matutinae, quando uespertinae.
XVI. De moribus signorum et natura et anaforis et quibus uentis subiacentur.
XVII. De duodechatemoriis.
XVIII. De octo locis et cardinibus.
XIX. De deiectis locis.
XX. De ordine locorum.
XXI. De duodecim locorum potestatibus.
XXII. De nominibus duodecim locorum et quid sint <stellae> sortitae et apotelesmata ipsarum.
XXIII. De qualitate geniturarum.
XXIV. De diametris, trigonis, quadratis, hexagonis et ableptis.
XXV. De signis: quibus partibus corporis sint adtributa.
XXVI. Quis deus quot annos uitae decernat.
XXVII. De temporum domino.
XXVIII. De diuisione temporum.
XXIX. De anni diuisione.
XXX. De numeris antisciorum et apotelesma.

Tertius liber hoc habet:

I. Hominem ad imaginem mundi.
II. Thema mundi.
III. Quae stellae in quibus locis singulares constitutae quid faciant.
IV. De coniunctione Solis et Mercurii.
V. De coniunctione Saturni et Mercurii.
VI. De coniunctione Mercurii et Iouis.
VII. De coniunctione Martis et Mercurii.

XXII. stellae *addidi* cf. 2,20, *tit.*

XXIII. qualitate: -atibus *M* || XXX. antisciorum: antisiorum *R*.

VIII. Conjonction de Mercure et de Vénus.
IX. La Lune: quels effets elle produit selon les lieux qu'elle occupe et selon les planètes qui l'accompagnent.

Le livre IV contient ceci[3]:

I. La Lune est le fondement essentiel de la vie de l'homme.
II. La Lune: qu'attribue-t-elle quand elle s'approche d'un astre donné?
III. La Lune, quand elle n'est entraînée vers aucun astre; lequel elle atteint immédiatement après sa course à vide; duquel elle s'écarte et vers lequel elle court; ce qu'elle fait en tel ou tel lieu; par rapport à quel astre doit-elle être en défluxion pour mener sa course à vide et n'être entraînée par aucun astre; auquel s'est-elle attachée; à partir duquel, en direction duquel se trouve-t-elle en tel ou tel aspect.
IV. La détermination du lieu de la Fortune: ce qu'attribue celui qui a été déterminé.
V. Le lieu du Démon.
VI. La détermination du maître de la géniture.
VII. Ce que produit tel ou tel astre dont on a déterminé qu'il était maître de la géniture.
VIII. Ce que produit l'astre maître de la géniture quand il est uni à un autre astre.
IX. Comment détermine-t-on les années climatères.
X. Quand traverse-t-on les années climatères.
XI. Les astres qui déterminent les activités.

3. Les *capitula* ne correspondent pas exactement au contenu du livre IV. Les titres I-III résument les chapitres I à XVI puis IV et V correspondent aux chapitres XVII-XVIII; VI-VIII détaillent le contenu du chapitre XIX: IX-XIV enfin, correspondent aux chapitres XX-XXV.

Quartus liber hoc habet:

III. a nullo *MR*: ad nullum *A*.
IV. decernat R^{ac}: disc- MR^{pc}.

XIV. inuenta: non inuenta *M* || defluctione *Ksz*: deflut- *MR*.

IULIUS FIRMICUS MATERNUS
MATHESIS

LIVRE PREMIER

1. Autrefois, je t'avais promis, Mavortius[1], toi notre gloire[2], que je te dédierais ces modestes livres; mais, pendant longtemps, j'ai hésité, une sorte de gêne m'a retenu, et, provoquant en moi le trouble et le doute, m'a détourné de ce désir d'écrire, car, dans sa faiblesse, mon esprit se rendait compte qu'il lui était impossible de concevoir quelque chose qu'il pût juger digne de ton attention.

2. En effet, quand tu étais investi du pouvoir consulaire sur la province de Campanie[3], où la sagesse de ton administration t'a fait mériter les plus grandes marques de dignité[4], j'ai eu l'occasion de te rencontrer un jour où j'étais accablé par la rigueur des neiges hivernales et les détours d'un interminable chemin. Et toi, alors, tu t'es efforcé de remédier à l'épuisement de mon corps affaibli et fatigué, par le réconfort solide et extrêmement attentif de tes marques d'amitié. 3. Ainsi, une fois que, ayant repris vigueur grâce à tes soins et à tes remèdes, je sentis mes forces rétablies, nous avons tour à tour évoqué nos activités d'autrefois, et nous en avons fait revivre le souvenir dans une conversation portant sur des sujets aussi élevés que variés.

1. Sur ce personnage, cf. Introduction, p. 7.

2. *Decus nostrum*: l'expression reprend l'adresse d'Horace à Mécène au début de ses *Odes*.

3. Après 328 (Mavortus Lollianus est à cette date *curator aquarum et Miniciae*) et avant 335 (il est alors *comes Orientis*).

IVLII FIRMICI MATERNI IVNIORIS MATHESEOS

LIBER PRIMVS

1. Olim tibi hos libellos, Mauorti decus nostrum, me dicaturum esse promiseram; uerum diu me inconstantia uerecundiae retardauit et ab isto scribendi studio dubia trepidatione reuocauit, cum fragilitas ingenii mei nihil se scire tale posse conciperet quod dignum fore tuis auribus iudicaret.

2. Nam, cum esses in Campaniae prouinciae fascibus constitutus, cuius te administrationis meritum maxima honoris dignitate nobilitat, occurri tibi rigore hiemalium pruinarum et prolixi itineris diuersitate confectus. Illic tu languentis et fatigati corporis mei senium enisus es fidis et religiosissimis amicitiae releuare fomentis. **3.** Cum itaque ad pristinum me statum solaciis ac medelis tuis sanitas restituta reuocasset, recolentes inuicem pristinos actus et ad memoriam reuocantes, honestas et uarias sermonum fabulas serebamus.

MPR N

Tit. IVNIORIS: -RIS V.C.L. *N* || MATHESEOS LIBER: LIBRO-RVM M- *N.*

1.2. diu me *MP*: diuine R^a diu *R* diurnae *N* || inconstantia: constantia *N.*

2. *R codicis pagina in angulo destructa, haec uerba legi non possunt*: -tionis merito maxi-; -rum et prolixi; mei senium || 2. meritum A *Ven*: -ta *N* -to MPR *Ksz* || 3. nobilitat *A Ven*: -itant N -itas MPR *Ksz* || occurri *Ven. Ksz*: -it *MPR N* || rigore: rigor *M* || 5. enisus: enixus PR^{ac} || 6. releuare: reuelare *M.*

4. Quand nous eûmes fini de nous entretenir de nos activités et de nos succès, tu as procédé par mon intermédiaire — tu t'en souviens —, à une véritable enquête sur toute la Sicile, terre que j'habite et où je suis né[5], et tu m'as demandé tout ce que nous en ont transmis les fables anciennes, ainsi que leur explication rationnelle. Que peut signifier Scylla? et Charybde? et la rencontre bouillonnante, dans un détroit, de ces deux courants qui se précipitent l'un sur l'autre, et que des mers séparées et distinctes réunissent, à des heures et en des lieux donnés, dans l'affrontement de leurs flots? Qu'en est-il des flammes qui jaillissent du sommet de l'Etna? quelle est leur nature, leur substance? d'où viennent-elles lorsque, sans qu'il y ait d'usure de la montagne, jaillissent et s'exhalent des incendies si importants? Quelle est la nature de ce lac que l'on montre, près du lit du Symèthre, et que l'on nomme Palicus[6]? toujours souillé d'un dépôt jaunâtre, il s'assombrit sous l'effet d'écumes noirâtres, et, dans cette bruyante union, il émet sifflements et grincements stridents.

5. Tu as également passé en revue et examiné avec moi toutes les autres choses que, depuis ta première enfance, tu avais découvertes dans les écrits grecs et romains relatifs aux merveilles de la province de Sicile, pour amener finalement le cours de ton propos et de ta conversation sur la sphère d'Archimède[7], manifestant la sagesse et le savoir de ton esprit divin, en me montrant ce que sont ces neuf globes[8], les cinq zones[9] qui sont diversement colorées suivant leur nature; ce qu'il en est des douze signes; de l'errance perpétuelle des cinq planètes, des courses quotidiennes et des retours annuels du soleil et du mouvement rapide de la lune, des augmentations et des diminutions perpétuelles de sa lumière; combien il faut de

5. L'ablatif *oriundo*, à force d'être employé à côté de *sum* pour marquer l'origine, a parfois été traité comme un équivalent invariable de *oriundus*; cf. Boet. *cons.* 1,5: *cuius patriae oriendo sis*... Sur la «présence» de la Sicile dans ce préambule, cf. A. Quacquarelli, *La sicilianità di F. Materno: i suoi Matheseos libri e la cultura cristiana delle scienze nel IV secolo*, dans *Il Cristianesimo in Sicilia dalle origini a Gregorio Magno*, Caltanissetta 1987, p. 127-167.

4. Posteaquam de actibus ac de processibus nostris confabulati sumus, scrutatus a me es, sicut meministi, totius Siciliae situm, quam incolo et unde oriundo sum, et omnia quae ueteres fabulae prodiderunt cum uerae rationis explicatione quaesisti: quid uelit esse Scylla, quid Charybdis, quid concurrentium in freto fluctuum turbulenta confusio, quos disiuncta ac separata maria certo horarum tempore ac spatio contraria undarum collisione coniungunt? Quid faciant ignes, qui ex Aetnae uertice erumpunt, quae natura eorum quaeue substantia, ex qua origine sine iactura montis tanta proficiscantur et anhelent incendia? Qualis sit lacus, qui prope alueum Symaethini amnis ostenditur, cui Palicus nomen est, qui semper crassitudine lurida sordidus liuentibus spumis obatrescit et strepente coniugio stridulus argutum murmur exibilat?

5. Cetera etiam omnia mecum recolens et requirens quae tibi a primo aetatis gradu et Atticae et Romanae litterae de admirabilibus prouinciae Siciliae tradiderunt, ad ultimum ad Archimedis sp*h*aeram sermoni*s* atque orationis tuae ordinem transtulisti, ostendens mihi diuini ingenii tui prudentiam atque doctrinam, quid nouem illi globi, quid quinque zonae quae diuerso naturarum genere colorantur, quid duodecim facerent signa; quid quinque stellarum sempiternus error operetur, quid Solis cotidiani cursus annuique reditus, quid Lunae uelox motus assiduaque luminis uel augmenta uel damna; quantis etiam conuersionibus maior ille quem ferunt

MPR N

4.1. de: *om.* *N* || 3. oriundo: -dus *N* || 7. separata: -ti *P* soporata *N*. 8. undarum: horarum *N* || 15. obatrescit *MR*[pc]: abat- *PR*[ac] obarescit *N* || coniugio: conuitio *N*.

5.4. sphaeram *Ksz*: sṗeram *M* speram *PR* spaeram *N* phaeram *A* || sermonis *A Ven Ksz*: -nem *MPR N* || 9. sempiternus: -um *P*[1] *corr.* *P*[2] || 12. quantis: -tas *M*.

révolutions pour que s'achève cette fameuse Grande Année dont on parle[10], celle qui ramène à leur place de départ les cinq planètes, la lune et le soleil, et arrive à son terme au bout de 1461 ans; comment s'expliquent la Voie Lactée, les éclipses de soleil et de lune; pourquoi le mouvement de rotation du ciel ne fait jamais passer les deux Ourses vers le Couchant pour les ramener à l'Orient; quelle partie de la terre est soumise à l'Aquilon, quelle partie à l'Auster: quelle loi tient la terre en suspens, établie en position centrale, grâce à un équilibre bien réglé et cohérent; dans quelle mesure enfin l'Océan, que certains appellent la mer Atlantique, entoure du flot de ses eaux, à la manière d'une île, la terre continentale.

6. Une fois que tu m'eus transmis tout cela, cher Mavortius, honneur des gens de bien, dans un exposé d'une clarté magistrale, j'ai eu encore l'audace, à mon tour, dans l'élan inconsidéré de notre entretien improvisé, de te promettre de présenter tout ce que les anciens sages Égyptiens et les divins experts de Babylone nous ont transmis par l'enseignement de leur divine doctrine sur la puissance et les pouvoirs des astres. 7. En faisant cette promesse, je l'ai bien vu par moi-même, j'ai été bien inconsidéré et, pour te parler franchement, je me suis souvent adressé de sévères reproches; je désirais même, au cas où j'en recevrais la permission, reprendre ma promesse. Mais ton encouragement m'a relevé dans mon indécision et m'a forcé à entreprendre une œuvre que souvent le désespoir m'a fait abandonner. En effet, une fois que, par la suite, notre maître et empereur Constantin Auguste, dans la vénérable sérénité de sa décision, t'eut confié le gouvernail de l'Orient[11],

perficeretur Annus qui quinque has stellas, Lunam etiam et Solem, locis suis originibusque restituit, qui mille et quadringentorum et sexaginta et unius anni circuitu terminatur; quae ratio Orbem Lacteum faciat, quae defectionem Solis ac Lunae; cur septentriones numquam caeli rotata uertigo ad occidentem transferat orientique restituat; quae sit Aquiloni pars terrae, quae uero Austro subiecta; quae ratio terram ipsam in media parte compositam librata aequabilitatis moderatione suspendat; quatenus Oceanus, quod quidam Atlanticum aiunt mare, terrae spatium in modum insulae undarum suarum circumfusione concludat.

6. Haec cum omnia mihi a te, Mauorti ornamentum bonorum, facili demonstrationis magisterio traderentur, ausus sum etiam ipse aliquid inconsulti sermonis temeritate proferre, ut promitterem tibi editurum me quicquid Aegypti ueteres sapientes ac diuini uiri Babyloniique prudentes de ui stellarum ac potestatibus diuinae nobis doctrinae magisterio tradiderunt. **7.** Fui itaque, sicut ipse noui, in ista promissione temerarius et me, ut uerum tecum loquar, frequenter seuera obiurgatione reprehendi cupiebamque, si permitterer, mutare promissum. Sed trepidationem meam hortatio tui sermonis erexit coegitque aggredi quod frequenter ex desperatione deserui. Nam cum tibi postea Orientis gubernacula domini atque imperatoris nostri Constantini Augusti serena ac uenerabilia iudicia tradidissent, nullum praetermisisti tempus

MP(R) N

14. originibus: ordinibus *Zie*[1] || 21. compositam *MPR N*: positam *Ksz.*
6.1. mauorti: maiort: *M* || 5. aegypti: -tii *N.*
7.4. permitterer: -eretur *N* || 5. trepi-: *hic des. R* || 7. postea *N*: potius *M* pocius *P* totius *Ven. Ksz.*

tu n'as jamais laissé passer une occasion d'exiger de nous ce que nous t'avions promis dans un engagement inconsidéré.

8. C'est pourquoi, maintenant que tu es proconsul et consul ordinaire désigné[12], nous accomplissons notre promesse en demandant et en sollicitant ton indulgence; que, dans ces livres, le jugement de ta science et de ton éloquence n'aille rechercher ni le poids ni le charme d'un discours parfaitement rédigé, ni des traités très amples ou imposants, ni de vigoureuses maximes. Il n'y a en nous qu'un mince talent, un style sans apprêt, et, il faut l'avouer, de bien modestes connaissances en astrologie[13]. Toutefois, bien que tout cela nous jetât dans le trouble et le désespoir, nous avons affronté le labeur de l'écriture, afin que, même si nos engagements étaient ardus et bien difficiles, nous ne manquions pas, Lollianus, à l'attente que ton très docte jugement a placée en nous.

CHAPITRE I

1. Ainsi, au seuil de cet exposé et dans les premiers propos de l'exorde, nous n'avons pas d'autre devoir que de répondre à ceux qui tentent, par toutes sortes de propos, de détruire toute la portée de l'astrologie et qui croient pouvoir, grâce à leurs belles phrases et à leurs raisonnements, briser toute philosophie et toute science divinatoire en s'appuyant sur le prestige d'un style relevé[14]. Ce qui les excite, à mon sens, et les faits le confirment, ce n'est pas tant une faiblesse ou une fausseté inhérentes à cette discipline que le goût de la contradiction, qui les pousse à opposer une argumentation d'un acharnement sans limite à des faits nettement établis, que nous saisissons déjà par l'esprit et la raison, mais que nous pouvons en outre discerner par nos propres yeux et notre propre jugement. 2. Ces gens-là, en effet, dans des développements par trop profonds et subtils, fondés précisément sur des réponses don-

12. Cf. Introduction. p. 7.

quo non a nobis exigeres quod tibi inconsulta pollicitatione promisimus.

8. Proconsuli itaque tibi et ordinario consuli designato promissa reddimus, orantes ac ueniam postulantes, ne in istis libris pondus et gratia perfectae orationis, tractatus maximi aut graues firmaeque sententiae a doctrinae atque eloquentiae tuae iudicio requirantur. In nobis tenue ingenium et sermo subtilis et, quod uere confitendum est, matheseos permodica. Quae omnia cum nos uaria desperatione turbarent, adgressi sumus tamen scribendi laborem, ne, licet in arduis ac difficillimis promissionibus constituti, prudentiae tuae, Lolliane, doctissima iudicia falleremus.

I

1. In uestibulo itaque orationis atque in ipsis principiorum primordiis constituti, nihil aliud agere debemus nisi ut his respondeamus qui totam uim matheseos multiplici orationum genere labefactare conantur, qui sententiis ac disputationibus suis omnem philosophiam diuinamque scientiam putant se posse elati sermonis auctoritate perfringere. Quos, sicut ego iudico et sicut ipsis rebus probatur, non infirmitas ipsius falsitasque doctrinae, sed contradicendi studia sollicitant, ut certis ac definitis rebus, quas non tantum animo ac ratione cernimus, sed ipsorum oculorum acie et iudicio conspicimus, argumentatione pugnacis licentiae resistatur. **2.** Hi namque nimis altis ac subtilibus disputationibus suis ex

MP N

8.4. graues: grandes *P* || 7. matheseos: -sis *N* || permodica: *cruce notau. Ksz.*

I.1.3. his: iis N *et semper fere* || 7. perfringere: perstringere *M* || sicut: s. in *N* || 9. contradicendi: contemnendi *N.*

2.2. ac: et *N.*

nées par des astrologues, s'efforcent de parvenir, par une sorte de sape, à abattre cette science tout entière; mais plus ils combattent avec ardeur, plus ils cherchent de moyens de persuader et plus, du même coup, ils confirment avec force et vigueur l'autorité de l'astrologie. 3. Car son contenu ne serait pas véridique s'ils ne s'acharnaient pas contre elle avec de telles masses d'arguments. Et cela n'a rien d'étonnant, quand on sait combien sont importantes leurs seules dissensions sur la nature des dieux[15], et avec quelle quantité d'arguments ils essaient, dans leurs ouvrages, de détruire complètement la notion de divinité: les uns disent qu'il n'y a pas de dieux, les autres admettent qu'il y en a, mais qu'ils ne s'occupent de rien, tandis que, pour d'autres, ceux-ci existent et prennent nos affaires en charge: les différences et les désaccords entre eux sont tels qu'il serait trop long, et hors de propos, surtout en ce moment où nous commençons un ouvrage sur un autre sujet, d'énumérer les opinions de chacun d'eux. 4. D'autre part, les uns leur attribuent un physique, au gré de leur caprice, leur assignent des lieux, les installent dans des palais et décrivent longuement leurs activités et leur vie, puis déclarent que tout ce qui a été fait et mis en place se trouve dirigé et gouverné par le bon vouloir de ces mêmes dieux; d'autres ont soutenu que ceux-ci ne construisent rien, ne s'occupent de rien et ne se soucient en aucune façon du gouvernement du monde; et chacun présente quelque élément vraisemblable qui incite les esprits des auditeurs à le croire facilement. 5. Quant à l'immortalité de l'âme, ce qu'on en a dit montre que les propos du divin Platon et ceux du très pénétrant et très véhément Aristote s'opposent et se combattent; d'autre part, au sujet du bien et du mal, leurs avis sont à la fois opposés et variables. 6. Je pense qu'il faut, pour l'instant, renoncer à rendre compte de ces opinions; en

15. T. Wikström (*In Firmicum*... p. 1) a relevé un certain nombre d'emplois de *dissensio* avec un génitif désignant l'objet du désaccord (cf. *ThLL s.u.* 1454,40 s.): on peut donc conserver *naturae* des manuscrits, sans ajouter *de*.

ipsis primo mathematicorum responsis quasi per cuniculum quemdam ad labefactandam hanc totam scientiam conantur irrepere; qui quanto uehementius pugnant quantumque persuadendi uias quaerunt, tanto fidem astrologiae uehementius fortiusque confirmant. **3.** Neque enim esset eius uera substantia, nisi contra eam tantis argumentorum uiribus niterentur. Nec hoc est admiratione dignum, cum sciamus inter ipsos quanta sit ipsa deorum naturae dissensio quantisque disputationum argumentis uim totam diuinitatis conantur euertere, cum alii deos non esse dicant, alii esse quidem, sed nihil procurare definiant, alii et esse et rerum nostrarum curam procurationemque suscipere, et tanta sint hi omnes in uarietate et dissensione uersati ut longum et alienum sit, hoc praesertim tempore cum aliud opus adgressi sumus, singulorum enumerare sententias. **4.** Nam alii et figuras his pro arbitrio suo tribuunt et loca adsignant, sedes etiam constituunt et multa de actibus eorum uitaque describunt et omnia quae facta et constituta sunt ipsorum arbitrio regi gubernarique pronuntiant; alii nihil moliri, nihil curare et ab omni administrationis cura uacuos esse dixerunt; adferuntque omnes uerisimile quiddam, quod auditorum animos ad facilitatem credulitatis inuitet. **5.** Quae uero de animae immortalitate dicta sunt, diuini illius Platonis et acerrimi atque ardentissimi Aristotelis contraria sibi ac repugnantia dicta demonstrant; nam de bono ac malo diuersae inter se mobilesque sententiae. **6.** Quarum explicationem nunc praetermittendam puto; neque enim hoc genus disputa-

MP N

6. persuadendi: -denti *P*.

3.4. sit: sit de *Ksz cf. autem Wik*[1]. *et not.* 15 || 5. naturae *MP N*: -ra *A Ven. Ksz* || 7. non *A Ven. Ksz*: *om. MP N* || 10. ut: et *N*.

4.1. nam: et *N* || 2. figuras: -ram *P* || 6. ab: *om. N* || 7. adferunt: asse- *N*.

5.1. de animae immortalitate: de i- a- *N* || 3. sibi ac: ac sibi *N*.

effet, ce n'est pas ce genre de discussion que nous avons abordé, et ce n'est pas à une réfutation ou à une confirmation de ces propos que nous avons préparé notre esprit et notre réflexion; mais, si nous avons rassemblé tout cela dans un bref rappel, c'est pour que, une fois dévoilées les intentions de chacun, les raisonnements agressifs de ces contradicteurs fussent étalés aux yeux de tous les hommes.

7. Dès lors, il me semble bon de recenser ce qu'ils disent de l'astrologie, en ayant soin de resserrer dans un bref exposé tout ce qu'ils ont dit là-dessus. En effet, au moment où nous nous apprêtons à exposer le contenu de la science astrologique, nous ne devons pas nous attarder trop longtemps sur les ouvrages d'autrui.

CHAPITRE II

1. Ainsi, en premier lieu, ils s'accordent à tirer argument des caractères et des couleurs des hommes, en disant[16]: «Si les caractères et les couleurs des hommes leur sont attribués par des configurations d'astres, et si, comme le ferait en quelque sorte la main d'un artiste peintre, ce sont les cours des astres qui déterminent les traits des corps mortels, c'est-à-dire si c'est la Lune qui fait les blancs, Mars les roux, Saturne les noirs, pourquoi tous les hommes naissent-ils noirs en Éthiopie, blancs en Germanie et roux en Thrace, comme si la Lune et Mars n'avaient plus ni force ni influence en Éthiopie, et comme si l'astre de Saturne abandonnait son pouvoir et sa capacité de façonner pour la Germanie et la Thrace[17]?». 2. A propos des caractères, ils ajoutent ceci: «Si Saturne fait des gens prudents, graves, lents, avides et taciturnes, si Jupiter les fait adultes, bons, bienveillants et mesurés, Mars cruels, perfides et farouches, si le Soleil les fait religieux, nobles et fiers, Vénus voluptueux, charmants, radieux de l'éclat d'un charme de bon aloi, si Mercure les fait rusés et roués, remuant de toute la mobilité de leur esprit en éveil, si la Lune les fait intelligents, brillants,

tionis intrauimus nec ad haec refutanda uel confirmanda animum nostrum consiliumque formauimus, sed omnia haec ideo breui oratione perstrinximus ut contradicentium contentiosa commenta cunctis hominibus, patefacto sui studio, panderentur.

7. Libet itaque censere quae de mathesi dicant, et curae est omnia quae ab illis dicta sunt breui oratione perstringere. Explicaturi enim matheseos atque astrologiae substantiam, non debemus diutius in alienis operibus immorari.

II

1. Primo itaque de moribus hominum coloribusque conueniunt dicentes: «Si stellarum mixturis mores hominibus coloresque tribuuntur et quasi quodam picturae genere atque artificio stellarum cursus mortalium corporum liniamenta componunt, id est si Luna facit candidos, Mars rubeos, Saturnus nigros, cur omnes in Aethiopia nigri, in Germania candidi, in Thracia rubei procreantur, quasi Luna et Mars in Aethiopia uim suam uiresque non habeant et potestatem suam fingendique licentiam in Germaniam ac Thraciam Saturni deserat stella?» **2.** De moribus uero illud addunt: «Si Saturnus facit cautos, graues, tardos, auaros ac tacitos, Iuppiter maturos, bonos, benignos ac modestos, Mars crudeles, perfidos ac feroces, Sol religiosos, nobiles ac superbos, Venus luxuriosos, uenustos et honesto gratiae splendore fulgentes, Mercurius astutos, callidos et concitati animi mobilitatibus turbulentos, Luna acutos, splendidos, ele-

MP N

7.1. censere: rec- *N* || 2. omnia: -ium *N*.

II.1.2. dicentes: *om.* *N* || 10. germaniam ac thraciam *MP N*: -ia ac -ia *Ksz*.

2.5. honesto *Ksz*: -tos *MP N*.

élégants, chéris du peuple, l'emportant sur les autres par leur éclat, pourquoi certains peuples sont-ils ainsi faits qu'ils se font remarquer en quelque sorte par un trait de caractère unique, qui leur est propre? 3. Seuls les Scythes vagabondent avec la férocité des bêtes sauvages, seuls les Italiens resplendissent d'une noblesse toujours royale, seuls les Gaulois sont stupides, les Grecs légers, les Africains retors, les Syriens cupides, les Siciliens pénétrants, les habitants de l'Asie toujours adonnés aux plaisirs raffinés, et les Espagnols insupportables dans l'emportement excessif de leur jactance. 4. Donc, Jupiter n'adoucit jamais la férocité des Scythes, le Soleil ne refusera jamais d'empires aux Italiens, l'astre de Saturne n'apporte aucun poids à la légèreté des Grecs, la débauche asiatique n'est pas corrigée par la sobre modération de Jupiter, par son froid lever Saturne n'émoussera pas l'acuité des Siciliens, la cupidité des Syriens n'est pas tempérée par les rayonnements enjoués de Vénus, l'astre sauveur de Jupiter ne fera pas obstacle aux médisances et à la duplicité des Africains, la morne lumière de Saturne ne parviendra pas à diminuer la jactance espagnole, et l'astre très sage de Mercure ne conférera aucune acuité à la stupidité gauloise[18] ».

5. Et voici enfin, parmi tous les arguments si puissants qu'ils développent contre nous avec véhémence, ce qu'ils disent en conclusion : ils prétendent que les principes de notre discipline dispensent l'humanité de la pratique de toutes les vertus, si la tempérance, la force, la prudence et la justice sont inscrites dans l'arrêt des astres et non dans nos volontés. Dès lors, si quelqu'un brise les liens de la société et de l'affection et néglige les règles de la communauté humaine pour se livrer tout entier à la sauvagerie et à la perfidie, il n'a plus qu'à mettre tranquillement son crime et les penchants pervertis de son âme sur le compte des astres. 6. « Qu'il soit injuste, qu'il soit de mauvaise foi, qu'il soit méchant, qu'il soit impie, qu'importe, puisque ces

gantes et popularis, splendoris gratia praeualentes, cur quaedam gentes ita sunt formatae ut propria sint morum quodammodo unitate perspicuae? **3.** Scythae soli immanis feritatis crudelitate grassantur, Itali fiunt regali semper nobilitate praefulgidi, Galli stolidi, leues Graeci, Afri subdoli, auari Syri, acuti Siculi, luxuriosis semper Asiani uoluptatibus occupati, et Hispani elata iactantiae animositate praeposteri. **4.** Ergo Scytharum rabiem numquam mitigat Iuppiter, nec Italis Sol aliquando denegabit imperia, nec leuitati Graecorum Saturni stella pondus imponit, nec Asiana lasciuitas sobria Iouis moderatione corrigitur, nec Siculorum acumen frigido ortu aliquando Saturn*us* obtundet, nec Syrorum auarities lasciuis Veneris radiationibus temperatur, nec Afrorum malitiosa commenta et bilingues animos salutare Iouis sidus impediet, nec Hispanorum iactantiam pigrum poterit Saturni lumen hebetare, nec Gallicam stoliditatem Mercurii sapientissimum sidus exacuet».

5. Illa uero ipsorum inter ea potentissima et uehementer contra nos posita peroratio est, quod aiunt ex istius artis instituto omnia ex rebus humanis uirtutum officia tolli, si temperantia, fortitudo, prudentia, iustitia stellarum decretis, non nostris adscribuntur uolu*n*tatibus. Iam si quis societatis caritatisque uinculum ruperit et conciliationis humanae iura neglexerit totumque se feritati perfidiaeque tradiderit, facinus suum et animi peruersas cupiditates securus stellarum iudiciis adscribat. **6.** «Sit iniquus, sit perfidus, sit maliuolus, sit irreligiosus, quia

MP N

3.2. grassantur: crass- *P* || 4. luxuriosis *N Zie*[2].: -si *MP N Ksz* || asiani: a- et *Ven. Ksz* || 5. et: *om. A Ven. Ksz.*

4.2. mitigat: -abit *N* || 6. saturnus *Zie*[1]: -ni *MP N Ksz* || obtundet *MP N Zie*[2].: -etur *Ksz* || 10. mercurii M^{pc}: -rius $M^{ac}P$ *N.*

5.5. adscribuntur *B*: scribuntur *MP* tribuuntur *N* || uoluntatibus *Ksz*: uolupt- *MP N* || 9. securus: -e *N.*

perversions sont dues à une malheureuse conjugaison de Mercure avec Mars. A quoi bon revigorer notre âme en nous entraînant au courage, à quoi bon élever notre esprit et, par la pratique d'une constance sublime comme par l'étude de vertus divines, nous former à mépriser la mort et les douleurs quand nous sommes dans des situations pénibles, si le Soleil, à la faveur d'une conjonction favorable avec Jupiter, nous accorde, sans même que nous le lui demandions, une renommée glorieuse et les marques de la plus haute dignité? 7. Nul besoin que nous appliquions notre réflexion et notre raison à réprimer les erreurs de notre esprit, nul besoin que nous réfrénions les poussées de nos penchants au vice, nul besoin que, mus par le sens des responsabilités, nous cherchions la mesure et les règles de l'équité, si Mercure, tempéré par les rayonnements favorables de Jupiter et de la Lune, met en nous le désir brûlant et l'amour de cette vertu».

8. Ils abordent même chaque catégorie d'individus par des considérations de ce genre: «Toi, l'homme de bien, à quoi bon entretenir le goût de ce qui est bien et de fuir le désir du mal? Pourquoi t'entourer de sages précautions et recueillir les approbations pour ton activité, si tout cela ne t'est pas donné par ton savoir, mais par Saturne ou Jupiter? Méprisons les dieux, s'il te plaît, et, dans une ardeur sacrilège et désespérée, étalons sur la place publique les saints et vénérables mystères de leurs religions! 9. Et toi, laboureur, pourquoi invoques-tu les dieux? Sans peine, par la seule vertu de ton dieu protecteur, le sillon s'est tracé dans ton champ! Toi qui disposes l'olivier comme pour la bataille, en rangs bien séparés sur les hauteurs dégagées, c'est en vain qu'avec un frisson sacré tu consacres des sarments de vigne à ton dieu Liber si, sans que l'on ait recours à la protection d'une divinité quelconque, ces arbres sont refusés ou accordés par le cours des astres[19]? 10. Toi qui promulgues les lois et qui dis le droit, oublie les décrets,

19. Firmicus expose ici, sous une forme diatribique qui pourrait bien être le reflet des propos réels de Carnéade, un des reproches fondamentaux adressés à l'astrologie: à quoi bon agir, à quoi bon surtout prier, si tout a d'avance été décidé par les dieux?

haec uitia mala, Mercurii cum Marte perfecit constellatio! Cur animum nostrum fortitudinis studio roboramus, cur erecta mente sublimique constantia et diuinarum uirtutum magisterio formati, in acerbis casibus constituti, mortem doloresque contemnimus, si gloriae laudem et potentissimae dignitatis insignia nec appetentibus nobis Sol Iouis bona coniunctionis societate largitur? **7.** Frustra igitur consilio ac ratione errantis animi uitia comprimimus, frustra luxuriosas libidinum illecebras temperamus, frustra grauitatis instinctu aequitatis modestiam iuraque conquirimus, si Mercurius, Iouis ac Lunae bonis radiationibus temperatus, ad desideria nos et cupiditates istius uirtutis inflammat».

8. Etiam singulos homines hac disputationis oratione conueniunt: «Frustra habes, o bone uir, dilectum bonarum rerum ac malarum fugiendi cupiditatem! Quid te honestis prouisionibus ac diligentiae suffragiis munis, si totum hoc tibi non scientia, sed aut Saturnus praestat aut Iuppiter? Contemnamus, si uidetur, deos, et religionum sanctas uenerabilesque caerimonias sacrilego desperationis ardore publicemus! **9.** Quid inuocas, arator, deos? Sine cura, numinis tui ingenio, segetis sulcus aequatus est. Tu qui per aperta iuga oliuam in aciem distinctis componis ordinibus, frustra deuoues uitium palmites Libero tuo religiosa cum trepidatione, cuiusquam si sine praesidio diuinitatis stellarum cursu aut denegantur aut dantur. **10.** Tu qui promulgas leges ac iura sancis, tolle scita, refige tabulas et istis nos seuerissi-

MP N

6.3. mala *N Ven. Ksz*: male *MP*.

7.2. comprimimus: comprimuntur *P*.

8.1. disputationis: dispositionis *P*[1] *corr. P*[2] || 2. dilectum: delectum *N* || 5. praestat: -stitit *N*.

9.2. sulcus: cultus *N* || 3. oliuam *N*: oliuum *MP* -arum *Ksz* || in aciem *MP N*: aciem *Ksz*.

10.2. refige: refringe *N*.

arrache les tables des lois et libère-nous de tous tes châtiments si sévères : selon les astrologues, c'est Mercure qui a fait d'un tel un sacrilège, c'est Vénus qui a fait de cet autre un adultère ; c'est l'astre de Mars qui a armé le bras de tel autre, pour en faire un assassin ; c'est Mercure qui pousse celui-ci à faire des faux en écriture, celui-là à préparer des poisons, cet autre à évoquer par des incantations sacrilèges les âmes désormais purifiées par l'oubli que leur procurent les eaux du Léthé. 11. En voici un qui est brûlé d'ardeurs incestueuses ; celui-là, tu le vois, ne peut se passer d'étreindre de jeunes garçons : c'est à Mars que nous attribuons la responsabilité de pareil crime, ou à Vénus ! C'est sans aucune raison qu'un tel, sur ton ordre, a été frappé par la main du bourreau ; que, contre tel autre, une condamnation a été portée par le préteur : si ce n'est pas sa propre ardeur, mais les radiations maléfiques des astres qui l'ont contraint au crime, vous n'avez pas, vous les magistrats, matière à justifier une sanction, car vous savez que nous sommes sans cesse poussés à ces fautes par les feux pervers des astres ».

12. Pareils propos sont mêlés à d'autres, dans des discours du même genre où ils nous demandent si nous disons que les astres sont des êtres animés ou inanimés, pour que, pris au piège de notre réponse à leur question, nous ayons du mal à exposer notre jugement et notre avis ; car, quelle que soit la solution choisie, ils la retournent en sens contraire, par la subtilité de leurs syllogismes, en sorte que le contenu des réponses, ainsi enchaînées, se conforme à leur propre gré.

CHAPITRE III

1. Dans le domaine de ces discussions, nous louons volontiers leur talent, mais nous condamnons leur thèse et leur système, car l'astrologie a fermement établi son crédit à nos yeux, grâce aux preuves divines et parfaitement claires appor-

mis animaduersionibus libera: illum sacrilegum Mercurius, ut mathematici uolunt, illum adulterum Venus fecit; illum ad neces hominum Martis sidus armauit, illum mutare tabularum fidem, illum uenena miscere, illum quiescentium securas animas et iam Lethaei fluminis obliuione purgatas Mercurius cogit nefariis carminibus excitare. **11.** Ecce ille incestis inflammatur ardoribus, illum uides puerorum complexibus inhaerentem: causam huius tanti mali Marti tribuimus aut Veneri. Ille te iubente manu carnificis sine causa percussus est, in illum per PR. dicta sententia est: si non suo studio, sed stellarum uitiosa coactus est radiatione peccare, non habetis, magistratus, iustam animaduertendi substantiam, quia scitis nos ad ista uitia malignis stellarum semper incitari fomitibus».

12. Haec atque alia simili oratione componunt quaerentes utrumnam stellas animantes an inanimantes esse dicamus, ut istius quaestionis conclusione confusi difficile animi nostri iudicium sententiamque promamus; quicquid enim horum dictum fuerit, syllogismorum aculeis in contrarium uertunt, ut ad arbitrium ipsorum constrictus respondentium sermo consentiat.

III

1. In quibus rebus et disputationibus ingenia quidem nos eorum laudamus, propositum uero institutumque uit*i*amus, quia nobis fidem suam astrologia responsionum apotelesmatumque diuinis ac manifestissimis auc-

MP N
7. iam: *om. N.*
11.1. incestis: *om. M* || inflammatur: -antur *P.*
12.2. an inanimantes: *om. M* || 7. constrictus: -tius *N.*
III.1.3. uitiamus *Brind'Amour*: uitamus *MP N.*

tées par ses réponses et leurs accomplissements. 2. Certains d'entre eux ajoutent même, pour réaliser, en partie du moins, un accord avec nous, et, une fois cet accord obtenu par la flatterie, pour jeter le discrédit sur l'ensemble de cette science grâce au découragement que fait naître le doute, que cette théorie a bien une très grande solidité, mais ils prétendent que nul ne peut parvenir à la connaître clairement à cause de la petitesse des degrés et des minutes[20], de l'extrême rapidité du cours des astres, et du mouvement de révolution circulaire qui entraîne le ciel: ainsi, par le biais de la spécieuse limitation qu'ils proposent, le fondement même de toute cette science se trouve-t-il ruiné. 3. Quant à nous, même si nous n'avons qu'un modeste talent, une capacité d'expression restreinte et presque inopérante, étant donné toutefois que nous devons réfuter leurs propos par la simple vérité des faits, et montrer, par la constance des réponses et des accomplissements, la solidité des préceptes de cette science divine, nous répondrons cependant, en commençant par te demander, Lollianus, toi notre gloire, la permission de chercher, dans toutes ces réfutations, à convaincre par la vérité plutôt qu'à briller par l'abondance du discours.

4. Je regrette d'abord simplement que ce bouillant accusateur des astrologues, qui s'en prend à leur art dans un langage si élevé, n'explique pas s'il a personnellement acquis une pratique de cette science, ou bien si personne n'a répondu la vérité à ses questions, ou encore si c'est par refus d'écouter et parce qu'il s'attendait à avoir les oreilles souillées par les réponses que, implacable et bouillant, au mépris des droits, pour ainsi dire, de la divinité tout entière, il a aiguisé les flèches de ses arguments dans les débordements de sa prose experte. 5. S'il a obtenu à ses questions des réponses exactes, et si la réponse de son interlocuteur a obtenu le crédit que donne la vérité, pourquoi blâme-t-il ce qu'il aurait dû admirer? Pourquoi, accusateur de mauvaise foi à l'âme de traître, s'en prend-il à une science divine? 6. Mais si, par des réponses hésitantes,

toritatibus comprobauit. **2.** Addunt etiam quidam, ut nobis ex aliqua parte consentiant et ut eblandito consensu totam istam scientiam dubitationis desperatione exturbent, habere quidem doctrinam istam uim maximam, sed ad liquidum propter partium minutorumque breuitatem ac uelocissimum siderum cursum caelique pronum rotatae uertiginis lapsum neminem peruenire posse confirmant, ut ista eorum ueri simili definitione sermonis totius scientiae substantia subruatur. **3.** Nos uero, licet sit nobis tenue ingenium et angustae orationis paene inefficax sermo, cum tamen debemus ipsius rei ueritate refutare quae dicunt et responsionum apotelesmatumque constantia diuinae istius scientiae confirmare praecepta, respondebimus tamen a te, decus nostrum Lolliane, ueniam postulantes ut in refutationibus omnibus ueritatis fides, non orationis splendor ac substantia requiratur.

4. Et primum quidem uellem ut profiteretur iste uehemens mathematicorum accusator, qui artem istam tam elata oratione persequitur, utrumnam cepit aliquod ipsius scientiae experimentum, an sciscitanti ei nemo uera respondit, an uero aspernatus audire et sperans aures suas istis responsionibus pollui, seuerus et uehemens et totius quodammodo diuinitatis iura perturbans, argumentorum suorum aculeos licentia exercitati sermonis exacuit. **5.** Si quaerenti ei uera responsa sunt et respondentis sententiam fides secuta est ueritatis, cur notat quod admirari debuerat? Cur diuinam scientiam proditoris animo perfidus accusator impugnat? **6** Si uero,

MP N

2.2. aliqua *Ven. Ksz*: alia *MP N* || 5. minutorumque *Ksz*: -arumque *MP N*.

3.3. tamen debemus *N*: deberemus *MP N Ksz*.

celui qui se targuait de connaître l'astrologie n'a pu accomplir ce qu'il avait promis, si les mensonges de sa promesse entachent ses réponses, il faut rejeter son ignorance et son audace, il faut dénoncer sa trompeuse promesse. En effet, il est bien digne de tous les maux, puisque c'est sa faute si l'étude de cet art lumineux se trouve ternie par les mensonges trompeurs de ses réponses. 7. Quant à celui qui a refusé de demander ou d'entendre quelque chose, et qui n'a pas voulu que ses oreilles pussent prêter attention à ceux qui lui répondaient la vérité, craignant sans doute que la reconnaissance de la vérité ne brisât ses rigides principes, il se conduit d'injuste manière, s'il considère qu'il faut condamner tout ce qu'il a pu, ou plutôt qu'il n'a pas pu comprendre, parce qu'il s'est volontairement bouché l'esprit. Car ils sont toujours iniques, nous le savons, les juges qui se prononcent sans avoir mené d'instruction; et il ne détient pas l'autorité d'un juge, celui qui se laisse aller à rendre un arrêt avec la témérité que confère l'ignorance et n'examine pas les affirmations des parties pour en arriver à rendre sa décision.

8. Dès lors, si notre adversaire est un homme qui a pu entendre quelque chose de la bouche d'un astrologue extrêmement clairvoyant, qui l'a cru et qui l'a approuvé, c'est l'influence d'un esprit pervers et le goût de la polémique qui lui ont fait concevoir le désir blâmable de la contradiction; mais si, à ses questions, c'est un soi-disant astrologue, un incapable, qui a donné de fausses réponses, ce n'est pas l'astrologie, mais l'ignorance trompeuse et inconsidérée de cet homme qui doit être stigmatisée; quant à celui qui a refusé d'écouter et de se conduire en juge, il a tort de revendiquer le rôle de celui qui prononce la sentence, car cette science, dont il a refusé de s'instruire, il n'est pas à même de pouvoir en condamner le contenu.

erraticis responsionibus, is qui mathesin se scire profitebatur non potuit implere quae dixerat, et responsa eius mendacia promissionis immaculant, imperitia illius temeritasque pulsanda est et fallax infamanda promissio. Omni enim malo dignus est, quod per illum stet ut praeclarae artis studium falsis responsorum mendaciis obumbretur. **7.** Qui uero quaerere aliquid aut audire noluit nec iudicium aurium suarum uera respondentibus commodauit, ueritus scilicet ne rigidas eius cogitationes fides ueritatis infringeret, inique facit, si notandum putat quicquid potuit — uel non potuit, obtusa mentis intentione — percipere. Iniusti sunt enim semper, sicut nouimus, iudices qui de incognitis sibi pronuntiant rebus; et non habet iudicandi auctoritatem, qui ad statuendum aliquid imperita licentia temeritatis adducitur nec ad effectum sententiae examinatis partium allegationibus profertur.

8. Vnde, si impugnat is qui a prudentissimo mathematico et audiuit aliquid et credidit et probauit, malitioso mentis instinctu et pugnaci studio notabilia contradicentis uota concepit; si uero interroganti ei imperitus professor falsa respondit, non mathesis, sed hominis fallax ac temeraria notetur inscitia; qui uero nec audire uoluit nec iudicare, frustra sibi pronuntiandi uindicat partes, quia eius rei cuius experimentum capere noluit non est idoneus ut possit notare substantiam.

MP N

6.3. eius: ei *P* || 4. promissionis: -nibus *N* || 8. obumbretur: -entur *N*.
7.3. eius: *om.* *N* || 5. potuit(¹): *cruce notau.* *Ksz* || 8. habet: -ent *N* || 11. profertur *Ksz*: proferuntur *MP N*.
8.6. inscitia *N Sit. Zie*¹.: inscientia *MP Ksz*.

CHAPITRE IV

1. Certains tentent de nous détourner de notre entreprise, en nous objectant les difficultés de cette science: c'est un sujet que nous abordons bien volontiers. De fait, il s'agit de connaissances ardues et difficiles, et que notre esprit, empêtré dans de sordides liens terrestres — bien que, de son côté, il émane de l'immortelle flamme de la divinité — ne peut facilement saisir par une facile recherche intellectuelle. 2. Car sa nature divine est entretenue par son perpétuel mouvement: une fois enfermée dans un corps terrestre, elle subit une sorte de perte temporaire de son caractère divin, parce que sa vigueur et sa substance se trouvent engourdies du fait de son association et de sa réunion avec un corps terrestre, et de l'effet destructeur permanent exercé par ce qui est mortel. Il en résulte que tout ce qui concerne l'étude des sciences divines ne nous parvient jamais que par un difficile effort de recherche. 3. Dès lors, puisque nous parvenons fort aisément à nous mettre d'accord sur la raison pour laquelle les choses divines ne sont aperçues qu'au termes d'une difficile recherche, notre contradicteur doit aussi admettre, à son tour, que l'âme, qui est immortelle, pour peu qu'elle s'arrache aux vices et aux passions d'un corps terrestre et, retrouvant la permanence de sa semence originelle, reconnaisse la vigueur de sa noble nature, atteint facilement tout ce qui semble difficile et hors de sa portée, par une recherche divine de l'esprit. 4. Dis-moi donc qui a pu déchiffrer dans le ciel le chemin à suivre sur la mer[21]? qui, en frottant des pierres, en a tiré l'étincelle du feu qui s'y trouvait caché? qui a reconnu les vertus des plantes? à qui la nature de la divinité s'est-elle montrée et dévoilée tout entière, si ce n'est à l'âme qui, issue du feu céleste, a été envoyée pour ordonner et gouverner la fragilité terrestre? 5. C'est elle qui nous a transmis le fondement de cette science, ainsi que ses calculs, c'est elle qui, pour le soleil, pour la lune, et les autres astres que nous

IV

1. Quod uero nos in isto studio quidam opposita scientiae eius difficultate deterrent, libenter amplectimur. Vere enim sunt res arduae atque difficiles et quas non facile possit animus terrenis sordium laqueis impeditus, licet ipse ignea sit diuinitatis immortalitate formatus, facili inquisitionis ratione percipere. **2.** Diuinitas enim eius, quae sempiterna agitatione sustentatur, si in terreno corpore fuerit inclusa, iacturam quamdam diuinitatis suae patitur temporalem, cum uis eius atque substantia coniunctione et societate terreni corporis et assidua dissolutione mortalitatis hebetatur. Vnde fit ut omnia quae ad inuestigationem diuinarum artium pertinent difficili semper nobis cognitione tradantur. **3.** Quapropter, quia nos libenter ac facile in ista parte consensimus ostendentes cur diuinae res difficili inquisitione cernantur, confiteatur etiam ipse necesse est quod animus, qui immortalis est, si a uitiis ac libidinibus terreni corporis fuerit separatus ac suae originis et seminis constantiam retinens uim suae maiestatis agnouerit, omnia, quae difficilia putantur atque ardua, facile diuina mentis uestigatione consequitur. **4.** Dic mihi: quis in caelo iter maris uidit? quis ex attritu lapidum scintillam latentis ignis excussit? quis potestates cognouit herbarum? cui se tota natura diuinitatis et ostendit et prodidit, nisi animo qui, ex caelesti igne profectus, ad regimen et ad gubernationem terrenae fragilitatis immissus est? **5.** Ipse et huius scientiae rationem, ipse computos tradidit, ipse solis ac lunae et ceterarum stellarum, quae a nobis *errantes*, a

MP N

IV.2.6. dissolutione: d- temeritate *N*.

3.6. constantiam *MP N Wik*². *Zie*².: conscientiam *Ksz* || 8. putantur *A Ven*. *Ksz*: sunt curantur *MP N*.

5.2. computos: -potos *P*.

appelons *errants* et les Grecs *planètes*, a mis en évidence à nos yeux leurs courses, leurs rétrogradations, leurs stations, leurs conjonctions, leurs phases croissantes, leurs levers et leurs couchers; bien que placée dans la fragilité d'un corps terrestre, elle a pu, en se souvenant un bref instant de sa grandeur, non pas apprendre, mais reconnaître tout cela, de manière à le transmettre. 6. Et voici que l'on connaît et que l'on découvre dans quel signe se complaît l'astre de Saturne, et à quel moment sa froidure se réchauffe sous l'effet de la chaleur provenant d'une ardeur étrangère; et voici que nous relevons ses mouvements et ses déplacements jour par jour et heure par heure; nous prédisons même la date à laquelle sa rétrogradation le ramènera à sa position première, le moment où la lumière du soleil, toute proche, active la paresseuse lenteur de ses déplacements par l'influence de sa royale majesté; à quel moment, en s'écartant de lui, l'ardeur du soleil confère une tranquille puissance à son lent mouvement; au bout de combien de temps la planète revient à nouveau, comme une meule tournant avec paresse, exactement au degré du signe d'où elle était partie. 7. Toutes ces observations peuvent également être faites de façon semblable dans le cas de l'astre de Jupiter: bien qu'il mette moins de temps, il parcourt cependant les douze signes par un mouvement analogue. Mars également, auquel l'ardeur de ses feux brûlants donne des reflets de sang et dont la lumière à l'éclat menaçant offre à nos yeux un aspect effrayant, voici que, lorsqu'il est près de Saturne, lorsqu'il vient même jusque dans le domicile de ce dernier, ses ardeurs sont tempérées par le froid naturel de l'autre planète; et, bien que ses déplacements soient plus rapides, on les voit s'effectuer eux aussi selon les mêmes règles. 8. On nous a fait voir aussi comment Mercure et Vénus se font quotidiennement escorte; ces planètes, en effet, mènent leur course de conserve autour du disque du soleil[22], dont elles ne sont pas très éloignées, ou bien se suivent, ou bien l'une des deux passe derrière l'autre et laisse à l'autre la préséance. Nous savons à quelle époque nous

Graecis uero *planetae* dicuntur, cursus, regressus, stationes, societates, augmenta, ortus occasusque monstrauit et, in fragilitate terreni corporis constitutus, breui maiestatis suae recordatione haec omnia ut traderet non didicit, sed agnouit. **6.** Ecce cognoscitur et inuenitur quo in signo Saturni gaudeat stella et quando frigus eius fomento alieni ardoris incalescat; ecce motus et cursus eius per dies singulos horasque colligimus; praedicimus etiam quando retrogradus ad stationem pristinam reuertatur, quando tarditatis eius pigros cursus regali maiestatis auctoritate uicinum solis lumen exagitet, quando profectus ab eo solis ardor tardae agitationi quietam tribuat potestatem, post quantum tempus ad eamdem signi partem, unde semel recesserat, pigra rursus molitione perueniat. **7.** Haec et in Iouis stella eadem ac pari ratione cernuntur; licet enim breuiori temporis spatio, simili tamen etiam ipsa per XII signa agitatione percurrit. Mars etiam, quem uides ignitis fulg*o*rum ardoribus sanguinolentum et minaci luminis coruscatione terribilem, ecce cum ad Saturnum, cum etiam ad eius uenerit domum, ignes eius natura alieni frigoris temperantur et, licet sint incitatiores huius sideris cursus, eadem tamen etiam ipsi ratione cernuntur. **8.** Veneris etiam et Mercurii cotidiana nobis obsequia monstrata sunt; hae enim stellae breui interiecto spatio circa solis orbem currunt pariter, aut sequuntur, aut una subsequens stella alteri

MP N

5. ortus: ornatus *M*.

6.6. cursus regali: r- c-*P* || 7. exagitet: -tat *N* || 8. agitationi *MP N*: -nis *Ksz* || quietam: quicquam *N* || 10. rursus: cursus *N*.

7.3. ipsa: *om. N* || 4. fulgorum *Ksz*: -gurum *MP N*.

assistons à leur lever le soir, à quelle époque c'est le matin; quand elles disparaissent, cachées par le disque du soleil, et quand, échappant à l'éclat de son rayonnement, elles lancent tous les feux de leur propre lumière. 9. Et que vous semble-t-il du cours de la lune? nous savons dire à quel moment elle compense, par des accroissements réguliers, les diminutions de son disque usé, à quel moment, privée de lumière, elle reconnaît la perte de sa majesté. En effet, lorsqu'elle est proche du soleil, soit en phase croissante soit en phase décroissante, elle diminue l'éclat de ses rayons, par une sorte de respect pour le soleil, comme si elle était assez éclairée en retour par les feux de son frère; mais, quand les bornes de sa course se sont écartées davantage, elle entraîne autour de nous l'éclat d'une splendeur renaissante et les parures d'une nouvelle lumière[23]. 10. Et nous connaissons encore un autre phénomène plus remarquable qui, lorsqu'il se produit, fait peur aux hommes ignorants, en provoquant toujours une immense frayeur, quand le soleil, dissimulé en plein jour par les rayons de la lune, qui constituent une sorte d'écran, refuse à tous les mortels l'éclat de sa splendeur (sous le consulat d'Optat et de Paulin, pour ne parler que du cas le plus récent[24], tous les hommes avaient pu le savoir d'avance, grâce à la sagacité des astrologues) ou, inversement, lorsque la lune, recevant l'ombre des régions élevées de la terre, est éclipsée d'une manière analogue, ce que nous voyons souvent se produire dans la lumière d'une nuit tranquille[25].

11. Le génie des astrologues a fait un relevé de tous ces phénomènes et, grâce à de judicieux calculs, a percé totalement les mystères de l'organisation divine. Voilà pourquoi j'aimerais bien que toi, qui que tu sois, tu répondes à ces questions que je te pose: qu'est-ce qui est le plus difficile, à ton avis, découvrir les mouvements des astres, que j'ai présentés maintenant qu'ils sont découverts, qui se font tantôt en altitude tantôt en latitude, tantôt en profondeur, qui se rejoignent tantôt dans les

praeeundi concedit obsequia. Scimus quando uespertino, quando matutino ortu nobis appareant, quando solis orbe absconsae lateant, quando, ex radii eius splendore liberatae, lucido sui nitore praefulgeant. **9.** Quid de Lunae uobis cursu uidetur? quam dicimus quando supplementis sollemnibus attriti orbis nutriat damna, quando pauperata luminibus iacturam propriae maiestatis agnoscat. Haec enim cum uicina soli siue crescens siue deficiens fuerit, radios luminis sui quasi solem uenerata submittit, ut fraternis ignibus rursus ornata; cum longiores cursus sui fecerit metas, renata fulgidi splendoris ac renouata luminis ornamenta circumferat. **10.** Ecce aliud maius addiscimus quod, cum acciderit, imperitos homines monstruosa semper timiditate perturbat, cum Sol, medio diei tempore Lunae radiis quasi quibusdam obstaculis impeditus, cunctis mortalibus fulgida splendoris sui denegat lumina (quod Optati et Paulini consulatu, ut de recentioribus loquar, cunctis hominibus futurum mathematicorum sagax praedixit intentio), quando rursus luna, terrenarum altitudinum adumbrata regionibus, simili ratione deficiat, quod frequenter fieri lucidae noctis serenitate peruidimus.

11. Haec omnia mathematicorum collegit ingenium et, computatione sollerti, diuinae disp*osi*tionis secreta perdidicit. Vellem itaque mihi tu, quicumque es, quaerenti ea respondeas: quid difficilius putes esse, cursus siderum inuenire, quos nunc inuentos exposui, qui modo per altum, modo per latum, modo per demersum feruntur,

MP N

8.7. radii *A Ven. Ksz*: -iis *MP N*.

9.2. uobis: nobis *N* || 3. nutriat: nuntiat *N* || 9. luminis: -nibus *N*.

10.5. impeditus *A Ven. Ksz*: perditus *MP N* || 9. terrenarum altitudinum: -norum halituum *N* || 11. peruidimus: prouidimus *N*.

11.1. collegit *A Ksz*: -igit *MP N* || 2. dispositionis *Ksz*: disputationis *MP N A* || 4. putes: -tas *N*.

régions où souffle l'Auster, tantôt dans celles de l'Aquilon, tantôt s'écartent, tantôt sont cachés, tantôt s'avancent, tantôt rétrogradent, tantôt s'installent dans une immobilité paresseuse et déroutent, par cette variété, les recherches de ceux qui les étudient, ou bien, une fois découvertes les trajectoires des astres, déterminer ce que, sur toute l'étendue des terres, peuvent accomplir leurs rencontres et leur rayonnement? 12. Toi qui seras contraint, par la seule vérité de l'exposé, de reconnaître que nous avons découvert ces trajectoires astrales grâce à la pratique assidue du calcul, tu dois nécessairement reconnaître aussi que, une fois découverte la trajectoire des astres, nous pouvons ensuite facilement discerner leurs fonctions et leur puissance. Ce sont là des problèmes difficiles et ardus que, dans notre totale ignorance, nous abordons avec une tremblante hésitation; il n'est pas facile d'arriver par le raisonnement à des résultats que les maîtres qui nous ont précédés ne nous ont pas transmis. 13. Il en va de même quand, malgré une sorte de répugnance, nous apprenons à déchiffrer les premières lettres, quand, nous trouvant sur une route inconnue, nous ne sommes pas loin d'abandonner dès les premiers pas; tu vois comme ceux qui apprennent les rudiments du calcul replient leurs doigts d'un mouvement hésitant; et cet autre, que tu vois s'enfoncer en nageant parce qu'il ne cesse de faire des gestes désordonnés, se trouve bientôt rétabli par le mouvement régulier de ses bras, s'élance sur les crêtes écumantes des ondes, sur lesquelles le maintient sans peine son mouvement qui l'allège: en effet, tout cela, c'est-à-dire les lettres, le calcul, la musique et tout ce que nous étudions, nous le parcourons à fond d'une démarche aisée, une fois que l'esprit, formé aux premières notions, a compris tout cela.

14. Donc, puisqu'il est établi qu'il était plus difficile de découvrir les trajectoires des étoiles que de déterminer leur

qui nunc se Austri, nunc Aquilonis regionibus ac flatibus iungunt, nunc decedunt, nunc absconduntur, nunc directo cursu, nunc retrogrado, nunc statiua tarditate subsistunt et intentionem quaerentium ex ista cursus sui uarietate confundunt, an, inuentis stellarum cursibus, definire postea quid per omnem terrarum tractum mixtura ipsarum radiatioque perficiat? **12.** Qui enim ad consentiendum ipsa ra[dia]tionis ueritate compelleris, quod cursus hos siderum adsidua obseruatione computationis inuenimus, consentias [oportet] necesse est quod, inuento stellarum cursu, facile postea officia ipsarum potestatemque uideamus. Difficilia sunt enim semper et ardua, ad quae rudes et indocti inconstantia trepidationis accedimus; nec facile possumus consequi ratione quicquid non praecedentia nobis magisteria tradiderunt. **13.** Sic prima litterarum signa cum quadam fastidii aspernatione cognoscimus, sic in incognito itinere constituti in primis uestigiis paene deficimus; uides ut primos discentes computos digitos tarda agitatione deflectant; illum quem uides natantem ex crebra submersionis trepidatione deficere, post paululum assidua brachiorum agitatione firmatus per summas elapsus undarum spumas facili se mobilitatis leuitate suspendit: quoniam haec omnia, id est litteras, computum, musicam ceteraque quae discimus, tunc facili ratione percurrimus, cum primae originis iam confirmata ingenii conceperit disciplina.

14. Ergo quia constat difficilius fuisse inuenire stellarum cursus quam definire quid faciant (de inuento enim

MP N

9. retrogrado: retrogradando *N*.

12.2. rationis *Ven. Ksz*: radiationis *MP N* || 3. hos: horum *N* || 4. *del.* oportet *Sit. Ksz* || 7. quae: quem *P* || 8. facile *MP N*: -li *Ksz*.

13.10. cum primae: comprime *P* || 11. conceperit: -pit *N*.

influence (car on ne peut mettre en doute cette découverte de leur trajectoire, que nous faisons apparaître à ceux qui veulent l'étudier, d'abord par le calcul, ensuite par le témoignage direct des yeux), pourquoi combattez-vous une science dont vous admettez les principes et une partie des résultats, conférant ainsi beaucoup de force à l'ensemble de son contenu?

CHAPITRE V

1. C'est maintenant le moment de discuter des couleurs et des caractères des humains, et, par la vérité vigoureuse de nos arguments, de réfuter tout leur développement trompeur sur cette question: de la sorte, après avoir dissipé et effacé toutes les objections, nous en arriverons, en toute tranquillité, aux vénérables secrets de notre science elle-même.

2. «Pourquoi, dit-il, tous les hommes sont-ils noirs en Éthiopie, blancs en Germanie, si c'est le cours des astres qui répartit chez les hommes les formes et les couleurs, par un dosage différent des rayonnements?» 3. Il nous aurait fallu, en vérité, livrer une longue joute verbale sur ce point, pour que ces inventions habiles et mensongères fussent vaincues par les forces d'un développement complet. Mais, par le fait de la seule puissance de la vérité, nous avons mis un frein à toute notre envie de parler: ainsi nous ne séduirons pas les oreilles des juges par les charmes trompeurs d'une abondante prose, le flot de la parole ou l'audace de l'argumentation, pour les conduire à adopter sottement de fausses opinions.

4. Et je voudrais d'abord qu'il réponde à ma question: est-ce que, dans le peuple au sein duquel précisément nous vivons actuellement, on ne trouve qu'une seule et même forme d'hommes, bien qu'ils n'aient tous qu'une seule et même nature? 5. Mon adversaire reconnaîtra, je pense, que tous nos concitoyens ont des visages différents, sont formés différemment, et qu'ils n'ont pas tous la même forme: et s'il en doute, ce que je ne crois pas, qu'il regarde autour de lui, quand la foule du

earumdem cursu nulla dubitatio est, qu*e*m uolentibus discere primum calculo, deinde ipsa oculorum uisione monstramus), quid impugnatis scientiam, cuius principiis ac parti consentientes totam eius substantiam roboratis?

V

1. Sequitur ut de coloribus ac moribus disputemus et omnem istum calumniosae quaestionis locum ueris argumentorum uiribus refutemus, ut, discussis omnibus atque purgatis, securi ad ipsius scientiae uenerabilia secreta ueniamus.

2. «Cur, inquit, omnes in Aethiopia nigri, in Germania candidi, si figuras hominibus et colores stellarum cursus diuersa radiationis commixtione largitur?» **3.** Oportebat quidem nos in ista quaestionis parte copiosa oratione pugnare, ut astuta et calumniosa commenta adulti sermonis uiribus uincerentur. Sed coartauimus omne dicendi studium solis ueritatis uiribus, ne copiosae orationis illecebris affluentiaque sermonis et argumentationis licentia captas iudicantium aures ad falsarum opinionum ineptias transferamus.

4. Et primum quidem uellem ut quaerenti mihi respondeat an in hoc ipso populo, in quo nunc constituti sumus, una sit omnium hominum similisque forma, licet sit omnium una natura. **5.** Opinor hoc eum esse dicturum, quod omnes ciues nostri dissimilis sint uultus, uarietate formati, nec eadem est omnium similisque forma; et si dubitat, quod non opinor, aspiciat, cum in

MP N

14.3. quem *Ald. Ksz*: quam *MP N*.

V.**3**.3 adulti *A Ven. Wik*[2]. *Zie*[2].: adulterini *MP N Ksz* || uiribus: u- freti *Ksz*.

5.2. dissimilis *P N*: -les *M* -li *A Ven. Ksz* || 3. similisque: -lique *N*.

peuple entier se trouve rassemblée en un seul lieu, comme cela se produit habituellement dans les théâtres ou les assemblées; que son regard et son jugement se portent avec acuité sur l'image offerte par toute cette foule et qu'il me montre, s'il le peut, au moins deux personnes qui, parmi tant de milliers de gens, donnent l'impression que leurs corps ont été formés avec les mêmes traits ou avec des traits semblables. Que des pères, des fils, des frères se présentent ensemble: la parenté qui les unit tous a beau être scellée par le sang, on les distingue cependant par des marques extérieures différentes; on ne trouve aucune personne qui soit tellement semblable à une autre que son visage ne se distingue pas par quelque trait du visage de l'autre.

6. Il est dès lors établi que, si la substance de notre nature, et même la seule structure de notre corps, en sa simple nudité, ont été habilement fabriquées par le savoir-faire d'une providence divine à partir d'un mélange de quatre éléments, en revanche, les couleurs et les traits, ainsi que les caractères et les habitudes, n'ont été répartis en nous sous aucune autre influence que celle du mouvement perpétuel du cours des astres. 7. En effet, les astres détiennent une intelligence propre et une sagesse divine; car, ayant reçu la vie directement de la divinité, ils collaborent sans se lasser à l'œuvre du dieu suprême et maître de tout, qui a réglé toutes choses par les éternelles dispositions de sa loi, pour maintenir à jamais l'ordre de sa création. 8. Car il n'est pas d'homme qui puisse être secoué inconsidérément par un désespoir assez sacrilège pour affirmer que sur la terre, où il voit que toutes choses sont mortelles, il existe une sagesse, et pour vouloir démontrer en même temps, avec une obstination hargneuse, que dans le ciel, où toutes choses portent les marques d'une immortalité assurée, il n'y a point de sagesse, ni de raison, ni de prévoyance organisatrice. 9. Qui met en doute que cette âme divine passe par ces astres lorsque, contrainte par une sorte de nécessité,

unum se locum totius populi multitudo collegerit, quod in theatris uel in contionibus fieri consueuit, et oculorum suorum aciem iudiciumque ad formam totius transferat turbae et ostendat mihi, si potest, duos saltem aliquos in tantis milibus hominum, qui isdem ac similibus membrorum liniamentis uideantur esse formati. Prodeant simul patres, liberi, fratres, et cum sit omnium necessitudo sanguine iuncta, diuersa tamen formarum designatione cernuntur; nec inuenitur aliquis <alteri> ita similis ut non uultus eius ab alterius uultu ex aliqua parte dissentiat.

6. Vnde constat generis quidem nostri substantiam et ipsam nudi ac solius corporis formam ex quattuor elementorum commixtione prouidi numinis artificio esse formatam, colores uero nobis ac formas, mores etiam et instituta de nulla re alia nisi stellarum perenni cursus agitatione distribui. **7.** Habent enim stellae proprium sensum diuinamque prudentiam; nam, puro diuinitatis animatae conceptu, summo illi ac rectori deo, qui omnia perpetua legis dispositione composuit ad perennis procreationis custodiendum ordinem, infatigabilibus consensionibus obsequuntur. **8.** Nec enim est aliquis homo, quem tam sacrilega desperatio temeritate exagitet, ut in terra, ubi omnia uidet esse mortalia, dicat esse prudentiam, illic uero, ubi omnia immortalitate perpetuitatis ornantur, non prudentiam esse, non rationem aut prouisionis ordinem obstinata mentis animositate definiat. **9.** Quis dubitat quod per has stellas terrenis corporibus diuinus ille animus necessitate cuiusdam legis infunditur,

MP N

6. contionibus *A Ven. Ksz*: coniunct- *MP N* || 12. sanguine *A Ven. Ksz*: -nis *MP N* || tamen: tum *N* || 13. alteri: *add. Sit. Ksz.*

6.1. et *P*: ac *M N.*

7.4. ad *P*: ac *M N.*

8.2. temeritate *MP N*: -atis *Ven. Ksz.*

elle se répand dans les corps terrestres, recevant la possibilité de descendre par le disque du soleil et voyant sa remontée préparée par le disque de la lune[26]? 10. Car cet esprit divin, cette âme céleste, est répartie circulairement dans le corps entier de l'univers à la manière d'un anneau: placé tantôt à l'intérieur, tantôt à l'extérieur, il dirige et organise l'ensemble, et surtout, puisque, par sa seule origine, il est apte à fournir et à conserver toutes choses en entretenant sans cesse le mouvement de ses feux, il perpétue et ne se lasse jamais de maintenir, par sa mobilité perpétuelle et infatigable, sa propre existence, celle du monde et celle de toutes les choses qui sont dans le monde.

11. Émanations de cet esprit, les astres aux feux éternels qui, ayant revêtu une forme sphérique, parcourent leurs orbites circulaires à une très grande vitesse, ont reçu la vie de la majesté de cet esprit divin, font passer dans les corps terrestres une partie de cette âme, et ceux-ci empruntent leur esprit à ces foyers sans cesse alimentés par l'âme. 12. C'est de cette façon qu'une âme immortelle vient en nous rehausser la fragilité de notre corps terrestre par l'assurance de sa propre grandeur: elle peut ainsi, à son tour, dans une direction donnée, correspondre avec sa source première qui, diffuse dans tous les êtres vivants qu'a engendrés une conception terrestre, fait que ceux-ci, vivifiés par cet aliment divin, entretiennent leur existence en propageant perpétuellement leur espèce.

Donc, puisque nous sommes, en fait, liés aux astres par une sorte de parenté, nous ne devons pas, dans des développements sacrilèges, priver de leur pouvoir particulier des êtres dont les courses quotidiennes nous donnent notre forme tout comme notre existence.

cui descensus per orbem solis tribuitur, per orbem uero lunae praeparatur ascensus? **10.** Mens enim illa diuina animusque caelestis per omne mundi corpus in modum circuli collocatus et, nunc intrinsecus, nunc extrinsecus positus, cuncta regit atque componit et, propriae originis generatione conceptus ad procuranda et conseruanda omnia ignita ac sempiterna agitatione, perpetua*t* nec hoc officium aliqua fatigatione deponit ut se ipsum atque mundum omniaque, quae intra mundum sunt, perpetua sui atque infatigabili mobilitate sustentet.

11. Ex hoc animo hi sempiterni stellarum ignes, qui globosae rotunditatis specie formati circulos suos orbesque celeri festinatione perficiunt, maiestate diuinae illius mentis animati partem animi ad terrena corpora transferunt quae spiritum ex illis perpetuis animi fomitibus mutuantur. **12.** Hac ratione immortalis animus in nobis caducam terreni corporis fragilitatem confidentia suae maiestatis exornat, ut et ipse auctori suo originique ex aliqua parte respondeat qui, diffusus per cunctas animantes *quae* terrena conceptione gignuntur, facit ut, diuino animatae fomento, perpetuae generationis propagatione uiuescant.

Quare nunc, cum simus cum stellis quadam cognatione coniuncti, non debemus eas sacrilegis disputationibus propriis priuare potestatibus quarum cotidianis cursibus et formamur pariter et creamur.

MP N

10.3. et nunc — positus: *om. M* || 5. procuranda *MP N*: procreanda *Ven. Ksz* || 6. perpetuat *Ven. Nem*[2]. *Zie*[2].: -tua *MP N* -tuatur *Ksz* || 7. fatigatione: defa- *N*.

11.4. animati *A Ven. Ksz*: -tae *MP N*.

12.2 confidentia: -am *N* || 3. et: *om. N* || 5. quae *Beaujeu*: et *MP N Ksz* || 6. perpetuae *MP N*: -ua *A Ven. Ksz* || 11. formamur: -antur *M* || creamur: -antur *M*.

CHAPITRE VI

1. Dès lors, pour ce qui, selon toi, peut arriver par notre faute, c'est-à-dire que, par une folie sacrilège, nous détournions les hommes du culte des dieux et de leurs religions en affirmant que toutes nos actions sont réglées par le cours divin des astres, tu te trompes, tu commets un contresens et tu t'écartes de la vérité. Car c'est nous, en effet, qui faisons en sorte que les dieux soient redoutés, qu'ils soient honorés; c'est nous qui faisons apparaître leur puissance et leur gloire, quand nous disons que tous nos actes sont réglés par leurs mouvements divins. 2. Honorons donc les dieux, dont la source première s'est mêlée à nous par l'éternel mouvement des astres; que l'humanité contemple à jamais leur majesté dans une respectueuse vénération; invoquons respectueusement les dieux, accomplissons scrupuleusement nos vœux envers leur puissance: ayant ainsi redonné force à la divinité de notre âme, nous résisterons, par une partie de nous-mêmes, à la vigoureuse emprise des astres, ainsi qu'à leur puissance.

3. C'est ce que nous devons faire, nous a enseigné cet homme d'une sagesse divine qu'était Socrate. En effet, comme quelqu'un lui avait parlé de ses propres habitudes et des passions qu'il avait dénombrées en lui-même par un examen analogue, il lui dit: «C'est comme tu le dis, je le reconnais, je l'avoue». Et cet homme si clairvoyant avoua sans aucune gêne ses défauts cachés. «Mais, ajouta-t-il, j'ai dominé tout cela grâce à la force de la sagesse et des vertus; et tous les défauts que mon corps devait à sa composition défectueuse, la partie divine de mon être, consciente de sa puissance, les a maîtrisés[27]».

4. Cela permet de comprendre que, si nos passions dépendent des astres ainsi que tout ce qui nous excite par des aiguillons de feu, notre résistance, en revanche, tient à la divinité de notre âme[28]. Pour ce qui est des lois, qui répriment sévèrement les fautes des hommes, nos ancêtres, faisant preuve

VI

1. Vnde, quod tu per nos fieri posse definis, ut homines a cultu deorum religionumque profano mentis furore reuocemus, qui omnes actus nostros diuinis stellarum dicimus cursibus confici, falleris et contrarium putas et a uera ratione dissentis. Nos enim timeri deos, nos coli facimus, nos numen eorum maiestatemque monstramus, cum omnes actus nostros diuinis eorum dicimus agitationibus gubernari. **2.** Colamus itaque deos, quorum se nobis origo stellarum perenni agitatione coniunxit, et maiestatem eorum gens humana supplici semper ueneratione sus*pic*iat; inuocemus suppliciter deos et religiose promissa numinibus uota reddamus, ut, confirmata animi nostri diuinitate, ex aliqua parte stellarum uiolenti decreto et earum potestatibus resistamus.

3. Hoc debere nos facere uir diuinae sapientiae Socrates docuit. Nam cum quidam ei de moribus suis cupiditatibusque dixisset quas ille simili ratione collegerat: «Sunt, inquit, ut dicis; agnosco, confiteor». Et uir prudentissimus latentia facili confessione detexit. «Sed haec, inquit, omnia a me prudentiae ac uirtutum auctoritate superata sunt, et quicquid uitii ex praua concretione corpus habuit, animi bene sibi conscia diuinitas temperauit».

4. Hic intellegi datur stellarum quidem esse quod patimur et quae nos incentiuis quibusdam ignibus stimulant, diuinitatis uero esse animi quod repugnamus. Nam, quod ad leges pertinet quibus peccata hominum seuera

MP N

VI.2.4. suspiciat *Ksz*: suscipiat *MP N*.

3.6. prudentiae: -tia *N*.

4.1. intellegi *M*: -ligi *P N* || 2. et *del. Ksz tuet. Bae.* || incentiuis: incensuris *N*.

de beaucoup de clairvoyance, les ont instituées à juste titre, et, grâce à elles, ils ont porté secours à l'âme en difficulté, et c'est grâce à elles que la force de notre âme divine peut guérir les vices pernicieux de notre corps.

CHAPITRE VII

1. Mais puisque notre contradicteur nous a contraint à traiter cette question, reportons la réponse que nous allions faire sur les caractères et les couleurs, pour laquelle nous avons déjà posé quelques jalons, et montrons que même les lois obéissent au pouvoir impérieux des destins, et qu'elles font toujours ce qu'a décidé l'autorité des destins. 2. Pour le prouver, nous devons rechercher quelques exemples un peu développés. Voici un jeune homme dans la plénitude de ses forces, riche, honnête et modéré, qui n'a nullement été secoué par le choc d'un drame familial quelconque: sans être poussé par le désarroi né d'une crainte quelconque, il s'est pendu et a détruit sa vie; en revanche, la corde de tel autre, qui remuait encore, a été coupée par son adversaire[29], et lui qui, à cause du scandale de sa vie, s'était livré à la mort par un choix volontaire, se trouve, une fois la corde tranchée, libéré par la sentence du juge. Qui, sinon la force du destin et la nécessité, fait en sorte que ce soit des bourreaux, dont le rôle est de faire exécuter publiquement les coupables, qui fassent échapper à une mort imminente un homme accablé par ses malheurs et condamné par un arrêt de sa propre conscience? 3. Et cet autre, inversement, que tous s'accordent à proclamer innocent, a dégaîné son épée et s'est jeté sur elle, comme s'il y était contraint, et a enfoncé entre ses côtes innocentes la redoutable pointe d'acier? Et celui-là, un homme honnête, sobre et de bonnes mœurs, dont nous avons toujours admiré la vie et la conduite: il s'est jeté dans un précipice et a mis en pièces son propre corps de cette façon lamentable. Et ce juste qui entretient sa vie en

coercitione plectuntur, eas recte prudentissima constituit antiquitas; animo enim laboranti per eas opem tulit, ut per ipsas uis diuinae mentis perniciosa corporis uitia purgaret.

VII

1 Sed iam qui*a* ad istam nos necessitatem quaestionis adduxit, dilata responsione quae de moribus et coloribus parabatur, cuius fundamenta ex aliqua parte iactata sunt, ostendamus etiam leges potestati fatorum necessitatique seruire et hoc eas semper facere, quod fatorum decreuit auctoritas. **2.** Quod ut probemus, longiora repetere debemus exempla. Ecce ille iuuenis integris uiribus, diues, innocens et modestus, nullo domestici facinoris exagitatus impulsu, nulla timoris trepidatione compulsus laqueo se suspendit et perdidit; alterius iam palpitantis laqueum rupit inimicus, et qui, ob dedecus uitae, morti propria animaduersione se dederat, soluto laqueo iudicantis sententia liberatur. Quis hoc alius nisi uis fati necessitasque perficit ut ministri necis, qui ad exhibendum reum fuerant destinati, oppressum malis suis hominem et conscientiae animaduersione damnatum ex medio imminentis mortis periculo liberarent? **3.** Ille rursus, cui omnes innocentiae testimonium perhibent, stricto gladio, tamquam cogeretur, incubuit et minacem mucronis aciem costis innocentibus condidit. Ille, uir integer, sobrius ac pudicus, cuius uitam semper sumus institutumque mirati, ecce per praecipitia proiectum corpus flebili laceratione dispersit. Ille iustus uitam suam misera

MP N

7. uis: ius *N*.

VII.1.1. quia *Ksz*: quid *N* qui *MP* ei qui *A Ven.*

2.6. inimicus: *cf. not.* 29 || 9. perficit *MP N*: -fecit *Ven. Ksz* || 12. liberarent: -arentur *M*.

mendiant misérablement? tel autre, dont l'honneur a été souillé par un crime célèbre, s'enrichit d'heureuse façon et croule sous les distinctions attachées aux honneurs. Voici un pirate qui, après avoir massacré quantité d'innocents, soulève d'heureux enfants dans ses bras sanglants; et cet autre, innocent et (...) de tout crime (...) est séparé par la jalousie. 4. A qui peux-tu attribuer cela? Qui permet que cela se produise? Qui a reçu tant de pouvoir sur nous[30]? Rends-toi, épargne-nous enfin tes arguties et tes chicanes, reconnais et proclame de toi-même que toutes ces situations que les fragiles mortels sont habitués à subir apparaissent dans les courses fatales des astres.

5. Et que dire de la gloire, des honneurs attribués aux méchants, ou des bannissements et de l'exil qui frappent les gens de bien? Vois-tu celui-là, couvert des taches de sa servilité, et qui dissimule derrière l'éclat des faisceaux consulaires les souillures et les bassesses de sa naissance? Cet autre, qui porte partout avec lui les marques d'une naissance libre, est privé des distinctions qui lui sont dues. Tel autre, encore dans les premiers pas de la vie, et sans présenter les marques de qualités particulières, parcourt la voie des honneurs avec une impétueuse rapidité; tel autre, perdant déjà ses forces sous l'effet de l'âge, et (...) l'exemple d'une vie hors de pair, commence seulement maintenant à accéder au cycle des honneurs. 6. Quelle raison a retardé ce vieillard? N'est-il pas vrai que le mérite de sa vie lui promettait toutes les distinctions? Qui, par un brusque coup de chance, a poussé vers une pareille accumulation d'honneurs ce jeune homme pour qui l'on ne pouvait espérer rien de tel? N'est-ce pas cette puissance, que nous appelons force du destin et qui dépend du mouvement des astres, qui a fait en sorte de pousser l'un en avant et de retenir l'autre[31]? 7. A quoi bon évoquer ici les condamnations dues à

30. *Cui... licuit*: cf. VERG. *Aen.* 6,502: «Cui tantum de te licuit?».

31. Nul, à ce jour, n'a tenté de percer l'anonymat de ces masques. Il est vrai que leurs traits sont très simples, voire simplistes, et qu'on en retrouverait l'équivalent à toutes les époques et en tous les pays.

mendicatione sustentat; ille uero, quem famosi sceleris maculauit infamia, felicibus subleuatur augmentis et maximis honorum cumulatur insignibus. Ecce pirata post infinitas innocentium neces in cruento sinu felices suscipit filios; ille innocens et ab omni scelerum<...> separatur inuidia. **4.** Cui haec tribuis? quis ista fieri permittit? cui tantum de nobis licuit? Da manus et aliquando istis nos contentionum conflictationibus libera, ut haec omnia quae fragilis et caduca consueuit ferre mortalitas fortuitis stellarum cerni cursibus etiam tua confessione confirmes.

5. Quid de *de*c*o*re, honoribus malorum et de fuga exiliisque bonorum dicimus? Vides illum, seruilibus maculis infectum, sordes ac labem generis sui consularium fascium nobilitate protegere? Ille, ingenui sanguinis ornamenta circumferens, honorum debitis priuatur insignibus. Ille, primo aetatis gradu positus, nulla praeferens ornamenta uirtutis, omnes honores praecipiti celeritate continuat; ille, iam deficientis aetatis senio confectus, et testimonium egregiae uitae<...>, cursu nunc primo in adeundis honoribus auspicatur. **6.** Quae istum senem ratio retardauit? atquin illi omnia honorum ornamenta uitae meritum pollicebatur. Quis illum iuuenem ad tantum honorum cumulum, de quo nihil adhuc tale sperare poteramus, cursu[s] repentinae felicitatis impegit, nisi uis illa quam dicimus fati, quae stellarum agitatione perficitur, operata est ut illum cogeret, hunc retardaret? **7.** Quid iam de damnationibus eloquar maiorum pecca-

MP N
3.12. *lacunam susp. Ald. Ksz.*
4.5. cerni *MP N Zie*[1]. *Wik*[1].: decerni *Ksz.*
5.1. decore *Beaujeu*: errore *MP om. N quod uerbum cruce notau. Ksz* terrore *Wik*[1]. splendore *Nem.* || 5. debitis: -tus *P* || 9. *lacunam susp. Ksz, qui addere propos.* adeptus.
6.5. cursu *Ksz*: -sus *MP N* || 6. agitatione: operatione *N.*
7.1. maiorum *MP N*: malorum *Ksz.*

des fautes ou à des crimes horribles? Tu le disais un peu auparavant, nous avons vu souvent, dans ce domaine, des sentences injustes frapper des innocents, par un jugement rendu à l'unanimité. 8. Le plus clairvoyant des Athéniens, personnage d'une justice exemplaire, à qui sa vie et ses vertus avaient mérité le surnom de Sage, dut s'en aller dans l'infamie, frappé par l'ostracisme[32]. Quant à Socrate, dont la sagesse a été attestée par le témoignage de la divinité[33], après avoir transformé les mœurs des hommes, puis les avoir modelées par un enseignement divin, il fut chargé d'accusations mensongères; accablé par la méchanceté d'une sévère citation en justice, sans défense et trahi, il succomba sous la puissance impitoyable de ses détracteurs. Combien de fois la fortune a-t-elle fait d'Alcibiade un général, combien de fois en a-t-elle fait un exilé[34]? 9. Que dire de ces vicissitudes du sort? Alcibiade endurait tout cela, formé qu'il était par les divins enseignements de Socrate à exercer son pouvoir avec la modération d'un citoyen; bien qu'il eût conduit toujours et partout son armée à la victoire, il ne put éviter la jalousie de la fortune acharnée contre lui. Mais peut-être cet homme, comme le prétendent certaines gens (que nos propos, en tout cas, ne cautionnent pas cette croyance!) s'était-il laissé entraîner par le désir de plaisirs pervers, et fut-il fourvoyé par l'effet imprévu de son imprudente légèreté. Présentons donc un autre exemple, pour que tu sois ainsi contraint et forcé à l'aveu. 10. Platon, avec toutes les vertus de son âme, avec toute sa connaissance de la sagesse, fut vendu par le destin, qui livra toutes les facultés de son esprit divin à la cruauté tyrannique et aux volontés capricieuses de Denys. Si ces exemples ne suffisent pas, tournons-nous vers les naufrages de Pythagore. Tout le monde sait bien quel homme c'était là! Sa vertu, sa sagesse, sa clairvoyance et les divines productions de son esprit ont été reconnues par les jugements des hommes et des dieux. 11. Dans tous les domaines, il a tout étudié à fond; et, pour que rien ne manquât à son divin talent, il s'imprégna même de

torum aut criminum merito? Dicebas paulo ante: frequenter uidimus huiuscemodi iniurias omnium consentiente iudicio innocentibus irrogatas. **8.** Prudentissimum illum Atheniensium et singularis iustitiae uirum, qui uitae atque uirtutum merito sapientis cognomen acceperat, infamis testulae iactus exegit. Socrates uero, cuius prudentia testimonio diuinitatis ornatur, formatis moribus hominum et diuina institutione compositis, falsis accusationibus obrutus est; acerbae delationis oneratus inuidia, indefensus et proditus, seuerae animaduertentium potestati subcubuit. Quotiens fortuna imperatorem Alcibiadem, quotiens exulem fecit? **9.** Quid de ista sortis uarietate dicamus? Patiebatur haec Alcibiades, ad ciuilem imperandi modum Socratis diuinis magisteriis institutus, et, cum semper et ubique prospere duxisset exercitum, fortunae contra se saeuientis inuidiam uitare non potuit. Sed illum forsitan, ut quidam uolunt (absit enim ut hoc nostra oratione firmemus!), prauarum cupiditatum desideria ceperant et incautae temeritatis fefellit improuisa uis. Aliud ergo proferamus exemplum, ut uel sic ad confessionis angustias coarteris. **10.** Platonem, cum illis animi uirtutibus, cum illa sapientiae doctrina, uendidit fatum et illam diuini animi disciplinam tyrannicis crudelitatibus ac ludibriosis Dionysii potestatibus tradidit. Si haec non sufficiunt, ad Pythagorae naufragia reuertamur. Qualis uir ille fuerit omnibus notum est! Cuius uirtutem, sapientiam prudentiamque et diuina animi commenta, et hominum et deorum probauere iudicia. **11.** Ecce ad summum cuncta perdidicit et, ne quid deesset eius diuino ingenio, peregrinis etiam magis-

MP N
8.7. est *MP N*: et *Ksz*.
9.2. dicamus: -emus *N* || 4. et[1]: ut *N* || 6. illum *Q*[pc]: illud *MPQ*[ac] *N*.
10.5. si: sed *N* || 6. reuertamur: -emur *P*[ac].

l'enseignement des maîtres étrangers et alla au cœur de tous les secrets de la sagesse; et même, pour être plus exact, grâce à la pénétration de son esprit divin, il fut le premier, ou plutôt le seul, de ceux qui vivent dans la fragilité de la condition terrestre, à découvrir la nature et l'origine de la divinité clairvoyante et de la majesté divine. Cette divinité salutaire — à ce que certains prétendent — et clairvoyante, il la suivait chaque jour; après avoir, grâce à ses conseils et à ses préceptes, purifié les souillures de son âme, jusqu'à atteindre toutes les grâces de la vie et de la vertu, il fut banni et exilé par un décret parfaitement injuste de ses concitoyens. 12. Alors, exilé de sa patrie et même de toute la Grèce, il se rendit d'abord auprès de puissances étrangères et il habita, en exilé, Sybaris et Crotone. Mais la fortune ne le laissa pas très longtemps non plus en ces lieux, et il continua à errer, fugitif, tantôt à Locres, tantôt à Tarente, et sur presque tous les rivages de l'Italie. Et puis, pour finir, il est cerné de flammes dévorantes, et une foule de malheureux trouvent la mort en même temps que lui dans un incendie qui fait rage[35].

13. Que t'en semble? Persistes-tu encore à nier le destin et à mépriser avec une obstination entêtée la puissance des astres, alors que tu vois la fin malheureuse des gens de bien, l'heureuse réussite des méchants, <...> des innocents, la tranquillité <...>? A qui attribues-tu cela? Qui, à ton avis, a rendu ces arrêts? Nous sommes injustes si, alors que ce sont les ordres des destins qui décident de cela pour nous, nous continuons à résister et à nous raidir dans une attitude de refus. Je suis obligé de te répondre en bloc, car les exemples cités m'engagent à procéder ainsi: d'une part celui qui a fait du mal a péché sous l'influence du destin, d'autre part celui qui est condamné sans avoir fait de mal a encouru la sévère sentence de condamnation parce qu'il avait été poussé par une influence fatale.

14. Nous allons maintenant en venir à toi, Plotin, homme hors de pair, de façon à étayer nos affirmations par les

teriis imbutus ad omnia sapientiae secreta penetrauit et, ut uerius loquar, diuini animi intentione primus, immo potius solus in ista positus fragilitate terrena naturam et originem prouidi numinis ac diuinae maiestatis inuenit. Salutare illud, ut quidam uolunt, et prouidum numen per dies singulos sequebatur; cuius monitis atque praeceptis purgatis animi sordibus ad omnia uitae ornamenta et uirtutis, extorrem atque exulem ciuium suorum seuerissima decreta fecerunt. **12.** Is patriam fugiens totamque Graeciam ad aliena primum transiuit imperia; Sybarim et Crotonam exul incoluit. Sed nec ibi illum diutius fortuna detinuit; nam nunc per Locros, nunc per Tarentum et per omnes paene Italiae oras fugitiuus errauit. Ecce ad ultimum flamma saeuiente circumdatur et cum illo pariter miserorum turba incendio grassante conficitur.

13. Quid agis? Etiam nunc derogas fato et stellarum uim obstinata animositate contemnis, cum uideas bonorum malos exitus, malorum prosperos actus, innocentium <...> securitates? Cui haec tribuis? cuius haec putas fieri decretis? Iniqui sumus, si, cum haec omnia nobis fatorum imperia decernant, adhuc rigidae contradictionis animositatibus repugnamus. In summa tibi respondendum est, quia hoc nos facere praesentia hortantur exempla: et ille qui nocens est fato cogente peccauit, et ille, qui innocens damnatur, fatali necessitate compulsus seueram animaduersionis sententiam pertulit.

14. Ad te nunc singularem uirum, Plotine, ueniemus, ut allegationes nostras recentium exemplorum patroci-

MP N

11.5. positus: post *N* || 9. uitae *cruce notau. Ksz* || 10. et *M*: *om. P N*.
12.1. is: ipse *N* || 3. crotonam: -nem *N* || 7. grassante: crass- *P N*.
13.2. contemnis: *om. N* || 4. *lacunam susp. Ksz*: <pericula, nocentium> *tempt. Nem. Zie*[1]. || 7. repugnamus: -gnabis *N* || 10. damnatur: -tus *N* || 11. seueram: -rae *N*.

garanties d'exemples récents[36]. A quelles parties de la philosophie cet homme n'a-t-il pas touché, puisque son enseignement prolongeait tous les actes remarquables de sa vie, et que tout ce qu'il enseignait était illustré par l'exemple d'une vertu qui n'était pas celle d'autrui, mais la sienne propre? De sa bouche, comme du fond d'un sanctuaire, sortaient des maximes divines. C'était, en effet, un homme fait pour mettre en valeur tous les aspects de la vertu, et qui s'était fortifié par une étude complète de l'ordre divin des choses: juste, courageux, clairvoyant, modéré, assuré de pouvoir, grâce à sa clairvoyance rationnelle, dominer les assauts de la Fortune.

15. Ainsi, pour commencer, il choisit de s'installer en un lieu tranquille, pour être à l'écart de tout le vacarme des relations humaines, et se libérer ainsi de la jalousie de la Fortune; il serait libre ainsi pour recevoir seulement les marques d'une initiation divine, de façon à se prémunir, par son intégrité et le patronage incorruptible de la vertu, contre toutes les menaces de la Fortune. 16. En s'appuyant alors sur la confiance qu'il avait en son esprit, il s'occupa également de soigner et de conserver son corps: pour ne laisser libre et découvert aucun terrain sur lequel pût s'exercer le pouvoir sans frein de la Fortune cruelle, il s'installa dans une région pure et salubre: on dit, en effet, qu'il choisit, pour établir sa demeure, un site agréable dans une cité campanienne, site dont le climat toujours tempéré et tranquille maintient tous les habitants en excellente santé, qui ne connaît ni les violences de l'hiver ni les attaques d'un soleil brûlant, mais un climat tempéré dû à leur alliance, et où les hommes qui souffrent de quelque maladie viennent équilibrer leur santé dans la chaleur de sources débordantes et la médication salutaire d'eaux bouillonnantes[37]. 17. Une fois installé en ce lieu, il rejeta d'abord toutes marques d'honneur, considérant que les seuls honneurs véritables étaient

niis muniamus. Quas ille philosophiae non attigit partes, cum doctrina eius uitae sequeretur insignia, cum id quod docebat non alieno, sed proprio uirtutis ostenderetur exemplo? Cuius ex ore tamquam ex ad*y*to quodam diuinae sententiae proferebantur. Fuit namque ille uir ad omnia uirtutis ornamenta compositus et omni diuinarum dispositionum studio firmatus, iustus, fortis, prouidus, temperatus et qui se crederet Fortunae impetus prouidentiae posse ratione superare.

15. Primum itaque locum sibi quietae sedis eligit, ut ab omni humanae conuersationis strepitu separatus Fortunae se liberaret inuidia, solis diuinae institutionis uacaturus insignibus, ut contra fortunae omnes minas integro se et incorrupto praesidio uirtutis armaret. **16.** Ista itaque confidentia mentis erectus etiam corporis sui curam tuitionemque suscepit; ut nihil uacuum ac nudum relinqueret, ubi se posset licentia Fortunae saeuientis exercere, in salubri se ac pura regionis parte constituit; nam ad collocandam sedem amoenum sibi Campaniae ciuitatis solum elegisse narratur, ubi semper aeris quieta moderatio cunctos incolas salubri uegetatione sustentat, ubi nec uis hiemis nec flagrantis solis accessio, sed composita temperies ex utroque moderatur, ubi aegritudine aliqua laborantibus hominibus ingentium fontium calore et feruescentium aquarum salutari fomento conciliata sanitas irrigatur. **17.** Illic constitutus honorum primum contempsit insignia, illos ueros honores putans quoscumque illi diuinum prudentiae magisterium contu-

MP N

14.5. proprio: -iae *N* || ostenderetur *MP Zie*².: -eret *N Ksz* || 6. adyto *Ksz*: adito *MP N* || 9. firmatus *MP*^{pc}: formatus *P*^{ac} *N Ksz.*

16.2. etiam: et *N* || 3. suscepit: s- et *Ksz* || 5. exercere: exerere *A Zie*¹. || 7. ciuitatis... moderatio: *om. N* || 9. nec *N Zie*¹.: neque *MP Ksz* || 11. ingentium: *susp. Sit. Ksz Zie*¹.

17.1. primum: -mo *N.*

ceux que lui avait apportés le divin magistère de sa sagesse. Aucun désir de richesses ne s'était emparé de lui, mais il considérait comme richesses les facultés qui ornaient son esprit, lui permettant de découvrir l'auteur de sa propre origine. 18. Et voilà que, dans une partie de son œuvre, sans perspicacité ni prudence, me semble-t-il, il s'en prend à la force inéluctable du destin et adresse de sévères objurgations aux hommes qui craignent les arrêts de la Fortune; pour sa part, il ne reconnaît aux astres aucune puissance, ne laisse aucune part aux volontés des destins, mais affirme que tout est placé en notre pouvoir. 19. Il serait long d'énumérer ce qu'il pensait sur chaque sujet, par quel raisonnement il se soustrayait à la volonté du destin, par quel enchaînement d'arguments il tentait d'abattre cette force, c'est-à-dire celle des astres et du destin. Tels étaient les propos qu'il tenait pendant qu'il était encore en excellente santé: jamais il ne tourna ses yeux ou son esprit vers la mort de Socrate ou l'exil de Platon, ou alors c'était, on peut s'en douter, en attribuant ces malheurs pour une grande part à leurs dispositions d'esprit, pour une grande part à leurs défauts.

20. Or voici que, pendant qu'il était tranquillement installé dans cette confiance assurée en soi, la puissance des destins s'imposa tout entière à lui. D'abord, un refroidissement du sang engourdit et raidit ses membres; ses yeux cessèrent peu à peu de percevoir l'éclat d'une lumière de plus en plus faible; puis, sur toute sa peau, apparut une éruption pestilentielle qu'entretenaient les humeurs malignes, si bien que son corps pourrissant, tué par son sang empoisonné, se consumait à mesure que ses membres se désagrégeaient; chaque jour et à chaque instant, à mesure que la maladie progressait, de petites parties de ses organes se liquéfiaient, et celui qu'on avait pu voir intact l'instant d'avant se trouvait aussitôt déformé par l'ulcération qui dévorait le corps. 21. Au fur et à mesure que sa substance se défaisait et se dégageait, tout ce qui donne forme au corps le quittait, et, dans un corps pour ainsi dire mort, seul

lisset. Nulla illum diuitiarum desideria ceperant, sed has putabat esse diuitias quibus animus ornatus auctorem posset propriae originis inuenire. **18.** Ecce in quadam parte orationis suae, sicut mihi uidetur improuidus et incautus, uim fatalis necessitatis adgreditur et homines Fortunae decreta metuentes seuera orationis obiurgatione castigat, nihil potestati stellarum tribuens, nihil fatorum necessitatibus reseruans, sed totum dicens in nostra esse positum potestate. **19.** Longum est enumerare quid de rebus singulis senserit, qua se ratione fatali sorti subtraxerit, qua uim istam, id est stellarum atque fati, sententiarum argumentatione turbauerit. Sed haec adhuc integer incolumisque narrabat; numquam ille ad Socratis finem Platonisue exitum contorsit oculos uel mentem, utique, sicuti suspicari datur, multa illorum mentibus, multa uitiis adscribens.

20. Ecce se illi in ista confidentiae animositate securo tota fatorum potestas imposuit et primum membra eius frigido sanguinis torpore riguerunt et oculorum acies splendorem paulatim extenuati luminis perdidit, postea per totam eius cutem ma<*li*>gnis humoribus nutrita pestis erupit, ut putre corpus deficientibus membris corrupti sanguinis morte tabesceret; per omnes dies ac per omnes horas serpente morbo minutae partes uiscerum defluebant, et quicquid paulo ante integrum uideras, statim confecti corporis exulceratio deformabat. **21.** Sic corrupta ac dissipata facie, tota ab illo figura corporis recedebat et in mortuo, ut ita dicam, corpore solus

MP N

4. has: haec *N* || 5. animus *N*: -mi *MP*.

18.4. metuentes: immetuens *N* || 7. esse: *om. N.*

19.3. sorti: -te *N.*

20.1. in: *om. N* || 3. frigido: -da *MP* || 5. malignis *Sit. Ksz*: magnis *MP N.*

21.3. recedebat: discedebat *N.*

survivait son esprit; celui-ci, accablé par les progrès de cette pénible maladie, écrasé sous ses propres maux et convaincu par l'autorité d'un juste raisonnement, sentait ainsi la force et le pouvoir du destin et, mis en pièces à mesure que son corps accablé se déchirait, il recevait l'arrêt de la Fortune qui le condamnait. 22. Que dire encore de cette mort célèbre? Pourquoi ses vertus, c'est-à-dire la prudence, la tempérance, la force et la justice, n'ont-elles pu le protéger de ces attaques de la Fortune? Même cet homme a senti, ainsi, la puissance du destin, et il a subi la fin qu'avaient décidée pour lui les arrêts enflammés des astres; sous les coups de cette horrible maladie, c'est par son propre exemple, et non par des discours faciles, qu'il a démontré à tous les hommes que la puissance des destins ne pouvait en aucune façon être méprisée.

23. Tu sais aussi, pour en revenir à des exemples plus anciens, tout ce que Miltiade a enduré après sa victoire, ce que Thémistocle a supporté après ses triomphes[38]; dans quelles suites de malheurs ont-ils été plongés, et par ceux-là précisément à qui ils avaient rendu la liberté et leur patrie! 24. Qui suscita contre eux la rage d'un peuple déchaîné? Qui excita sa jalousie? Qui a provoqué en lui une haine si farouche qu'il a oublié leurs bienfaits, en particulier le rétablissement de la liberté, et que, sous l'impulsion d'une folie dangereuse, en se trompant avec une légèreté sans mesure, il frappa des hommes innocents et courageux avec la méchanceté haineuse de la populace? Qui, sinon la force fatale et infatigable du destin, qui sans cesse exerce sa toute-puissance?

25. Revenons maintenant, si vous le voulez bien, à des exemples romains. Regardons ce lâche personnage, souillé de toutes les taches de l'infamie, je veux dire Sylla[39], qui, dès les

superstes retinebatur animus, ut ista grauis morbi continuatione confectus et tormentis propriis coactus ac uerae rationis auctoritate conuictus uim fati potestatemque sentiret et ut confecti corporis laceratione quassatus sententiam Fortunae pronuntiantis exciperet. **22.** Quid nunc de huius famosa dicimus morte? Cur eum non potuere uirtutes, id est prudentia, temperantia, fortitudo, iustitia, ab istis Fortunae animaduersionibus liberare? Sensit itaque etiam iste uim fati et excepit finem quem illi stellarum ignita iudicia decreuerant; ex istius ualitudinis acerbitate confectus, proprio exemplo non sermonis licentia cunctos homines docuit potestatem fatorum nulla posse ratione contemni.

23. Scis etiam, ut rursus ad antiquiora redeamus exempla, quae Miltiades post uictoriam passus sit, quae Themistocles sustinuerit post triumphos; quibus sunt aerumnarum calamitatibus implicati, ab his scilicet quibus per illos et libertas reddita uidebatur et patria! **24.** Quis contra illos saeuientis populi rabiem concitauit, quis conflauit inuidiam? Quis tam acerbum indixit odium ut, beneficiorum et redditae libertatis immemores, [ut] graui furoris instinctu et effrenatae leuitatis erroribus innocentes ac strenuos uiros populari animaduersionis acerbitate percuterent, nisi uis necessitasque fati infatigabilis, quae semper potestate dominatur?

25. Ad Romana nunc, si placet, reuertamur exempla. Ecce ignauus ille uir et omni infamiae maculatione pollutus, Syllam dico, qui a primo uestigio pubescentis aetatis in scurrarum gremiis per damna nundinati pudoris ado-

MP N

22.2. dicimus: dicis *N* || eum: enim *N* || 6. decreuerant: -erunt *N* || ex *MP*: et *N Ven. Ksz* || 8. potestatem: uim potestatemque *N*.
23.3. sustinuerit: -nuere *P om. N*.
24.2. inuidiam: -dia *P* || 4. *del.* ut *Ksz* || 6. percuterent: -currerent *N* || infatigabilis *MP N*: -li *A Ven. Ksz* || 8. dominatur: -antur *N*.
25.2. uir: *om. N* || 4. nundinati: uenumdati *N*.

premiers signes de sa puberté, a vécu dans les bras des débauchés, au grand dam de son honneur mis à l'encan[40]: que de fois il a conduit victorieusement son armée, et en même temps d'innombrables naufrages de la république lui ont valu le titre de *Felix*[41]! 26. Regarde combien de fois il se souille du sang de ses concitoyens en déchirant les entrailles de sa patrie. Il promulgue d'innombrables listes de proscription, et s'enrichit de biens ensanglantés que lui procurent ses meutres fraticides. Pour l'instant, même s'il est difficile d'énumérer tous ses crimes, nous en énumérerons cependant quelques-uns, afin qu'on puisse ainsi déceler la force de la fatale nécessité. 27. Sept mille de nos concitoyens sont tombés au milieu du forum de la ville de Rome, à cause de la cruauté de Sylla; crois-moi: ce n'est pas une autre puissance, ce n'est pas le châtiment de ses fautes, ce n'est pas la volonté des dieux mais l'arrêt inéluctable des destins qui a jeté cette foule sous les coups de Sylla. 28. En vertu de quel jugement, en vertu de quel ordre rationnel, à ton avis, cet homme, qui ne s'est jamais souvenu de son sexe, qui, ayant largement dépassé le stade de la grâce enfantine, entretenait dans sa vieillesse décrépite les turpitudes d'un autre âge, gouvernait-il l'empire romain, alors qu'il était lui-même assiégé par ses vices? Cet homme qui, on le savait, avait vu rejeter sa candidature à la préture[42]; que Censorinus, ce personnage si respectable, avait accusé, en se fondant sur des griefs extrêmement solides, d'avoir dépouillé sa province[43]; qui, légat lors de la guerre contre les Cimbres, éprouva dans son âme dégénérée une si profonde frayeur qu'il abandonna Marius, son général, ainsi que l'armée romaine[44], cet homme, quoique souillé de pareilles infamies, revêtu plus tard de l'autorité de la majesté royale, utilisa notre armée pour notre perte!

29. Permets-moi de revenir plus longuement sur ce qui a déterminé les crimes de Sylla; car tout cela sera mis au crédit de mon argumentation, si un très grand nombre de malheurs

40. Cf. PLUT. *Sylla* 36.

leuit: totiens prospere duxit exercitum et, ut «felix» diceretur, fecerunt innumerabilia reipublicae naufragia. **26.** Respice quotiens laceratis patriae uisceribus ciuili sanguine cruentatur. Ecce innumerabiles proscriptionum tabulas ponit et cruentarum pecuniarum parricidali collatione ditatur. Sed nunc, licet sit omnia facinora eius enumerare difficile, pauca tamen enumerabimus, ut ex istis uim fatalis necessitatis agnoscas. **27.** Septem milia ciuium nostrorum in medio foro urbis Romae Syllana animaduersione ceciderunt; mihi crede: nulla uis alia, nullum peccatorum meritum, nulla deorum uoluntas, sed fatorum necessitas istam multitudinem Syllanis manibus impegit. **28.** Quod nunc putas esse iudicium, quem rationis ordinem, ut ille, qui numquam fuit memor sexus sui, qui ultra commendationem gratiae puerilis aetatis, senex exoletus, in aliena aetate flagitia corporis detinebat, uitiis obsessus, Romana gubernaret imperia? Hunc <*quem*> sciebamus in PR. petitione deiectum, cui grauissimus Censorinus ueris ac firmis accusationibus spoliatae prouinciae crimen obiecit, qui legatus bello Cimbrico degeneris animi timore prostratus imperatorem Marium et Romanum reliquit exercitum, is, cum his tantis pollueretur infamiis, regalis postea maiestatis auctoritate decoratus, exercitum nostrum in dispendia nostra conuertit.

29. Permitte mihi longiore oratione Syllanorum scelerum replicare discrimina; omnia enim haec ad disputationis meae meritum conferentur, si plurimis infortunio-

MP N

27.2. foro: sinu *N* || 4. nullum: -lorum *N.*

28.3. senex exoletus *A Ven.*: senes -tos *MP N* || 5. gubernaret: -are *N* || hunc: *om. N* || quem: *add. Ksz* || 6. in PR petitione deiectum *ego*: in praeturae [PR] p.d. *Ksz* impraetura $\overline{\text{PR}}$ petitione *M* in pretura prepetitione *P* in praetura a preturae petitione *N* || cui: cuius *N* || 12. conuertit *N Ald. Ksz*: conuenit *MP.*

29.3. meae: *om. N.*

de toute sorte font apparaître à nu et en toute vérité la force contraignante des destins. 30. C'est sur l'ordre de Sylla que Sulpicius, tribun de la plèbe, fut mis à mort en exécution sacrilège d'un arrêt criminel[45]; une fois souillée de ce crime, sa passion tyrannique et criminelle se mit aussitôt à exercer sans aucune hésitation toutes sortes de sévices, si bien qu'il assouvissait même chaque jour les passions effrénées de son âme en faisant couler le sang de ses concitoyens. 31. Un ancien préteur, Marius le jeune, qui, au jugement de tous, avait bien mérité de la république, eut d'abord les jambes brisées sur l'ordre de Sylla[46]; puis, du tronc, on arracha les bras jusqu'aux épaules et on les mit en pièces; en troisième lieu, on sectionna sa langue, ne laissant plus de voix qu'au fond de la gorge; finalement, quand le corps tout entier eut été mutilé, ses yeux qui, après avoir vu tout cela, vivaient encore, sont arrachés. Et, tout en inventant pour un corps aussi menu un si grand nombre de supplices, ce bourreau sacrilège de sa patrie eut bien de la peine à lui ôter la vie par de pareilles blessures, tandis que les ravages qui s'abattaient de part et d'autre lui arrachaient petit à petit le souffle vital.

32. Mais peut-être pareil personnage n'a-t-il fait preuve d'une pareille bestialité qu'envers des hommes? Eh bien, sur les listes de proscrits, il a fait inscrire également le nom de femmes et d'épouses[47], pour exercer le sanglant pouvoir de son épée sur toute l'espèce humaine. Sa passion sanguinaire ne connaît pas de bornes, il ne peut se satisfaire de cet immense massacre de ses concitoyens. 33. Ce grand peuple romain, après avoir soumis toutes les nations, après avoir parcouru le monde entier et l'avoir mis sous sa puissance, après avoir découvert les rivages les plus lointains de l'Océan[48], fut réduit à devenir

45. Cf. PLUT. *Sylla* 10.

46. Cet horrible récit reprend une formule des *Histoires* de Salluste (*frg.* 1,44): ce supplice de Marius était devenu matière à *exempla* déclamatoires (VAL. MAX. 9,2,1; SEN. *ir.* 3,18).

47. Cf. VAL. MAX 9,2,1.

rum generibus integre ac uerissime fuerit fatorum necessitas explicata. **30.** Iussione Syllana Sulpicius, tribunus plebis, parricidalis praecepti nefanda animaduersione percussus est; quo flagitio tyrannica et scelerata eius cupiditas imbuta omnia statim sine aliqua dubitatione genera crudelitatis exercuit, ut et effrenatas animi sui cupiditates per dies singulos ciuilis sanguinis profusione satiaret. **31.** Praetorio uiro, minori scilicet Mario, qui iudicio omnium bene meritus de republica uidebatur, Syllana iussione elisa sunt prius crura, deinde deiecta de statu corporis brachia humeris tenus dissoluta ceciderunt, tertio amputata lingua uocem reliquit in faucibus; ad postremum, omni corporis parte mutilata, oculi, qui fuer*a*nt spectatores et superstites, egeruntur. Et in tam angusto corpore a nefario patriae carnifice tot sunt inuenta supplicia et uix anima tantis uulneribus erogata est, cum hinc inde damnis fluentibus minutatim spiritus carperetur.

32. Sed forsitam circa solos uiros talis est feritatis atrocitate grassatus? Ecce in proscriptionum tabulis etiam mulierum ac matronarum nomen adscripsit, ut per omne humanum genus cruentam gladii exerceret potestatem. Non habet modum *ha*ec cruenta cupiditas nec infinita ciuium strage satiatur. **33.** Romanus ille populus, subactis omnibus gentibus, posteaquam peragrato orbe atque possesso extremum etiam Oceani litus inuentum,

MP N

30.2. animaduersione: -sio *P* || 5. et *MP N*: *del. A Ven. Ksz.*

31.3. deiecta: desecta *prop. dubitanter Ksz* || 7. fuerant *Ven. Ksz*: -runt *MP N* || 8. a *Ven. Ksz*: ac *MP N* || 10. spiritus: -tu *N*.

32.3. etiam: *om. N* || nomen *MP N*: nomina *Use. Ksz* || 4. exerceret: exhereret *P* || 5. haec *Beaujeu*: nec *MP N del. Ksz* || 6. strage *A*: -ges *MP N.*

33.2. posteaquam — possesso: post peragratum orbem atque possessum *N.*

l'esclave du pouvoir criminel et tout-puissant de Sylla, car toutes les âmes étaient affaiblies par la crainte et agitées par le tremblement d'une peur lamentable. Malgré les lois Porciae et les lois Semproniae[49], dans un concert de plaintes de tous les citoyens, il fit encore afficher une troisième liste de proscrits; et, non content de tout ce mal, pour ne pas laisser vide de crimes un seul moment de sa vie, une fois redevenu simple citoyen, il fit assassiner Lucrétius[50]; et, après avoir abandonné sa toute-puissance royale, il conserve néanmoins sa pernicieuse cruauté.

34. Veux-tu, puisque nous nous attardons à l'époque de Sylla, que j'évoque pour toi le lac Servilius, au-dessus duquel, pour bien faire étalage de sa monstrueuse cruauté, il fit suspendre les têtes des nombreux sénateurs auxquels il avait fait trancher le cou[51]? Installé parmi les lits même des dieux, trônant dans les cérémonies sacrées, Sylla regardait toujours les blessures de la république avec sérénité et arrogance. Que peut-il y avoir de plus cruel? Il plongea femmes et enfants dans des deuils cruels, sous prétexte de calamité publique; contre Sylla, ni la piété, ni la fidélité, ni la force d'âme, ni la prévoyance n'eurent le moindre pouvoir. 35. Où sont-ils maintenant, ceux qui croient encore que nos fautes peuvent être punies par la loi humaine et divine? Sylla se repaît d'odieux sacrilèges, il se revêt d'un pouvoir tyrannique, et la violence de ses passions n'est tenue en échec par aucune divinité! Qu'en penses-tu? Quel est ton avis? Réfute donc mes propos! Montre-nous l'ordre des choses. Où sont les lois, où sont les jugements? Nous avons à jamais perdu l'espoir de tout jugement humain ou divin, puisque Sylla a pu faire impunément tout ce que nous avons dit. Ainsi donc, les forfaits qu'il a commis en se repaissant de meurtres si affreux ne sont nullement punis par le fouet des déesses vengeresses? <...> des

seruire compulsus est nefario Syllanae potestatis imperio, debilitatis omnium animis metu et miseri *tim*oris trepidatione possessis. Inter leges Porcias legesque Sempronias, cum omnium ciuium gemitu, etiam tertiam proscriptionis tabulam posuit nec hoc contentus malo, ne quod aetatis suae tempus uacuum a sceleribus reseruaret, Lucretium iam priuatus occidit et, deposita regia potestate, animi tamen in illo perniciosa crudelitas perseuerat.

34. Visne aliquid tibi, quia in Syllanicis temporibus immoramur, de lacu Seruilio referam, in quo multorum senatorum capita ad ostentationem immanissimi facinoris sectis ceruicibus pependerunt? Reipublicae uulnera inter ipsa deorum puluinaria constitutus inter sacras caerimonias positus semper Sylla securus ac superbus aspexit. Quid potest crudelius fieri? Liberis et uxoribus miseras orbitates titulo public[at]ae calamitatis ingessit; nihil pietati, nihil fidei, nihil fortitudini, nihil prouidentiae licuit contra Syllam. **35.** Vbi nunc sunt qui peccata nostra humana ac diuina credunt posse lege puniri? Ecce Sylla nefariis caedibus pascitur, ecce tyrannico grassatur imperio nec cupiditatis eius potestas aliqua diuinitate impugnatur. Quid sentis? quid iudicas? Refuta quod dicimus! Ostende nobis ordinem rerum! Vbi sunt leges, ubi iudicia? Humano et diuino sumus semper destituti iudicio, quia omnia haec, quae diximus, Sylla commisit impune. Ergo facinora eius, cum tantis caedibus pasce-

MP N

4. compulsus: -sum *P* || 5. miseri timoris *Sit. Ksz*: miseri minoris *A* miseriis minori *MP* miserrima honoris *N* || 9. ne: nec *P*.

34.8. publicae *Ksz*: publicatae *MP N* || 9. nihil fortitudini: *om. N*.

35.3. grassatur imperio: *om. N* || 4. cupiditatis *MP N*: -ates *N Ven. Ksz* || diuinitate *Q*: -nitas *MP N* -nitatis *N A Ven. Ksz* || 5. impugnatur *Q*: -at *MP N Ksz* || refuta: -tas *N* || 7. et: ac *N* || destituti: instituti *N* || 9. pasceretur *A Wik*[1]. Zie[2].: -rentur *MP N Ksz*.

pouvoirs, et il n'y a personne qui vienne proclamer ses propres souffrances, par la parole et par les larmes? Les morts sont même privés par lui de leur bûcher suprême, et la Justice n'a pas pu s'en rendre compte? 36. Tu dis que les fautes des hommes sont rapportées, jour après jour, aux déesses vengeresses; et pourtant, tous ces crimes, comme tu t'en rends compte, ont été commis impunément, et, dans tous ces cas, la Fortune a fait ce qu'elle a voulu; tout ce que les destins avaient décidé pour chaque individu s'est accompli par l'intermédiaire de la férocité de Sylla. Et voici qui te montrera combien notre exemple était bien choisi: pour lui, après tous ces crimes, les événements prenaient une tournure favorable. Il est comblé par les marques d'honneur de la dictature perpétuelle, puis, de sa propre initiative, il abandonne le pouvoir; les membres d'une république déchirée et ses richesses ensanglantées servent, sur son ordre, à enrichir les individus les plus tarés; après ces crimes, il jouit d'une paisible tranquillité et, enrichi par ses innombrables exactions, le voici, aux termes d'un décret du très vénérable Sénat et du peuple, décoré d'un titre qui consacre son heureuse et perpétuelle «Félicité».

37. Où sont-ils maintenant, ceux qui prétendent que nos actes ne sont pas gouvernés par les courses fatales des astres? Cet homme cruel et perfide qui, nous le savons, s'est enrichi par toutes sortes de crimes, obtient tranquillement toutes les marques d'honneur possibles; et cependant Marius, après son triomphe sur Jugurtha et toutes les nations qu'il a soumises, après avoir libéré la ville de Rome des dangers extérieurs et intérieurs, après avoir obtenu la pourpre des triomphes, les toges peintes et brodées de palmes d'or, se trouve enchaîné et mis aux fers. Le voici en exil, qui se cache dans les marais de Minturnes, qui est plongé dans la crasse sordide de la prison. Le vois-tu, fugitif, mettant le pied sur le môle de Carthage en ruines[52]? 38. Quel dieu avait fait de Marius un exilé, de Sylla

52. Marius défait, exilé, méditant sur les ruines de Carthage, constitua longtemps un exemple classique de l'instabilité des choses humaines (PLUT. *Marius* 40,8; VELL. PAT. 2,19).

rentur, nulla ultricium dearum flagella castigant? <...> imperia nec est, qui dolorem suum uerbis ac lacrimis prodat? Defunctis per illum etiam supremus ignis eripitur: et hoc non potuit uidere Iustitia? **36.** Dicis peccata hominum per dies singulos diis altricibus nuntiari; omnia haec, sicut uides, impune gesta sunt, et fecit de his omnibus Fortuna quod uoluit, et quicquid singulis fata decreuerant, Syllanae feritatis animaduersione completa sunt. Vt et hoc scias uera nos ratione edixisse, ipsum post haec mala prosper sequebatur euentus. Perpetuae dictaturae cumulatur insignibus et proprio arbitrio deponit imperia; laceratae reipublicae artus et cruentae pecuniae iussu eius ad ignobiliorum hominum diuitias conferuntur; post haec mala quieta securitate fruitur et abundantia scelerum saginatus decreto amplissimi senatus et populi nomine prosperae et perpetuae felicitatis ornatur.

37. Vbi nunc sunt qui negant actus nostros stellarum fortuitis cursibus gubernari? Ille crudelis perfidissimus, quem scimus per omnia crudelitatis genera grassatum, securus omnia dignitatis ornamenta consequitur; Marius uero post triumphum Iugurthae ceterarumque gentium, quas subegit, posteaquam urbem Romam et externis et domesticis periculis liberauit, post triumphales purpuras, post pictas aureasque palmatas, ferreis stringitur uinculis catenarum. Ecce exul in paludibus Minturnensibus latitat, ecce carceris squaloribus premitur. Vides ut ad crepidinem dirutae Karthaginis fugitiuus accedat? **38.** Quis

MP N

10. dearum *A*: deorum *MP N* || *lacunam susp. Use. Ksz* || 12. defunctis: d- enim *N* || 13. non: *del. Ksz.*

36.1. dicis *A Ven Ksz*: dicitis *MP N* || 6. hoc: haec *N* || 7. sequebatur *N Ven. Ksz*: persequebatur *MP* || 13. nomine *N A Ven.*: romani *MP* romani <nomine> *Ksz.*

37.8. aureasque: auratasque *N* || 9. paludibus: p- nec si *N* || minturnensibus *N*: mittitur nec ibi *MP.*

un être «Heureux»? Paul-Émile, général en chef, promettait le commandement à son soldat Marius[53], tandis que le légat Sylla abandonnait l'armée romaine, et pourtant, plus tard, un arrêt de la Fortune fit du premier un exilé, du second un homme «Heureux».

Nous avons trop longtemps pleuré, en de sombre propos, la force contraignante du destin, la puissance des astres, les atrocités de la domination de Sylla. 39. Scipion, après tant de triomphes, après avoir détruit Carthage et écrasé Numance, après avoir parcouru la Grèce, l'Asie, la Bithynie et visité la Syrie, après avoir exercé le pouvoir infrangible de la dictature, a été pris au piège dans ses propres murs par les gens de sa maison, il a succombé à une mort atroce, étranglé par leurs mains sacrilèges, et il a fini ses jours victime, en quelque sorte, d'un châtiment de caractère privé[54]. 40. Et Régulus? A quoi lui a servi sa loyauté? La puissance du destin lui a imposé le déshonneur d'une malheureuse captivité avant de le terrasser entre les mains des ennemis, par l'atroce cruauté d'une veille continue[55]. Et quelle autre puissance a livré Crassus, captif, avec les faisceaux romains, aux rois dépravés des Perses? C'était cependant un homme courageux, et ses mérites, qui brillaient d'eux-mêmes, étaient protégés par l'armée romaine[56]. 41. Pompée, cinq fois consul, qui avait obtenu de si nombreux et si éclatants triomphes, fut mis à mort d'ignominieuse façon, sur les bords du Nil, par l'épée d'un eunuque qui trancha une nuque invaincue et royale, que la pourpre du triomphe avait tant de fois recouverte. Qui a armé les mains de Caton pour sa propre mort? Qui a livré, dans les larmes et le deuil général, le sang vénérable de Cicéron aux passions de cette canaille efféminée d'Antoine[56bis]? Quant à César, ceux qu'il avait, par son indulgence, libérés de toute crainte, c'est en fait pour sa

53. Cf. PLUT. *Marius* 3,4.

deus aut exulem Marium aut felicem fecerat Syllam? Paullus imperator militi Mario promittebat imperia, legatus Sylla Romanum deserebat exercitum, et tamen postea iudicio Fortunae ille exul factus est, ille «felix».

Nimis longa oratione uim necessitatemque fati, stellarum etiam potestates, Syllanae dominationis facta crudelia *tristi* sermone defleuimus. **39.** Scipio post tot triumphos, post deletam Karthaginem Numantiamque prostratam, post peragratam Graeciam Asiam Bithyniam Syriamque lustratam, post dictaturae irreprehensibiles actus, intra priuatos parietes domesticorum insidiis acerbo mortis cruciatu et nefariis frangentium gulam manibus oppressus priuata quodam modo animaduersione confectus est. **40.** Quid Regulo fides profuit, ut illum uis fati post miserae captiuitatis infamiam inter hostiles manus peruigili crudelitatis atrocitate prosterneret? Quae uis alia dissolutis Persarum regibus cum Romanis fascibus captiuum tradidit Crassum? Et utique uir strenuus fuerat et uirtutes eius, quae propria ostentatione lucebant, Romanus protegebat exercitus. **41.** Pompeii post quintum consulatum, post tot et tam insignes triumphos, ad Nili fluminis ripam ceruices inuictas et regias et quas totiens purpura triumphalis ambierat semiuiri hominis gladius nefario genere mortis incidit. Quis manus in suam necem Catonis armauit? Quis impuris et effeminatis Antonii cupiditatibus cum lugubri miseroque omnium fletu uenerabilem Ciceronis tradidit sanguinem? Caesar, quos sua indulgentia ab omni liberauerat metu, ad exitium postea propriae salutis ar-

MP N

38.3. militi mario: *om. N* || 4. deserebat: deferebat *N* || 7. *post* potestates *lacunam susp. Use. Ksz* || 8. tristi sermone *Zie*[1].: isto sermone *N A Ven.* ad istum sermonem *MP Ksz qui cruc. addid.*

40.2. miserae: -ram *N* || 7. romanus: -ni *N* || protegebat: -bant *N.*

41.10. exitium *Ven. Ksz*: exitum *N* exilium *MP.*

propre perte qu'ensuite il les arma[57]. 42. Vois-tu comme la Fortune est maîtresse de tout, toujours et partout? Vois-tu comme la trame de la vie humaine est variée et changeante[58]? L'homme courageux est vaincu par le lâche, le faible écrase le héros, la justice ne rapporte rien au juste, les précautions des gens prudents leur sont souvent inutiles, le débauché et le paillard parviennent plus vite aux honneurs que les gens sobres et discrets. Les courageux sont terrassés, les malhonnêtes couverts de louanges, et tout ce qui a réussi à l'un n'apporte que déceptions à l'autre qui l'imite sans précautions.

CHAPITRE VIII

1. Tels sont tous les accidents que nous imposent les courses des astres, telles sont les vicissitudes par lesquelles la Fortune nous accable. Dès lors, prévenus et instruits par tant d'exemples et de raisonnements, reconnaissons la loi de l'inéluctable fatalité, sans recourir à l'abondance des arguments ou à des flots de paroles, mais en nous fondant sur le critère démontrable et exact de la vérité. 2. D'ailleurs, ceux-là même qui s'opposaient à notre thèse s'accordent sur un point avec nous, quand ils reconnaissent qu'il existe une certaine puissance de la fortune et du destin, qu'ils appellent *heimarménè*; mais, dans le laisser-aller de leur exposé, ils accordent «certains» pouvoirs à cette nécessité; «certains» est en contradiction avec la loi, avec la nécessité des destins, si bien que celle-ci paraît à la fois pourvue et dépourvue de pouvoir.

3. De fait, ils veulent que cette puissance, qu'ils nomment *heimarménè*, soit unie, par une sorte de communauté de nature, avec les hommes et les autres êtres vivants; et, puisque nous avons été faits et engendrés pour vivre pendant une durée déterminée, puis, une fois accompli le cours de notre vie, pour

mauit. **42.** Vides ut semper ubique Fortuna dominetur? Vides ut uarii sint hominum mutabilesque semper euentus? Fortis ab ignauo superatur, bonum prostrauit inferior, iusto iustitia non profuit, cautos prouidentia saepe decepit, pudicis ac sobriis impudicus ac dissolutus in honoris petitione praelatus est. Iacent strenui, laudantur improbi, et quicquid huic profuit, illum incauta imitatione decepit.

VIII

1. Haec nobis omnia stellarum cursibus conferuntur, his nos Fortuna uarietatibus conficit. Vnde tot exemplis ac tot rationibus moniti atque formati fatalis necessitatis legem non argumentorum licentia nec uerborum copia, sed ueritatis probabili ac recto iudicio comprobemus. **2.** Sed iam huic nostrae allegationi etiam ipsi, qui contradicebant, ex aliqua parte consentiunt, dicentes esse quidem quamdam uim fortunae ac fati, quam *himarmenen* uocant, sed huic necessitati disputationis suae licentia quaedam tribuunt: «quaedam» contradicit lex necessitasque fatorum, ut non posse uideatur aliquid et posse.

3. Hanc namque, quam dicunt *himarmenen*, uolunt naturae hominum ceterarumque animantium quadam societate coniungi, *e*t quia sic facti ac procreati sumus ut certo uiuentes tempore, completo uitae cursu, ad diuinum illum spiritum, qui nos sustentat, resoluta fragi-

MP N

VIII.1.5. comprobemus: -bamus *N*.

2.5. quaedam[1]: *om. M* || contradicit *MP*: *cruce notau. Ksz* contra hominem *N* contradicunt *Nem.* || 6. ut *P A Zie*[1].: et *MN Ksz.*

3.2. ceterarumque: ceterorumque *N* || 3. et *Ksz*: ut *MP N* || quia *N*: qui *MP* || 5. ad diuinum illum spiritum *A Ven. Ksz*: a -o -o -u *MP N*.

retourner, après la dissolution de ce corps périssable, vers cet esprit divin qui nous donne son énergie, ils reconnaissent que c'est à la fois la fatalité et le sort qui nous contraignent à aller jusqu'au terme de ce destin et du sort de chacun, si bien que, pour nous comme pour les êtres vivants, sous l'effet de cette loi de fatalité, il n'y a qu'un seul et même terme fixé pour notre disparition. En revanche, pour tout ce qui se rapporte au cours de notre vie, ils veulent que cela relève de notre propre pouvoir; toute notre vie dépendrait de nous, seule notre mort serait soumise au destin et au sort.

4. Je ne sais quelle peut être l'efficacité de cette contradiction dans la conclusion; je ne sais à qui on peut faire admettre pareil propos. On proclame qu'il existe un destin et on dit que la fin de tous les êtres est soumise à de fatales nécessités; et alors que l'on préjuge du reste de l'exposé par cette sorte d'affirmation préalable, on diminue la puissance du destin dans les plus petites choses, on l'augmente dans les plus grandes, en lui reconnaissant des pouvoirs nombreux et étendus; on affirme ainsi que tous nos actes relèvent de notre propre puissance, mais on attribue la fin de notre vie au bon plaisir d'un sort fatal: et, dans un raisonnement si stupide, la fantaisie de l'argumentation atteint un tel niveau que, tout en attribuant en quelque sorte au destin l'entière liberté de sévir, et en lui reconnaissant les pleins pouvoirs, on lui dénie le pouvoir bien moindre qui consiste à diriger l'homme.

5. Si c'est le destin qui nous engendre et nous met au monde, si c'est lui qui ouvre les portes de la vie aux hommes qui viennent rejoindre les communautés terrestres, si c'est bien lui qui, comme ils le proclament, nous impose tout ce qu'entraîne pour nous la nécessité de la mort, une fois que nous avons parcouru tout le chemin de notre vie, si c'est une loi fatale et nécessaire qui décide du commencement et de la fin de notre vie, que reste-t-il qui ne dépende pas de sa puissance, étant donné que c'est le destin qui donne aux êtres qui naissent le départ dans la vie, et que le jour de la mort, où s'achève la

litate corporis referamur, subici nos ad complendum istum finem fato pariter ac sorti, ut et nos et omnes animantes unus ac similis dissolutionis terminus fatali ista lege conficeret. Omnia uero quae ad cursum uitae pertinent in nostra uolunt esse posita potestate, ut nostrum sit quod uiuimus, fati uero ac sortis solum uideatur esse quod morimur.

4. Nescio quid ista diuersitas conclusionis operetur; nescio cui possit persuaderi quod dicitur. Confitetur aliquis esse fatum et dicit finem omnium fatalibus necessitatibus subiacere et, cum disputationibus suis ex ista quodammodo confessione praeiudicet, potestatem eius in minoribus partibus minuit, auget in maioribus, multa ac potiora concedens, ut actus quidem nostros in nostra dicat esse positos potestate, finem uero uiuendi ad fatalis sortis licentiam reuocet; et in tam inepta disputatione licentia se argumentationis extollit ut, cum fato animaduertendi quodammodo licentiam tribuat et totius potestatis concedat imperium, id quod minus est ei deneget, regendi scilicet hominis potestatem.

5. Si procreatos nos fatum producit in lucem et ad terrenas conuersationes uenientibus hominibus uitae ianuas pandit, si ipsius est, sicut ipsi confitentur, quicquid a nobis completo uitae cursu necessitate mortis exigitur, si initium nobis finemque uiuendi fatalis legis necessitas statuit, quid est aliud, quod non sit in eius positum potestate, cum et initia uitae per fatum nascentibus conferantur et dies mortis finisque uiuendi decretis

MP(*R*) *N*

7. corporis: temporis *N* || referamur *A Ven. Ksz*: referantur *N* referamus *MP* || 9. fatali *Ksz*: -lis *MP N*.

4.2. confitetur: -teatur *N* || 3. aliquis: -id *N* || dicit: -cat *N* || 5. praeiudicet: -caret *N* || 13. sci[licet: *hinc denuo inc. R* || potestatem *Ksz*: -tes *MPR N*.

5.6. statuit: tradit *N* || 8. conferantur *Q Ksz*: -rant *MPR N*.

vie, est déterminé par ses arrêts et ses décrets? 6. Voici un être qui, avant que son corps soit complètement formé dans le sein de sa mère, meurt prématurément, sans être venu à terme; cet autre avait un corps complètement formé, mais voici qu'à peine libéré des entrailles maternelles, il ne reçoit pas l'animation du souffle vital; cet autre a déjà occupé son premier berceau, et c'est au milieu des vagissements du premier âge qu'il est abandonné par une âme fugitive; tel, enfant, est trahi par sa faible constitution, tel autre, déjà parvenu à l'âge de la puberté et déjà prêt grâce à la formation fraîchement reçue de ses maîtres pour tous les actes de la vie, que l'on prétendait tout-à-l'heure être réglée par notre propre pouvoir, est emporté par l'irruption soudaine de la mort; et pendant ce temps-là, tel autre, dont la vie traîne en longueur, privé de presque tous ses sens et de sa volonté, accablé par l'âge qui décline et la vieillesse tarée, porte malgré lui le poids de jours interminables qu'il déteste. 7. Qui est-ce qui décide la mort pour celui qui n'est pas encore né, celui qui vient de naître, celui qui a vécu quelques jours, pour celui qui est dans la force de l'âge ou pour celui qui est vieux? Que l'on trouve une explication que nous puissions retenir; que l'on trouve ce qui pourrait nous instruire, ce qui, dans nos difficultés, nous apporterait une explication rationnelle: on en viendra de toute façon à évoquer le destin, la nécessité de la mort de l'homme, qui, chez tous les êtres vivants formés d'un agrégat de terre[59], répartit le temps de vie par les dispositions de ses propres arrêts, refusant aux uns une bien longue période de vie, mais l'accordant aux autres. 8. Il est absurde, une fois qu'on a reconnu cette nécessité fatale, de chercher ensuite à réduire la puissance du destin, et il est totalement illogique de réfuter dans la suite d'un exposé ce qu'on a soutenu avec force dans les affirmations du développement précédent.

59. La formule, toute cicéronienne (voir, en particulier, *nat. deor.* 3,14,34), est destinée à souligner que l'homme, par son corps, est, comme tous les autres êtres vivants, profondément enraciné dans le monde matériel, et donc lié par sa nature à toutes les contingences de ce monde, y compris et surtout celles qui s'expriment dans les astres.

ipsius ac iudiciis terminetur? **6.** Ecce ille nondum corporis deformatione completa in maternis uisceribus immatura festinatione praemoritur; illum completa deformatione corporis et iam maternorum uiscerum angustiis liberatum uitalis spiritus aura non uegetat; illum in primis uitae incunabulis constitutum inter initia uagientis infantiae fugientis animae deserit uita; ille puer fragilitate deceptus, ille iam pubescentis aetatis et iam ad omnes uitae actus, quos paulo ante dicebat in nostra positos potestate, integra magisterii institutione compositus mortis repentino casu subtrahitur; ille uero uiuendi prolixitate omni paene sensu carens ac uoluntate et iam uergentis aetatis ac uitiosae senectutis inualidus inuitus longam ac taediosam lucis sustinet sarcinam. **7.** Quis est qui aut illum non natum aut illum primo natalis die aut illum post paululum aut illum iuuenem aut illum senem applicat morti? Inueniat aliquid quod sequamur; inueniat quod nos possit instruere, quod laborantibus nobis rationem ueritatis ostendat: fatum u*t*ique dicturus est et necessitatem mortis humanae quae, omnibus animantibus quae terrena concretione gignuntur, uiuendi tempus propria iudicii dispositione distribuit, ut longiorem uiuendi substantiam aliis deneget, aliis largiatur. **8.** Absurdum est confitentem de necessitate fatali derogare postea fato et periniquum est ut ab eo in sequentibus orationis partibus refutetur quod praecedenti confessionis professione fuerat roboratum.

MPR N

6.7. uita *M N*: -am *PR* || 14. longam ac taediosam: -a ac -a *N*.

7.6. utique *Ksz*: undique *MPR N* || est: *om. N.*

8.2. confitentem: -dentem *N* || 4. refutetur: uitetur *N* || praecedenti: -tis *N*.

CHAPITRE IX

1. Et que dire des diverses formes de mort? Tel, sous la contrainte du destin, se pend à un nœud coulant; mais tel autre se perce d'une épée; tel est englouti dans la mer ou dans l'eau des fleuves; tel autre, livré aux flammes déchaînées du feu, se transforme en cendre et en poussière; tel autre est précipité dans un abîme; tel est écrasé sous sa maison qui s'effondre; pour tel autre, c'est la force mortelle d'un poison qui chasse de lui le souffle de la vie; tel autre est consumé à petit feu par les fièvres; celui-là sent ses veines en feu s'embraser brusquement et il est suffoqué par la brutalité d'une chaleur soudaine; tel autre est livré en pâture à la rage aveugle de fauves déchaînés; tel autre périt sans avoir reçu de blessure; pour tel autre, c'est l'attaque d'un serpent venimeux qui injecte la mort dans ses veines. 2. Voilà toute la variété des morts que nous réservent les destins; voilà les décisions des astres, que nous avons présentées plus haut. C'est de là que viennent ces déplorables fins d'hommes illustres, ces fins heureuse de méchants et de criminels; c'est pour cela que, dans la variété de son cours, la vie des hommes se passe toujours selon la décision de la Fortune. De là ressort que le commencement et la fin de la vie, et également tous nos actes, nos goûts et nos désirs, et tout ce qui touche à l'usage de la raison humaine, se trouve déterminé par la sentence inévitable d'une fatale nécessité. 3. Acceptons-le donc, sous l'emprise de la vérité, et suivons les conclusions d'un juste raisonnement, en proclamant que rien ne dépend de notre puissance, que tout dépend de celle des destins, si bien que, quoi que nous fassions ou que nous endurions, nous mettions tout cela sur le compte de la Fortune.

IX

1. Quid de mortium uario exitu dicimus? Ille, cogente fato, suspenditur laqueo; at ille gladio percutitur; ille mari fluminibusque submergitur; ille, saeuientibus flammis ignique traditus, in cinerem fauillasque conuertitur; ille per praecipitia iactatur; ille cadentium tectorum ruina comprimitur; illius animam pestiferum ueneni uirus exclusit; ille paulatim tardo febrium ardore decoquitur; ille cita ardentium uenarum deflagratione feruescens uiolentia repentini caloris exaestuat; illum saeuientium ferarum inconsulta uescitur rabies; ille occasum patitur illaesus; illius uenenati serpentis ictus uenas stringit in mortem. **2.** H*a*nc mortium nobis uarietatem fata describunt; haec sunt illa stellarum decreta quae paulo ante protulimus. Hinc illi illustrium uirorum miserabiles exitus, malorum nocentiumque felices; hinc uario cursu uita hominum Fortuna semper decernente transigitur. Hinc constat ortum finemque uitae, actus etiam nostros uniuersos, studia cupiditatesque et quicquid illud est quod ad humanae rationis conuersationem pertinet, fatalis necessitatis ineuitabili sententia contineri. **3.** Cedamus itaque fide ueritatis oppressi et confiteamur uerae rationis secuti iudicia nihil in nostra, sed totum in fatorum esse positum potestate, ut, quicquid uel facimus uel patimur, totum hoc Fortunae nobis iudicio conferatur.

MPR N

IX.1.1. quid: quaedam *N* || 11. illaesus: ille iussu *N* || uenas *R*[b]: uenena *PR*[a] *N* uenenas *M*.

2.1. hanc *Ksz*: hinc *MPR N* || 3. hinc: huic *N* || 8. rationis *MPR N*: nat- *Ksz*.

CHAPITRE X

1. Après ces explications et cet exposé, qui ont montré, par une argumentation exacte et rationnelle, la force du destin et les lois des astres décideurs, revenons au problème que nous avons réservé pour la première partie de ce traité, celui des couleurs des hommes et de leurs caractères; ainsi, entièrement rassurés, une fois cette question complètement réglée, et fortifiés par notre confiance en ce qui est inébranlable, nous pourrons, cher Lollianus, t'exposer, sur ce sujet de notre étude, tout ce que nous t'avons promis.

2. Si quelqu'un recherche pourquoi, dans certaines régions, le corps des hommes a toujours le sombre aspect de la couleur noire, tandis qu'ailleurs sa blancheur brille d'un éclat lumineux, si quelqu'un cherche les raisons de tout cela, je vais lui répondre en un rapide exposé, d'autant plus aisément que, sur ce point précis, de nombreux sages proposent des explications faciles à comprendre. 3. Pour l'ensemble du ciel, dont la forme est arrondie, qui, en embrassant les terres, les mers et tout ce qui se trouve en elles, les enveloppe en les imprégnant d'un souffle igné <...> de ces cinq zones la substance <n'>est <pas> une et semblable[60]; car certaines d'entre elles sont de constitution simple et sans aucun mélange, tandis que d'autres sont composées d'un amalgame aux proportions bien réglées. 4. Celle de ces cinq zones qui est placée au milieu, enflammée par les rayons étincelants du soleil, brûlée par la chaleur de son feu éternel, offre sans cesse une couleur de feu aux reflets rougeoyants. Quant aux deux zones qui occupent les extrémités du monde et se confondent avec ses flancs droit et gauche, caractérisées par la couleur bleue, elles sont sans cesse noyées sous de sombres chutes de neige, et, avec la glace solidifiée, sont bloquées par des gelées éternelles et les neiges durcies par le gel. 5. Entre ces deux zones froides et la zone brûlante qui

X

1. Explicatis his omnibus atque tractatis quae fati uim stellarumque decernentium leges uerae rationis disputatione monstrarunt, ad illam quaestionem quam in primam istius orationis reliquimus partem reuertamur, de coloribus scilicet hominum ac moribus, ut, omnifariam ista quaestione purgata securi et constantiae confidentia roborati, totum tibi quicquid de isto studio, Lolliane, promisimus, explicemus.

2. Qui requirit cur in quibusdam regionibus corpora hominum nigro semper colore sordescunt, cur uero alibi puro candoris splendore praeniteant, huic qui has requirit causas breui disputationis oratione respondeam, praesertim cum ad istam partem multorum sapientium dociles sententiae proferantur. **3.** In omne caelum, cuius est rotunda formatio, quod terras maria ceteraque quae intra se sunt omnia ignei spiritus circumfusione complectitur <...> quinque zonarum ipsarum una similisque substantia est; nam quaedam ipsarum uniformes sunt nec alienam habent admixtionem, quaedam uero commixtae temperationis sunt moderatione compositae. **4.** Harum quinque zonarum quae media est, corusci Solis incensa luminibus et sempiterni ardoris adustione torrida, ignito colore perpetui ruboris inficitur. Duae uero quae extremas mundi continent partes dextris laeuisque lateribus inhaerentes, caeruleo colore signatae atris semper niuibus inundantur et concreta glacie sempiternis pruinis et duratis gelu niuibus obsidentur. **5.** Inter has

MPR N

X. *N titulum add.*: de diuersitate coloris in corporibus hominum secundum diuersitatem prouinciarum.

1.3. primam... partem *MPR N*: -ma ... -te *Ven. Ksz.*

3.4. *lacunam susp. Ksz in qua* non *necessarie contineatur.*

4.6. niuibus *MPR N*: imbribus *Ksz* || concreta *MPR N*: -tae *Ksz.*

occupe la partie médiane du monde, se trouvent situées les deux dernières, auxquelles a donné naissance un climat heureusement tempéré par un mélange de froid et de chaleur. Ce sont ces deux zones qui, grâce à l'heureux équilibre donné par ce mélange, donnent naissance, sur la terre, à toutes sortes d'êtres animés; c'est à travers elles que, pour faire naître et mourir tout ce qui est engendré, se déroule éternellement l'oblique défilé des signes, dans lequel le soleil et la lune, ainsi que les cinq astres errants, que les Grecs appellent *planètes*, poursuivent leur course dans un mouvement perpétuellement défini et déterminé; et c'est sous le cours de ces astres que passent toutes les espèces animées, propageant sans fin leur propre espèce.

6. Ce sont les pouvoirs et la nature de ces cinq zones qui donnent aux hommes de telle ou telle nation une même couleur[61], mais dans des conditions telles que, malgré cette unité apparente, les corps des individus se différencient en fonction du rayonnement des astres, quelle que soit sa force. 7. Quelle que soit donc la nation qui se trouve à proximité de la zone qui, dans une perpétuelle combustion, est brûlée de feux, bien que cette nation se trouve placée dans les parties de la zone qui a été formée selon un dosage bien réglé, cette dernière, pour déterminer la couleur de ses habitants, emprunte du feu à ses relations de voisinage, si bien qu'elle imprègne les hommes d'une coloration noire, à la ressemblance d'objets brûlés. 8. Quant aux parties qui touchent aux zones glaciales, qui, privées des ardeurs du soleil et délaissées par lui sont étouffées par d'éternelles couches de neige, elles font en sorte que les nations engendrées dans la zone placée à proximité resplendissent de l'éclat lumineux d'une lumineuse blancheur. Mais, aussi bien dans les régions qui donnent naissance à des hommes blancs que dans celles qui engendrent des noirs, c'est la puissance des astres qui joue le rôle essentiel pour faire varier les formes individuelles: à chaque individu, bien qu'elle n'ait qu'une

duas frigidas et illam igneam quae per mediam mundi ducitur partem, duae sunt residuae constitutae, quas frigoris et caloris mixta temperies clementi moderatione formauit. Hae sunt duae zonae quae omne animantium genus in terrae finibus ex illa tranquilla commixtionis moderatione progenerant, per quas, ad omnium quae gignuntur ortus et occasus, per omne aeuum obliquus signorum ordo conuertitur, in quo Sol et Luna, quinque etiam stellae errante*s*, quae *planetae* a Graecis uocantur, certa ac definita semper agitatione discurrunt; et harum stellarum cursum omne animantium genus perpetua sibi generis propagatione succedit.

6. Istarum quinque zonarum uis atque natura quarumdam gentium homines uniformi colore progenerant, ita tamen ut, in ipsa unitatis facie, corpora hominum quantacumque stellarum radiatione uarientur. **7.** Quaecumque igitur gens hominum illi adiacet zonae quae sempiterna adustione ignis incenditur, licet sit sub eius zonae partibus collocata quae ex composita moderatione formata est, ad fingendos tamen colores hominum ignem sibi ex uicinae societatis coniunctionibus mutuatur, ut homines ad imitationem inustarum rerum atri semper forma coloris infuscet. **8.** Quae uero partes glacialibus adiacent zonis, quae uiduatae ac desertae Solis ardoribus perpetuis pruinarum niuibus opprimuntur, gentes illas hominum quas in uicino posita zona progenerat nitido faciunt *lu*mine splendidi candoris ornari. Sed, et in his regionibus quae candidos homines procreant, et in illis rursus quae nigros, ad uariandas hominum formas stellarum plurimum potestas operatur et unicuique homini,

MPR N

5.3. caloris *M N*: coloris *PR* || 10. errantes *A Ven. Ksz*: errant *MPR N* || 11. et: ut *N* et ad *A Ksz.*

6.2. progenerant: -rat *N.*

8.4. nitido: nitores *N* || 5. lumine *Ksz*: homines *MPR N.*

couleur à fournir, elle attribue pourtant un aspect extérieur d'une forme distincte.

9. D'où vient, en effet, que les individus peuvent se reconnaître les uns des autres par des traits physiques particuliers? D'où vient qu'ils distinguent leurs fils, leurs frères, leurs parents, qu'ils distinguent leurs concitoyens, les étrangers, leurs voisins, leurs amis, leurs hôtes, si le pouvoir des astres n'attribue pas à chacun des traits particuliers et différents de ceux des autres? 10. Examinons ainsi ce qui pousse les êtres humains à s'unir, et, en y réfléchissant bien, nous découvrirons combien sacrilèges et impies pourraient être les crimes commis sur cette terre, si tous les individus de ces populations, n'ayant qu'une seule forme de visage, se confondaient dans une totale similitude de leurs traits; trompé par la ressemblance, le frère pénétrerait auprès de sa sœur comme s'il était son mari; tel autre entraînerait dans un rapport impudique l'épouse appartenant à autrui; d'autres disputeraient pour un fils dans des conflits aux données mal établies; d'autres ne sauraient plus quels sont les individus qui avaient été leurs esclaves peu auparavant; tel autre, de naissance libre, se trouverait, à cause d'une ressemblance totale, traîné en esclavage par l'erreur obstinée d'un maître, si une très grande dissemblance de traits n'introduisait pas de différence dans la ressemblance uniforme due à la couleur; et tout cela est réglé par la combinaison des rencontres et des rayonnements des astres.

11. Voici que la blancheur éclatante de celui-ci se ternit en partie sous l'effet d'une légère touche de couleur noire, tandis que la face noire de celui-là est éclaircie par l'éclat d'un peu de blanc lumineux. A quoi bon évoquer des chevelures, dans lesquelles se glissent subrepticement des coloris différents? et l'éclat des yeux, qui sont toujours colorés de diverses clartés? Et même les corps, dans ces nations comme dans toutes les autres, sont tantôt grands tantôt petits, tantôt minces et d'une extrême maigreur, tantôt plus larges et d'une grasse épaisseur,

licet coloris sit una substantia, diuersam tamen speciem deformationis adsignat.

9. Vnde enim se sibi singuli propria corporis liniamentatione cognoscunt? unde filios, fratres, cognatos, unde ciues, peregrinos, uicinos, amicos, hospites norunt, si non singulis uarios diuersosque uultus stellarum potestas adscribit? **10.** Consideremus itaque conciliationem generis humani et retractando inueniemus quam nefaria et quam impia poterant illic scelera committi, si cunctorum una facies populos illos aequae similitudinis formatione confunderet; ad sororem frater deceptus similitudine quasi maritus intraret, traheretque alius contacti inpudentia alieni iuris uxorem; alii de filio erratic*a* contentionis conflictatione certarent; alii nescirent qui essent illi qui sibi paulo ante seruierant; alter, ingenuis natalibus natus, quasi seruus ex confusa similitudine obstinat*o* ducentis errore traheretur, nisi uniformem istam colorum similitudinem maxima uultuum dissimilitudo uariaret; quae omnia compositis stellarum mixturis ac ra*dia*tionibus temperantur.

11. Ecce illius candor ex aliqua parte nigri coloris tenui inumbratione sordescit, et illius nigram faciem splendor modici candoris illuminat. Quid iam de comarum crinibus dicam, ad quas uarius color latenter irrepit? quid de oculorum acie, qui semper diuersis luminibus colorantur? Ecce corpora ipsa etiam in illis gentibus et ceteris omnibus nunc longa, nunc parua sunt, nunc tenui exilitate suptilia, nunc obesa crassitudine latiora;

MPR N

9.1. se: sese *N* || sibi *MPR Wik*[2].: *om. N Ksz* || 2. cognoscunt: -scant *N* || 4. potestas: -tates *N*.

10.4. aequae: -a *N* || 7. erratica *Ksz*: -ci *MPR N* || 8. conflictatione: -flutione *N* || 10. obstinato *Ksz*: -ti *MPR N* || 13. compositis: -sita *N* || radiationibus *Ksz*: ratio- *MPR N*.

11.2. inumbratione: adum- *N* || sordescit: -cet *N* || et: *om. N* || 6. illis: italis *N* || 8. obesa: *om. N*.

ce qui prouve par d'évidentes raisons que, s'il dépend bien des zones que les gens soient noirs ou blancs, c'est des astres qu'il dépend que, dans cette unité de couleur, les corps soient modelés selon toutes sortes de formes différentes.

12. Sur les mœurs des nations, la discussion est superflue: en effet, nous voyons un très grand nombre d'habitants de l'Asie, et même presque tous, manifester des signes de retenue; la légèreté des Grecs accueille souvent le contrepoids d'une gravité mesurée; la rage effrénée des Scythes s'adoucit sous l'effet d'une clémence humaine; dans les territoires des Gaules, le peuple se fortifie l'esprit grâce à une prudente sagesse; les esprits retors des Africains s'ornent d'une parure d'honneur et de fidélité; beaucoup d'Espagnols se défont des excès de leur jactance: on a vu la cupidité des Syriens faire place à une brusque générosité; il n'est pas difficile de trouver des imbéciles parmi les Siciliens à l'esprit aiguisé, et souvent la puissance hégémonique a échappé aux Italiens.

13. Pour ce phénomène, nous n'irons pas te chercher des exemples au loin ou dans les livres anciens: voyez notre maître et notre Auguste, empereur de tout l'univers, prince pieux, bienheureux et prudent, je veux dire Constantin le Grand, fils du divin Constance, ce prince d'auguste et vénérable mémoire[62]: il a été choisi pour libérer le monde des gouvernements tyranniques et pour supprimer nos maux internes par le mérite de sa bienveillante majesté, afin que, une fois lavée grâce à lui la souillure de la servitude, nous soient rendus les bienfaits d'une liberté assurée et que nous déposions de nos nuques lasses et écrasées le joug de la captivité; lui que, dans ses combats perpétuels pour notre liberté, la fortune de la guerre, ce qu'il y a de plus capricieux parmi les hasards

62. Le Constantin présenté comme maître du monde entier, et né à Naissos, ne peut être que Constantin le Grand. Il faut donc corriger en *Constantii* le nom de son père donné par les manuscrits (cf. R. Turcan, éd. du *De errore... CUF*, p. 9).

unde manifestis rationibus comprobatur zonarum quidem esse quod nigri uel candidi sunt, stellarum uero quod in illa unitate coloris dissimilium formarum uarietatibus corporantur.

12. De moribus uero gentium superuacua dispu*t*atio est; nam et Asianos plurimos uidemus, immo paene omnes, sobrietatis insignia praeferentes, et Graecorum leuitas frequenter modestae grauitatis pondus accepit, et effrenata Scytharum rabies quacumque humanitatis clementia mitigatur, et in finibus Galliarum populus sapientiae prudentia conualescit, Afrorumque subdolas mentes honestae fidei ornamenta condecorant, et a plurimis Hispanis iactantiae uitia deseruntur, et Syrorum auaritiam mutauit repentina profusio; non est inter illos acutos Siculos stultos inuenire difficile, et ab Italis frequenter dominationis imperia translata sunt.

13. Nec huius rei longe tibi aut ex antiquis libris proferemus exempla: dominus et Augustus noster ac totius orbis imperator, pius, felix, prouidus princeps, Constantinus scilicet maximus, diui Constanti[n]i filius, augustae ac uenerandae memoriae principis, qui ad liberandum orbem tyrannicis moderationibus et ad comprimenda domestica mala fauore prop*it*iae maiestatis electus est, ut per ipsum seruitutis squalore deterso, securae nobis libertatis munera redderentur utque captiuitatis iuga fatigatis iam et oppressis ceruicibus poneremus, quem pro nostra semper libertate pugnantem, res incertissima inter casus humanos, numquam belli fortuna

12.1. disputatio *N Ven. Ksz*: dispositio *MPR* || 2. immo: uno *N* || paene: p- ore *N* || 3. praeferentes: prof- *N* || 5. quacumque: quandoque *N* || 8. plurimis: pluribus *N* || 9. deseruntur: deserunt *M* || 10. non: nec *N*.

13.2. dominus: diuus *N* || 4. constantii *Zie*[1].: constantini *MPR N Ksz* || 6. moderationibus: immod- *N* || 7. propitiae *Zie*[1].: propriae *MPR Ksz* || 8. ipsum: spiritum *N*.

humains, n'a jamais abandonné; engendré près de Naissus, il tient, depuis les premiers pas de son jeune âge, le gouvernail de l'empire qu'il avait reçu sous d'heureux auspices, et il soutient le monde romain pour lui apporter, par son gouvernement salutaire, un surcroît d'éternelle félicité.

14. O Soleil Très-Bon Très-Grand[63], toi qui occupes le milieu du ciel, esprit et modérateur du monde, guide et prince de toutes choses, toi qui perpétues les feux des autres astres par l'apport régulier et enflammé de ta propre lumière[64]; et toi, Lune[65], qui, placée dans les profondes régions du ciel[66], renouvelée de mois en mois et à jamais par les rayonnements du Soleil pour perpétuer les semences génératrices, resplendis d'un auguste éclat; et toi, Saturne, qui, placé au plus haut du ciel, fais avancer ton astre livide dans une paresseuse démarche aux mouvements indolents; et toi, Jupiter, habitant de la roche Tarpéienne, qui sans cesse donnes joie au monde et aux terres par ta majesté toujours salutaire et bienveillante, et qui détiens l'empire du second cercle céleste; et toi, Mars Gradivus, toujours redoutable dans ta rougeur effrayante, toi qui es établi dans la troisième région du ciel; et vous aussi, Mercure et Vénus, fidèles compagnons du Soleil, faites tous en sorte que notre souverain maître Constantin et ses fils absolument invicibles, nos seigneurs et nos Césars, grâce à l'accord de votre gouvernement et à votre obéissance au Dieu suprême dont le jugement leur attribue les empires éternels, puissent continuer à régner sur nos descendants et sur les descendants de nos descendants, dans une série de siècles sans fin, pour que, une fois repoussée la méchanceté de tous les maux, le genre humain obtienne les bienfaits d'un bonheur paisible et éternel.

63. Dans ce passage, Firmicus semble se souvenir du Songe de Scipion: cf. F. Boll, *Paralipomena*, *Phil.* 69, 1910, p. 170-172, et surtout P. Courcelle, *La postérité chrétienne du Songe de Scipion*, *REL* 36, 1958, p. 205-234. On trouvera des textes parallèles, empruntés au *Corpus Hermeticum* et analysés par A.-J. Festugière, *La Révélation*... t. I, p. 297-298; le père Festugière avait également traduit cette prière (cf. *Intr.* p. 34).

decepit: apud Naisum genitus, a primo aetatis gradu imperii gubernacula retinens, quae prosperis nactus fue*ra*t auspiciis, Romanum orbem ad perennis felicitatis augmentum salubri gubernationis moderatione sustentat.

14. Sol Optime Maxime, qui mediam caeli possides partem, mens mundi atque temperies, dux omnium atque princeps, qui ceterarum stellarum ignes flammifera[rum] luminis tui moderatione perpetuas, tuque, Luna, quae in postremis caeli regionibus collocata ad genitalium seminum perennitatem menstruis semper *au*cta luminibus Solis augusta radiatione fulgescis, et tu, Saturne, qui in summo caeli uertice constitutus li*ue*dinem sideris tui pigro cursu et tardis agitationibus prouehis, et tu, Iuppiter, Tarpeiae rupis habitator, qui mundum ac terras salutari semper ac benigna maiestate laetificas et secundi globi possides principatum, tu uero, Gradiue Mars rutilo semper horrore metuende, qui in tertiis caeli regionibus contineris, uos etiam, fidi Solis comites Mercurius et Venus: Constantinum maximum principem et huius inuictissimos liberos, dominos et Caesares nostros, consensu uestrae moderationis et dei summi obsecuti iudicio perpetua his decernentis imperia, facite etiam nostris posteris et posterorum nostrorum posteris infinitis saeculorum continuationibus imperare, ut omni malorum acerbitate depulsa humanum genus quietae ac perpetuae felicitatis munera consequatur.

MPR N

14. fuerat *Ksz*: -erit *MPR N* || 16. augmentum: argumentum *N*.

14.3. flammifera *Ksz*: -ferarum *MPR N* || 4. tuque *A Ven. Ksz*: tu qui *MPR N* || luna: R^{pc} *Ksz*: lumina MPR^{ac} *N* || 6. aucta *Sit. Ksz*: recta *MPR N* || 8. liuedinem *Ksz*: libidinem *MPR* ibidem *N* || 9. prouehis: -ueheris *N* || 12. et *Ksz*: sed *MPR N* || 14. tertiis *Q Ksz*: terris *MPR N* || contineris: ret- *N* || 18. decernentis *Ksz*: -tes *N* -tibus *MPR* || 22. ac perpetuae: *om. N*.

15. Et pour nous, inspirez notre bien modeste génie afin que, fortifiés par votre protection, nous exposions facilement, dans des formules aux termes exacts, ce que nous avons promis à Lollianus et tout ce que nous avons conçu grâce au divin enseignement des sages.

Et tout ce qui est dit n'est pas tranché par l'arrêt d'un jugement rigide: en effet, comme tu le sais, toute naissance qui se passe bien donnera du fruit: même s'il est encore vert, il s'adoucira bientôt sous l'effet du passage à l'âge adulte.

15. Nobis uero tenuem ingenii inspirate substantiam, ut, uestro praesidio fulti, facile ea quae Lolliano promisimus et quicquid diuino sapientium magisterio concepimus, ueris sententiarum definitionibus explicemus.

Nec omnia quae dicuntur rigida iudicationis auctoritate discussa; omnis enim, sicut nosti, natiuitas mollis si fuerit, fructum dabit licet praecoquem, sed mox adulti temporis spatio mitiorem.

MPR N

15.1. substantiam: -tiae *N* || 2. promisimus: p- compleamus *Ksz* || 5. nec - mitiorem: *eiec. Ksz quae uerba post 2,28 pos. Ven. et ante 2, pr. pos. A* || nec: haec *N* || 6. discussa: discutias *N.*

Des. IVLII FIRMICI MATERNI IVNIORIS V.C. MATHESEOS LIBER PRIMVS EXPLICIT *MPR* LIBER PRIMVS EXPLICIT *N.*

LIVRE II

1. Au moment d'écrire des livres d'astrologie, nous devons d'abord donner une initiation à ceux qui veulent étudier cette même discipline, de façon que, formés par des principes corrects, ils acquièrent plus aisément la science de la prédiction; car on ne peut acquérir cette science dans sa vérité, si l'on n'a pas reçu d'abord une première initiation. **2.** En effet, notre Fronton[1], en reprenant le système des antiscies d'Hipparque[2], a présenté des énoncés apotélesmatiques[3] comme s'il en parlait avec des gens déjà parfaitement initiés et expérimentés, sans écrire auparavant un mot de formation, un mot d'enseignement. D'ailleurs, chez les Latins, presque personne n'a écrit d'ouvrage d'initiation à cet art, sinon Jules César[4], qui ne lui a consacré que quelques vers, et encore sont-ils empruntés à l'ouvrage d'un autre; quant à M. Tullius[5], prince et gloire de l'éloquence romaine, pour ne pas laisser sans s'y essayer un sujet que sa divine intelligence avait abordé, il a également donné, en vers héroïques, une brève consultation[6] sur cette formation. **3.** C'est pourquoi nous allons, nous, traduire dans un exposé au langage accessible tout ce que les Égyptiens et les Babyloniens ont dit de cet art, afin que ceux qui se forment pour dévoiler les destins des hommes, après s'en être imprégné progressivement, acquièrent toute la science du divin.

4. Mais, puisque nous avons mentionné les antiscies[7], nous

1. Ce Fronton, que Firmicus cite encore au §4, n'est pas autrement connu. D'aucuns pensent qu'il s'agit du nom déformé de Fontéius Capito, ami de Nigidius et de Varron, qui avait accompagné Antoine en Égypte: cf. S. Weinstock, *C. Fonteius Capito and the Libri Tagetici*, *Papers of the British School at Rome*, XVII, NS V, 1950, p. 44-49.

LIBER SECVNDVS

1. Matheseos scripturi libros, eos qui eamdem discere uolunt primum instituere debemus, ut rectis initiis formati facilius pronuntiandi scientiam consequantur; non enim potest ueram eius scientiam consequi, nisi fuerit primis institutionibus eruditus. **2.** Fronto enim noster, Hipparchi secutus antiscia, ita apotelesmatum sententias protulit tamquam cum perfectis iam et cum peritis loqueretur, nihil de institutione, nihil de magisterio praescribens. Sed nec aliquis paene Latinorum de hac arte institutionis libros scripsit, nisi paucos uersus Iulius Caesar et ipsos tamen de alieno opere mutuatos; Marcus uero Tullius, princeps ac decus Romanae eloquentiae, ne quid intemptatum relinqueret quod fuisset diuinum eius ingenium adsecutum, uersibus heroicis etiam ipse de institutione pauca respondit. **3.** Vnde nos omnia quae de ista arte Aegyptii Babyloniique dixerunt docilis sermonis institutione transferemus, ut hi qui ad explicanda hominum fata formantur, pedetemptim imbuti, omnem diuinitatis scientiam consequantur.

4. Sed, quia mentionem antisciorum fecimus, hunc

PR N

Tit.: Incipit liber secundus *PR* Institutio astronomica. Liber secundus incipit *N*.

1.1. eamdem: eadem *N*.

2.1. fronto: -te *N* || noster: nostre *N* || 3. perfectis: prof- *N* || 7. mutuatos: mutuatus *A Ven.* || 10. etiam ipse: i- e- *N*.

3.2. docilis: -li *A Ven.* || sermonis: -ne *N* || 3. hi: hii *P* || 4. diuinitatis: -tationis *N*.

ne devons pas dissimuler cette question et passer outre. C'est le système des antiscies d'Hipparque qui a été suivi par Fronton: or, il n'a ni force ni fondement. Certes, il y a, chez Fronton, des formules exactes de prédiction et de consultations astrologiques, mais une maîtrise insuffisante des antiscies: en effet, il a suivi un auteur qui, lui-même, n'avait pas suivi jusqu'au bout la véritable méthode. De fait, les seuls rapports d'antiscie véritables, comme le démontre aussi notre Navigius[8], sont ceux que Ptolémée a établis en les définissant au terme d'une recherche exacte; ce qu'ils sont précisément, nous le ferons apparaître dans les derniers chapitres de ce livre[9], en montrant quelle partie envoie des rayons sur quelle partie. Quant à ce qui est des énoncés apotélesmatiques, Fronton en a écrit avec la plus grande justesse, et il s'en trouve en abondance dans les livres et les documents des Grecs.

Ainsi donc, pour l'instant, laissons de côté cette discussion et revenons-en aux premiers pas de notre initiation.

I. LES DOUZE SIGNES[10]

1. Le cercle du Zodiaque, sur lequel sont fixés douze signes, et au long duquel les cinq planètes[11], ainsi que le Soleil et la Lune, dirigent leur course, est toujours incliné dans son mouvement de rotation[12]. **2.** Les douze signes portent, pour leur part, les noms suivants: Bélier, Taureau, Gémeaux, Cancer, Lion, Vierge, Balance, Scorpion, Sagittaire, Capricorne, Verseau et Poissons. **3.** Ces signes sont de genres différents[13]: certains d'entre eux sont masculins, les autres féminins. Ainsi, sont masculins Bélier, Gémeaux, Lion, Balance, Sagittaire, Verseau; sont féminins Taureau, Cancer, Vierge, Scorpion, Capricorne, Poissons.

locum non debemus cum dissimulatione transire. Antiscia Hipparchi secutus est Fronto, quae nullam uim habent nullamque substantiam. Et sunt quidem in Frontone pronuntiationis atque apotelesmatum uerae sententiae, antisciorum uero inefficax studium; eum enim secutus est qui rationem ueram non fuerat adsecutus. Antiscia enim illa uera sunt, sicut et Nauigius noster probat, quae et Ptolomaeus [posterior] uerae inquisitionis definitione monstrauit; quae qualia sint, posterioribus huius libri partibus ostendemus, monstrantes quae pars in quam partem mittat radium. Nam apotelesmata et Fronto uerissime scripsit et Graecorum libris ac monumentis abundantissime continentur.

Hac itaque interim disputatione seposita ad institutionis reuertamur exordia.

I. DE SIGNIS XII

1. Zodiacus orbis, in quo duodecim signa infixa sunt, per quem quinque planetae, Sol etiam et Luna cursus suos dirigunt, obliqua semper agitatione torquetur. **2.** Signa autem ipsa duodecim his nominibus nominantur: Aries, Taurus, Gemini, Cancer, Leo, Virgo, Libra, Scorpius, Sagittarius, Capricornus, Aquarius et Pisces. **3.** Horum signorum diuersa sunt genera, nam alia sunt ex his masculina, alia feminina; masculina itaque sunt Aries, Gemini, Leo, Libra, Sagittarius, Aquarius; feminina uero Taurus, Cancer, Virgo, Scorpius, Capricornus, Pisces.

PR N

4.9. *Sit. Ksz del.* posterior (*illatum ex lin.* 10?) || 12. mittat: mittit *N* || et: *om. N* || 15. seposita: dep- *N.*

I. *Tit.* de signis XII: de zodiaco *N.*

1.2. per quem: *post* dirigunt *transp. P* || 3. torquetur: -entur *N.*

2.2. scorpius: -pio *N* || 3 et: om. *N.*

II. QUELS SIGNES POSSÈDE CHACUN DES ASTRES, OU: LES DOMICILES

1. Sur ces douze signes, le Soleil et la Lune en ont obtenu chacun un en partage, tandis que les cinq autres astres, c'est-à-dire Saturne, Jupiter, Mars, Vénus et Mercure, en possèdent chacun deux; dans ces signes, ils ont, chacun de son côté, tout pouvoir et un domicile établi[14]. **2.** Par ailleurs, ces astres portent chez les Égyptiens un autre nom que chez nous ou chez les Grecs[15]: celui que nous nommons Saturne, les Égyptiens l'appellent *Phaenon*: celui que nous appelons Jupiter, les Égyptiens l'appellent *Phaéton*; celui qui est pour nous Mars est appelé par eux *Pyrois*; celui qui est pour nous Vénus est appelé par eux *Phosphoros*; celui que nous appelons Mercure, ils l'appellent *Stilbon*. **3.** Ainsi le Lion revient-il au Soleil, et c'est dans ce signe que celui-ci a son domicile et sa puissance; de même, le Cancer revient à la Lune. Remarque comme cela s'accorde bien, comme c'est logique: le Soleil est le maître d'un signe masculin, la Lune d'un signe féminin; si bien que c'est en fonction de son genre propre que chacun des deux a pris comme propriété un domicile d'un sexe qui correspond au sien. **4.** Quant aux cinq autres astres, comme nous l'avons dit plus haut, ils ont chacun deux signes dans lesquels ils exercent l'absolu de leur pouvoir; des deux signes que chacun possède, l'un est masculin, l'autre féminin: pour que cela soit compris plus facilement, énumérons-les tous en détail.

14. L'attribution à chaque astre d'un ou de deux signes (un pour chaque luminaire, deux pour chaque planète) où il se considère comme chez lui, s'y complaisant, et donnant donc d'heureux effets, est une sorte de dogme fondamental de l'astrologie. Il est né à l'époque hellénistique, a laissé des traces chez MANIL. II, 433-447, chez LVC. I,651-660, et semble avoir trouvé sa formulation définitive à l'époque de Ptolémée: cf. BL, p. 184 s.

II. QVAEQVE HABENT SIGNA HAEC, VEL DOMICILIA

1. Ex his duodecim signis Sol quidem et Luna singula sunt signa sortiti, ceteri uero quinque planetae, id est Saturnus, Iuppiter, Mars, Venus, Mercurius, bina; in quibus singuli imperium habent ac domicilium constitutum. **2.** Sed has stellas non eodem nomine quo nos aut quo Graeci Aegyptii nominant; nam qui a nobis Saturnus dicitur, ab Aegyptiis «Faenon» uocatur; quem nos Iouem uocamus, Aegyptii «Faethontem» uocant; qui a nobis Mars, ab illis «Pyrois» dicitur; quae a nobis Venus, ab illis «Fosforos» uocatur; quem nos Mercurium dicimus, illi «Stilbontem» uocant. **3.** Est itaque Solis Leo et in hoc signo habet domicilium et potestatem; Lunae Cancer. Vide quam apte, quam secundum, ut masculini quidem signi dominus Sol esset, feminini uero Luna, ut pro qualitate generis sui similia sibi sexus sui domicilia uendicarent. **4.** Ceteri uero quinque planetae bina, sicut superius diximus, habent signa, in quibus imperii sui exerunt potestatem; sed ex ipsis duobus signis, quae singuli possident, unum masculinum est, aliud femininum; quod ut manifestius intellegi possit, omnia specialiter explicemus.

PR N

II. *Tit.* quaeque — domicilia *codd. ad loc.*: de domibus stellarum *Ksz sec. capitula.*

2.7. *post* illi *haec nota legitur* (*in P in textu, in R in marg.*): fulgentius in libro mitologiarum primo sic de hac stella loquitur: stella (-am *R*) uero quae stiluos graece nuncu patur quam mercurio pagani asscribunt, ex quo etiam diei nomen inuenerunt, tantum celerior planetis omnibus currit, ut septima die suos permeet circulos, quod saturnus XXVIII annis et iupiter XII possint.

3.2. solis leo *N*: sol et leo *PR Ksz qui* et *cruce adfl.* || 3. apte — ut: apte quam absconsum quam secretum secundum naturam ut *N* || 4. feminini *QV N*: femini *PR* || 6. uendicarent: -ret *N.*

4.1. planetae: *om.* *N* || 2. bina: *post* diximus *transp.* *N* || 3. exerunt: exercent *N* || 4. est: est et *N.*

5. Saturne a un domicile dans le Verseau et un dans le Capricorne: de ces deux signes, le Verseau est masculin, le Capricorne féminin. Jupiter a un domicile dans le Sagittaire et un dans les Poissons: or, l'un est masculin, le Sagittaire, tandis que le signe des Poissons est féminin. Mars a élu domicile dans le Bélier et dans le Scorpion: le Bélier est masculin, le Scorpion féminin. Les domiciles de Vénus sont le Taureau et la Balance: la Balance est un signe masculin, tandis que le Taureau est féminin. Mercure a son domicile dans les Gémeaux et la Vierge: le signe des Gémeaux est masculin, celui de la Vierge est féminin.

III. EXALTATIONS ET DÉPRESSIONS DES ASTRES

1. Nous devons aussi savoir ce que sont l'exaltation et la dépression[16]: quelles sont les exaltations de chacun des astres, au cours desquelles ceux-ci se trouvent élevés sous l'effet d'une sorte d'augmentation naturelle de leur grandeur, et quelles sont les dépressions, dans lesquelles, quand ils s'y trouvent établis, ils voient le pouvoir de leur autorité écrasé et se trouvent ainsi diminués. 2. C'est pourquoi ils se réjouissent dans leurs phases d'exaltation, et on discerne des signes de la plus grande félicité chaque fois que, dans les génitures des hommes[17], la plus grande partie des astres, chacun de son côté, aura occupé les signes où ils sont en exaltation. En revanche, les hommes sont écrasés par les mauvais coups des malheurs, chaque fois que le plus grand nombre des astres se trouvent installés, chacun de son côté, en des positions où, sous l'effet de la dépression qui les abaisse, ils abandonnent beaucoup de leur puissance.

3. Les exaltations tirent leur nom de ce que, lorsque les

5. Saturnus habet domicilium in Aquario et Capricorno, ex quibus Aquarius masculinum est, Capricornus femininum. Iuppiter in Sagittario et Piscibus habet domicilium, sed ex his unum masculinum est, Sagittarius, femininum uero Pisces. Mars in Ariete et in Scorpione domicilium collocauit, ex quibus masculinum est Aries, femininum Scorpius. Veneris domus sunt Taurus et Libra, ex quibus Libra masculinum signum est, femininum uero Taurus. Mercurius domicilium habet in Geminis et Virgine, ex quibus Geminorum quidem signum masculinum est, Virginis uero femininum.

III. DE ALTITVDINIBVS ET DEIECTIONIBVS STELLARVM

1. Scire etiam altitudinem et humiliationem debemus, quae sint stellarum altitudines singularum, in quibus naturali quadam sublimitate magnitudinis eriguntur, et quae sint earum deiectiones, in quibus constitutae oppressa auctoritatis suae potestate minuuntur. **2.** In altitudinibus itaque suis gaudent[es] constitutae, et tunc maximae felicitatis decernuntur insignia, quotiens in genituris hominum maxima stellarum pars partiliter altitudinum suarum signa possederint. Tunc uero homines infelicitatum infortuniis opprimuntur, quotiens stellarum pars maxima in his partiliter constituta fuerit, in quibus humili deiectione multum de sua potestate dimittunt.

3. Altitudines autem dictae sunt ob hoc quod, cum in

PR N

5.7. scorpius: scorpio *N* || 8. signum: *om. N.*

III. *Tit.* de — stellarum *PR*: dexaltationibus planetarum eorumque depressionibus *N.*

1.1. humiliationem: humilitatem *N* || 4. sint: sunt *P* || **2.**2. itaque: atque *N* || gaudent *Ksz*: -tes *PR N.*

astres se trouvent précisément dans la région où ils sont exaltés, c'est-à-dire dans les lieux propices de la géniture, ils produisent des gens bienheureux, comblés de félicité, brillants, puissants et riches. Mais quand ils sont dans leurs dépressions, ils produisent des malheureux, des pauvres, des humbles, que l'infortune fréquente assidûment et continuellement. **4.** C'est pour cette raison que les Babyloniens ont voulu que les signes dans lesquels les astres ont leur exaltation soient leurs domiciles; mais nous devons savoir, nous qui avons reçu cette initiation, que tous les astres sont mieux placés[17a] dans leurs exaltations que dans leurs domiciles.

5. Le Soleil est en exaltation au 19ᵉ degré[18] du Bélier, et en dépression dans la Balance, au 19ᵉ degré; la Lune est en exaltation au 3ᵉ du Taureau, et en dépression au 3ᵉ du Scorpion; Saturne est en exaltation au 21ᵉ de la Balance, mais il est en dépression au 21ᵉ du Bélier; Jupiter est en exaltation au 15ᵉ du Cancer, mais il est en dépression au 15ᵉ du Capricorne; Mars est en exaltation au 28ᵉ du Capricorne, mais il est en dépression au 28ᵉ du Cancer; Vénus est en exaltation au 27ᵉ des Poissons, mais elle est en dépression au 27ᵉ de la Vierge; Mercure est en exaltation au 15ᵉ de la Vierge, mais en dépression au 15ᵉ des Poissons[18b].

6. C'est pour cette raison que les Babyloniens ont voulu que les signes dans lesquels chaque astre a son exaltation soient leur domicile: ils disent que le domicile de Saturne est la Balance[19], celui de Jupiter, le Cancer; celui de Mars, le Capricorne; celui du Soleil, le Bélier; celui de la Lune, le Taureau; celui de Vénus, les Poissons; celui de Mercure, la Vierge.

17a. Aux yeux de l'astrologue qui dresse la carte du ciel pour établir le thème du consultant.

ipsa parte fuerint stellae in qua exaltantur, in oportunis scilicet geniturae locis, faciunt beatos, felices, splendidos, potentes, diuites. In ipsorum uero humilitatibus faciunt miseros, pauperes, ignobiles, et in quos se infelicitas adsiduis continuationibus conferat. **4.** Hac ex causa, Babylonii ea signa in quibus stellae exaltantur domicilia earum esse uoluerunt; nos autem scire debemus, hac institutione formati, omnes stellas melius in altitudinibus suis quam in domiciliis suis esse collocatas. **5.** Sol in Arietis parte XIX. exaltatur, in Libra uero parte XIX. deicitur; Luna exaltatur in Tauri parte tertia, Scorpii tertia deicitur; Saturnus exaltatur in Librae parte XX*I*., in Ariete rursus <parte> XX*I*. deicitur; Iuppiter exaltatur in parte Cancri XV[I]., deicitur uero in Capricorno parte XV[I].; Mars exaltatur in Capricorno parte XXVIII., deicitur uero in Cancro parte XXVIII.; Venus exaltatur in Piscibus parte XXVII., deicitur uero in Virgine parte XXVII.; Mercurius exaltatur in Virgine parte XV., deicitur uero in Piscibus parte XV.

6. Hac ex causa Babylonii haec signa, in quibus exaltantur singuli, domus eorum esse uoluerunt, dicentes Saturni quidem domicilium esse Libram, Iouis Cancrum, Martis Capricornum, Solis Arietem, Lunae Taurum, Veneris Pisces, Mercurii Virginem.

PR N

3.2. exaltantur: e- uel *N* || 3. beatos — faciunt *N*: *om. PR Ksz qui, post A et Ven., lacunam suspexerant.*

4.5. esse collocatas *N*: *om. PR Ksz.*

5.2. arietis *N*: -te *PR* || libra *PR N*: -rae *Ksz* || 4. librae: -ra *N* || XXI *Ksz*: XX *PR* XIX *N* cf. *n.* 18b || 5. ariete *PR N*: -tis *Ksz* || parte *add. Ksz* (*secuti Parisinum* 7312): *om. PR N* || XXI *Ksz*: XIX *PR N* || 6. XV *Ksz*: XVI *N* XXI *PR* || capricorno *N*: -nio *PR* -ni *Ksz* || 7. XV *Ksz*: XVI *N* XVIII *PR* || capricorno *N*: -nio *PR* -ni *Ksz* || 8. cancro *PR N*: -ri *Ksz* || XXVIII *N*: XXV *R* XXVI *P* || 9. piscibus *PR N*: -ium *Ksz* || 9.-10. uirgine (bis) *PR N*: -inis *Ksz* || 11. uero: *om. N* || piscibus *PR N*: -ium *Ksz*.

IV. LES DÉCANS

1. Chaque signe est divisé en trois parties, et chacune d'entre elles contient un décan[20], si bien qu'il y a, dans chaque signe, trois décans, dont chacun occupe dix des trente degrés et exerce sa domination et sa puissance sur dix degrés. Ils disposent d'une puissance sans borne et d'un arbitraire sans limite, et ils ont le pouvoir de définir les destins des hommes par l'autorité de leur puissance.

2. Chacun de ces décans est, par ailleurs, affecté à l'un des astres: lorsque l'un de ceux-ci se trouve dans un décan qui lui est propre, même s'il est dans le domicile d'un autre, on doit pratiquement considérer qu'il se trouve établi dans un domicile qui lui appartient; car, lorsqu'il est établi dans son propre décan, il accomplit exactement les mêmes effets que ceux qu'il décide d'accomplir quand il est établi dans son propre signe. **3.** Dans le Bélier, le premier décan est à Mars, le second au Soleil, le troisième à Vénus; le premier décan du Taureau est à Mercure, le second à la Lune, le troisième à Saturne; le premier décan des Gémeaux est à Jupiter, le second à Mars, le troisième au Soleil; le premier décan du Cancer est à Vénus, le second à Mercure, le troisième à la Lune; le premier décan du Lion est à Saturne, le second à Jupiter, le troisième à Mars; dans la Vierge, le premier décan est au Soleil, le second à Vénus, le troisième à Mercure; le premier décan de la Balance est à la Lune, le second à Saturne, le troisième à Jupiter; le premier décan du Scorpion est à Mars, le second au Soleil, le troisième à Vénus; le premier décan du Sagittaire est à Mercure, le second à la Lune, le troisième à Saturne; le premier décan du Capricorne est à Jupiter, le deuxième à Mars, le troisième au Soleil; le premier décan du Verseau est à Vénus, le

19. Les planètes sont présentées ici dans l'ordre dit «chaldéen», qui place le Soleil au milieu du ciel, entre Saturne, Jupiter et Mars d'une part, Vénus et Mercure, (ou Mercure et Vénus) puis la Lune d'autre part. D'origine encore mal déterminée, il remplaça l'ordre platonicien et pythagoricien (Soleil, Lune, Vénus, Mercure...), et eut la faveur, entre autres, d'Archimède, Hipparque, Ptolémée... Cf. BL, p. 106-109.

IV. DE DECANIS

1. Singula signa in tres partes diuiduntur, singulae autem partes habent singulos decanos, ut sint in singulis signis terni decani, quorum singuli ex triginta partibus denas possident partes et dominium suum ac potestatem in X partes exerunt. Sunt autem infinitae potestatis et infinitae licentiae et qui fata hominum suae potestatis auctoritate designent.

2. Sed et ipsi decani singulis stellis deputantur, et si in ipso decano stella fuerit, licet sit in alieno domicilio, sic est habenda quasi in suo sit domicilio constituta; <in> suo enim decano constituta haec eadem perficit quae in signo suo constituta decernit. **3.** In Ariete primus decanus Martis et secundus Solis, tertius Veneris; Tauri primus decanus Mercurii et secundus Lunae, tertius Saturni; Geminorum primus decanus Iouis et secundus Martis, tertius Solis est; Cancri primus decanus Veneris est, secundus Mercurii, tertius Lunae; Leonis primus decanus Saturni et secundus Iouis, tertius Martis; in Virgine primus decanus Solis est, secundus Veneris, tertius Mercurii; Librae primus decanus Lunae est, secundus Saturni, tertius Iouis; Scorpii primus decanus Martis est, secundus Solis, tertius Veneris; Sagittarii primus decanus Mercurii est, secundus Lunae, tertius Saturni; Capricorni primus decanus Iouis et secundus Martis,

PR N

IV. *Tit. PR*: de faciebus planetarum in signis *N*.

1.1. singula *M N*: decanis singula *PR* || 5. potestatis: -ates P^{ac} || 6. et qui: eo quod *N*.

2.1. et^{1}: *om. N* || in *Ksz*: cum *PR N* || 3. in *add. Ksz.*

3.1. *in § 3, stellarum nomina figuris repraesentata sunt ap. N* || 2. et: *om. N* || tertius — secundus (7): *in im. pag. scr. P* || 3. mercurii *N* V^2 *(in rasura)*: iouis *PR* || lunae *N* V^2 *(in ras)*: martis *PR* || 7. iouis... martis... solis *N* V^2 *(in ras.)*: martis... iouis... saturni *PR* || 10. saturni *N* V^2 *(in ras.)*: solis *PR*.

second à Mercure, le troisième à la Lune; dans les Poissons, le premier décan est à Saturne, le deuxième à Jupiter, le troisième est à Mars.

4. Certains, voulant développer ce point avec plus de subtilité, ont attribué un groupe de trois divinités à chacun des décans, et ils ont voulu qu'elles leur soient attribuées à titre d'agents d'exécution[21], de sorte que, dans chaque signe, puissent se trouver neuf fondés de pouvoir, et que chaque décan soit attribué à trois fondés de pouvoir. **5.** A leur tour, les neuf fondés de pouvoir qui, selon eux, ont été préposés à chaque signe, ils les répartissent en un nombre infini d'agents d'exécution: c'est par eux, disent-ils, que sont distribués les malheurs inattendus, douleurs, chagrins, refroidissements et fièvres, et tout ce qui arrive généralement sans qu'on s'y attende ou sans qu'on s'en rende compte; c'est à eux, prétendent-ils, que sont dus les monstres enfantés par des humains[22].

6. Toutefois, dans cet ouvrage d'initiation, nous devrons laisser cette partie de côté: en effet, même les Grecs, qui eurent l'intention d'aller jusqu'au fond de cette recherche, ont abandonné ce chapitre, dès les premiers pas, dégoûtés, en quelque sorte, de ne pouvoir l'élucider. Alors, pour le moment, que l'ordre de notre exposé revienne au point d'où il s'était écarté.

V. LES DEGRÉS DES SIGNES

Chaque signe contient trente degrés: dans un signe, un degré correspond à l'espace occupé par la circonférence du disque du

tertius Solis; Aquarii primus decanus Veneris est, secundus Mercurii, tertius Lunae; in Piscibus primus decanus Saturni, secundus Iouis, tertius Martis.

4. Quidam hunc locum uolentes suptilius explicare terna numina decanis singulis applicarunt, quos munifices applicandos esse uoluerunt [id est liturgos] ita ut per signa singula nouem possint munifices inueniri, ut ternis munificibus decani singuli praeferantur. **5.** Rursus nouem munifices, quos singulis signis dicunt esse constitutos, per infinitas diuidunt numinum potestates; ab his enim dicunt repentinos casus, dolores, aegritudines, frigus febresque decerni et quicquid illud est, quod solet nec sperantibus nec scientibus euenire; per hos uolunt monstruosos ab hominibus edi partus. **6.** Sed hanc nos partem in isto institutionis libro necessario praeterimus; nam et Graeci, qui secreta istius conati sunt disputationis attingere, in primis uestigiis constituti[onis] istum tractatum cum quodam dissimulationis fastidio reliquerunt. Sed nunc institutionis ordo, unde recesserat, reuertatur.

V. DE PARTIBVS SIGNORVM

Singula signa triginta habent partes; pars est autem in signo tantus locus quantum Solis aut Lunae orbis in

PR N

3.14. solis *N Ven.*: mercurii *PR* || ueneris... mercurii... lunae *N Ven.*: saturni... iouis... martis *PR* || 16. saturni *N Ven.*: lunae *PR*.

4.2. terna *Ksz* (*sec. Parisinum* 7312): alterna *PR N* || 3. applicandos *PR N*: appellandos *A Ksz* || id est liturgos *seclusi* cf. n. 21.

5.2. quos: q- in *Zie*[1]. || 5. decerni: discerni *N* || 7. monstruosos: monstrosos *N*.

6.2. necessario: -arie R^{ac} *N* || 3. disputationis: -onibus *N* || 4. constituti *Ksz*: -ionis *PR N* c- institutionis *Sit*.

V. *Tit.* de — signorum *PR*: de signi diuisione in partes et minuta *N*.

Soleil ou de la Lune: un degré se subdivise en soixante minutes.

VI. LES CONFINS DANS CHACUN DES SIGNES[22a]

1. Même si un signe donné relève d'une autre puissance et contient le domicile d'une autre planète, cependant ses degrés sont attribués comme propriétés individuelles à telle ou telle planète: ces degrés sont alors appelés confins des planètes; et ces confins, les Grecs les appellent *horia*[23].

Mais nous ne devons présenter tout cela qu'au terme d'une délicate recherche; en effet, quand une planète[24] se trouve dans ses confins, elle est établie là comme dans son domicile. Pour que l'ensemble puisse être compris de façon plus claire, nous devons tout exposer en détail, afin que, grâce à ces confins, on puisse connaître les secrets des thèmes de géniture.

2. Le maître du Bélier est, nous l'avons dit[25], Mars; mais ses confins sont attribués chacun à une planète particulière, comme suit: du 1er au 6e degré, c'est Jupiter qui possède les confins, du 7e au 12e, c'est Vénus; du 13e au 20e, c'est Mercure; du 21e au 25e, c'est Mars; du 26e au 30e, c'est Saturne. Voilà comment sont attribués les degrés du Bélier. **3.** La maîtresse du Taureau est Vénus: les confins de ce signe sont répartis comme suit: du 1er degré jusqu'au 8e, c'est Vénus qui les possède; du 9e au 14e, c'est Mercure; du 15e au 22e, c'est Jupiter; du 23e au 27e, c'est Saturne; du 28e au 30e, c'est Mars; tels sont les confins que ces planètes possèdent dans le Taureau. **4.** Le maître des Gémeaux est Mercure; les confins de ce signe sont

22a. Les *secteurs* que désigne ici *confines* sont, depuis la Renaissance, appelés *confins* par les astrologues, qui veulent peut-être ainsi marquer que le secteur où s'étend le pouvoir d'un astre est toujours plus ou moins menacé par le voisin, et ne peut lui-même s'étendre plus loin. Nous retenons le terme des praticiens, même si les lexicographes (en dehors d'A. Le Boeuffle, *NLAC*) n'ont pas encore, semble-t-il, relevé cet usage.

circuitu complectitur; sed una pars in minuta diuiditur sexaginta.

VI. DE FINIBVS IN SINGVLIS LOCIS

1. Licet ipsum signum alienae sit potestatis et alterius <stellae> habeat domicilium, tamen partes eius quasi propriae stellis singulis diuiduntur, quae partes fines stellarum nominantur; hos fines Graeci oria uocant. Sed et hoc suptili debemus inquisitione colligere: nam cum in finibus suis stella fuerit inuenta, sic est tamquam in suo domicilio constituta. Quod totum ut manifestius intelligi possit, debemus specialiter explicare, ut ex istis finibus geniturarum secreta noscantur. **2.** Arietis dominus est, sicut diximus, Mars; uerum fines eius singulis stellis hactenus diuiduntur: a prima usque ad VI. partem fines possidet Iuppiter, a VII. usque ad XII. Venus, a XIII. usque ad XX. Mercurius, a XXI. usque ad XXV. Mars, a XXVI. usque ad XXX. Saturnus; hac sunt Arietis partes ratione diuisae. **3.** Tauri domina est Venus; cuius signi fines hactenus diuiduntur: a prima parte usque ad VIII. Venus possidet, a IX. parte usque ad XIV. Mercurius, a XV. usque ad XXII. Iuppiter, a XXIII. usque ad XXVII. Saturnus, a XXVIII. usque ad XXX. Mars; hos stellae in Tauro possident fines. **4.** Geminorum dominus Mercurius est; eius signi fines hactenus diuiduntur: a

PR N

VI. *Tit.*: in singulis locis *del. Ksz coll. indice* de finibus seu terminis planetarum *N*.

1.2. stellae: *add. Sit. Ksz* || 5. in *N*: *om. PR* || 8. ut: ut est *N* || 9. noscantur *A*: n- de finibus *PR rubr. unc.* n- de finibus arietis *N*.

2.4. ad *A*: *om. PR N* || 6. hac: haec *N*.

3.1. domina *A*: dominus *PR N* || 3. possidet: *om. N*.

4.1. dominus mercurius: m- d- *N*.

ainsi répartis: du 1er degré au 6e, c'est Mercure qui les possède; du 7e au 12e, c'est Jupiter; du 13e au 18e, c'est Vénus; du 19e au 24e, c'est Mars; du 25e au 30e, c'est Saturne. **5.** La maîtresse du Cancer est la Lune; mais les confins de ce signe sont ainsi répartis: du 1er degré jusqu'au 7e, c'est Mars qui les possède; du 8e au 13e, c'est Vénus; du 14e au 20e, c'est Mercure; du 21e au 27e, c'est Jupiter; du 28e au 30e, c'est Saturne; tels sont les confins que les planètes possèdent dans ce signe. **6.** Le Lion a pour maître le Soleil, mais ses confins se répartissent ainsi: du 1er degré au 6e, c'est Jupiter qui les possède; du 7e au 11e, c'est Vénus; du 12e au 18e, c'est Saturne; du 19e au 24e, c'est Mercure; du 25e au 30e, c'est Mars. Voilà comment les confins de ce signe sont répartis entre les planètes. **7.** La Vierge a pour maître Mercure; mais ses confins se répartissent ainsi: du 1er degré au 7e, c'est Mercure qui les possède; du 8e au 17e, c'est Vénus; du 18e au 21e, c'est Jupiter; du 22e au 28e, c'est Mars; du 29e au 30e, c'est Saturne. **8.** La Balance a pour maîtresse Vénus; mais ses confins se répartissent ainsi: du 1er degré au 6e, c'est Saturne qui les possède; du 7e au 14e, c'est Mercure; du 15e au 21e, c'est Jupiter; du 22e au 28e, c'est Vénus; du 29e au 30e, c'est Mars. **9.** Le maître du Scorpion c'est Mars; ses confins sont eux aussi répartis comme ceci: du 1er degré au 7e, c'est Mars qui les possède; du 8e au 11e, c'est Vénus; du 12e au 19e, c'est Mercure; du 20e au 24e, c'est Jupiter; du 25e au 30e, c'est Saturne. **10.** Le maître du Sagittaire est Jupiter; mais ses

prima parte usque ad VI. Mercurius possidet, a VII. usque ad XII. Iuppiter, a XIII. usque ad XVIII. Venus, a XIX. usque ad XXIV. Mars, a XXV. usque ad XXX. Saturnus. **5.** Cancri domina est Luna; uerum eius signi fines hactenus diuiduntur: a prima parte usque ad VII. Mars possidet, ab VIII. usque ad XIII. Venus, a XIV. usque ad XX. Mercurius, a XXI. usque ad XXVII. Iuppiter, a XXVIII. usque ad XXX. Saturnus; hos stellae in hoc signo possident fines. **6.** Leonis Sol est dominus, sed fines eius hactenus diuiduntur: a prima parte usque ad VI. fines Iuppiter possidet, a VII. usque ad XI. Venus, a XII. usque ad XVIII. Saturnus, a XIX. usque ad XXIV. Mercurius, a XXV. usque ad XXX. Mars. Hactenus istius signi finis stellis singulis diuiduntur. **7.** Virginis Mercurius dominus est, uerum fines eius hactenus diuiduntur: a prima parte usque ad VII. Mercurius possidet fines, ab VIII. usque ad XVII. Venus, a XVIII. usque ad XXI. Iuppiter, a XXII. usque ad XXVIII. Mars, a XXIX. usque ad XXX. Saturnus. **8.** Librae domina est Venus, sed eius signi fines hactenus diuiduntur: a prima parte usque ad VI. Saturnus possidet fines, a VII. usque ad XIV. Mercurius, a XV. usque ad XXI. Iuppiter, a XXII. usque ad XXVIII. Venus, a XXIX. usque ad XXX. Mars. **9.** Scorpii dominus est Mars; sed et fines eius hactenus diuiduntur: a prima parte usque ad VII. possidet Mars fines, ab VIII. usque ad XI. Venus, a XII. usque ad XIX. Mercurius, a XX. usque ad XXIV. Iuppiter, a XXV. usque ad XXX. Saturnus. **10.** Sagittarii dominus est Iuppiter; eius signi

PR N
3. VI.: VII *N* || VII.: VIII *N*.
6.3. ad: *om. P* || iuppiter: *om. PR* || 4. ad[1]: *om. PR.*
8.1. domina *A N*: -us *PR.*
9.2. et: *del. Ksz* || 3. possidet: *om. N* || 3. mars: martis *N.*

confins se répartissent ainsi: du 1er degré au 12e, c'est Jupiter qui les possède; du 13e au 17e, c'est Vénus; du 18e au 23e, c'est Mercure; du 24e au 27e, c'est Saturne; du 28e au 30e, c'est Mars. **11.** Le maître du Capricorne est Saturne; mais ses confins se répartissent ainsi: du 1er degré au 7e, c'est Mercure qui les possède; du 8e au 14e, c'est Jupiter; du 15e au 22e, c'est Vénus; du 23e au 26e, c'est Saturne; du 27e au 30e, c'est Mars. **12.** Le maître du Verseau est Saturne; mais ses confins se répartissent ainsi; du 1er degré au 7e, c'est Mercure qui les possède; du 8e au 13e, c'est Vénus; du 14e au 20e, c'est Jupiter; du 21e au 25e, c'est Mars; du 26e au 30e, c'est Saturne. **13.** Le maître des Poissons est Jupiter; mais ses confins se répartissent ainsi: du 1er degré au 12e, c'est Vénus qui les possède; du 13e au 16e, c'est Jupiter; du 17e au 19e, c'est Mercure; du 20e au 28e, c'est Mars; du 29e au 30e, c'est Saturne.

VII. LES PARTIS DES ASTRES[26]

1. Après avoir exposé et présenté le système des confins, nous devons expliquer quels astres se réjouissent le jour et à quel parti ils appartiennent; lesquels, au contraire, préfèrent la nuit, et à quel parti également ceux-ci appartiennent.

2. Pendant le jour, se réjouissent le Soleil, Jupiter, Saturne; c'est donc que Jupiter et Saturne sont du parti du Soleil; c'est

26. *Conditio* traduit ici αἵρεσις (les latins utilisent aussi dans ce cas *secta*, qui est beaucoup plus clair). Certaines planètes, dites *diurnes*, sont rangées dans le parti du Soleil, les autres dans celui de la Lune. Elles ont les mêmes goûts que leur chef de file: ainsi les planètes diurnes *se réjouissent-elles* d'être levées le jour et couchées la nuit. Sur l'incohérence de cette organisation, cf. BL, p. 103, n. 3. Firmicus revient sur ce sujet au chapitre 20.

fines hactenus diuiduntur: a prima parte usque ad XII. fines possidet Iuppiter, a XIII. usque ad XVII. Venus, ab XVIII. usque ad XXIII. Mercurius, a XXIV. usque ad XXVII. Saturnus, a XXVIII. usque ad XXX. Mars. **11.** Capricorni dominus est Saturnus; sed fines eius signi hactenus diuiduntur: a prima parte usque ad VII. Mercurius possidet fines, ab VIII. usque ad XIV. Iuppiter, a XV. usque ad XXII. Venus, a XXIII. usque ad XXVI. Saturnus, a XXVII. usque ad XXX. Mars. **12.** Aquarii dominus est Saturnus; sed eius signi fines hactenus diuiduntur: a prima parte usque ad VII. possidet fines Mercurius, ab VIII. usque ad XIII. Venus, a XIV. usque ad XX. Iuppiter, a XXI. usque ad XXV. Mars, a XXVI. usque ad XXX. Saturnus. **13.** Piscium dominus est Iuppiter; sed eius signi fines hactenus diuiduntur: a prima parte usque ad XII. Venus possidet fines, a XIII. usque ad XVI. Iuppiter, a XVII. usque ad XIX. Mercurius, a XX. usque ad XXVIII. Mars, a XXIX. usque ad XXX. Saturnus.

VII. DE STELLARVM CONDITIONE

1. Expositis finibus atque monstratis, explicare debemus quae stellae per diem gaudeant et cuius conditionem sequantur, quae uero per noctem gaudentes cuius pari modo conditionem sequantur. **2.** Per diem gaudent Sol, Iuppiter, Saturnus; conditionem itaque Solis sequuntur

PR N

10.3. uenus: ueneris *N*.

11.3. iuppiter *Ksz*: uenus *PR N* || 4. uenus *N*: iuppiter *PR*.

12.4. mercurius *N*: *om. cett.*; *quod verbum suppl. Ksz ante* possidet || 6. saturnus *Ksz*: Mercurius *PR N*.

13.3. uenus possidet: p- u- *N* || fines: *om. N*.

VII. **1.**3. uero: *om. N*.

2.2. saturnus *A*: *om. PR N*.

pourquoi lorsque, dans les génitures diurnes, ils ne sont pas placés dans des lieux favorables...[27]

VIIb. LA LUNE: QU'INDIQUE-T-ELLE EN S'ASSOCIANT À UN ASTRE DONNÉ?

...et ils attribuent des malheurs.

3. Car si la Lune décroissante est accueillie par Vénus en phase décroissante[28], ou par Mars, dans une géniture nocturne, la Lune décroissante accorde dans ce cas toutes sortes de prospérités et de félicités; mais si c'est dans la plénitude de sa clarté, ou quand elle croît, que la Lune se conjugue à Vénus ou à Mars par quelque rayonnement, alors elle provoque l'émergence des plus grandes calamités et des plus grandes infortunes. Et si Vénus est opposée à la Lune croissante, c'est parce que, dans une sorte de grincement naturel dû à la jalousie, elles sont en total désaccord.

4. Toutes ces remarques, présentées de façon sommaire, doivent suffire dans ce livre d'initiation. Nous expliquerons en détail tout le reste, de façon très complète, dans les autres livres[29], aussi bien pour la Lune que pour les autres planètes.

VIII. LES PLANÈTES: QUAND SONT-ELLES MATINALES ET QUAND SONT-ELLES VESPÉRALES?

1. Les cinq planètes, c'est-à-dire Saturne, Jupiter, Mars,

Iuppiter et Saturnus; non ideo in diurnis genituris in oportunis locis positi......

VIIb. <DE LVNA QVID CVI ASTRO SE IVNGENS SIGNIFICET>

* *

malaque decernunt.

3. Nam si deficientem Lunam deficiens Venus exceperit aut Mars in nocturna genitura, tunc prospera omnia deficiens Luna felicitatesque decern*i*t; si uero plena lumine uel crescens Luna Veneri uel Marti s*e* ali*qu*a radiatione coniunxerit, maximas calamitates et maxima facit infortunia concitari. Sed ideo Venus crescenti Lun*ae* contraria est, quia naturali quodam inuidiae sibi stridore dissentiunt.

4. Haec nos in hoc institutionis libro summatim dixisse sufficiat. Omnia enim plenissime et de Luna et de ceteris stellis in ceteris libris specialiter explicabimus.

VIII. DE STELLIS QVANDO SINT MATVTINAE VEL QVANDO VESPERTINAE

1. Stellae quinque, id est Saturnus, Iuppiter, Mars,

AB DN

3. non: *del. Ksz* || 4. locis: *om. N* || positi: p- uel pisces *N.*

2. cf. n. 27 || 1. malaque decernunt: *om. N.*

3.1 deficientem: deficientia *A* || deficiens *AB*: *om. DN post* deficiens *add.* ☽ *AB* || 2. aut: ut *A* || 3. deficiens luna: *om. DN* || decernit *Ksz Ven.*: -nunt *AB DN* || 4. crescens: c- plena *AB* || luna: *om. DN* || se aliqua *Ksz*: hisque alia *B D* iisque alia *N* his quia *A* || 6. lunae *Ksz*: lumini *AB DN.*

4.3. libris: stellis *A.*

VIII. *tit. sic indices MR*: quae stellae quando sint (sunt *AD*) matutinae (m- et *A*) quando uespertinae uel (*om. B*) quae scemate *AB D* quando planetae dicuntur matutini uel uespertini *N.*

Vénus et Mercure, sont soit matinales, soit vespérales ou occidentales, soit cachées — celles-ci sont appelées par les Grecs *invisibles* et *synodiques* —, soit *acronyctes*[30]. Pour quelle raison se trouvent-elles dans de telles situations, ou pour quelle raison reçoivent-elles ces dénominations, nous allons l'expliquer. Sont matinales au lever celles qui se lèvent avant le disque du Soleil; vespérales au lever celles qui suivent le Soleil levant; sont cachées celles que cache le disque du Soleil; acronyotes celles qui se lèvent quand le Soleil se couche. **2.** A quel moment ces positions respectives d'astres sont-elles favorables, à quel moment sont-elles nuisibles, nous l'expliquerons dans les livres suivants[31]; en effet, ce n'est pas sans raison que nous avons dit tout cela. En règle générale on peut dire que, pour toutes les planètes, la proximité du Soleil est nuisible. Encore que certains veuillent que le coucher de Mars soit favorable lorsqu'il a été dominé par les rayons du Soleil, car, après s'être incliné devant le Soleil, il perd sa méchanceté naturelle.

3. Il nous faut également savoir avec qui se réjouissent les planètes matinales, avec qui se réjouissent les planètes vespérales: en effet, elles sont protégées chaque fois qu'elles s'avancent sous un rayonnement favorable. Les planètes se trouvent bien quand elles sont en lever matinal en compagnie du Soleil: leur puissance se trouve renforcée par le rayonnement le plus favorable du Soleil chaque fois que celui-ci se voit escorté par un lever matinal de planètes. Mais celles-ci perdent leur efficacité chaque fois que, par un lever vespéral, elles suivent le disque du Soleil. Placées dans la lumière de la Lune, elles sont couvertes par ses rayonnements les plus forts lorsqu'elles ont précédé son disque par quelque rayonnement. **4.** Quel est l'effet

Venus, Mercurius, matutinae sunt aut uespertinae aut occiduales aut absconsae, quae a Graecis ἀφανεῖς et συνοδικὰι dicuntur, aut ἀκρονύκτοι. Qua autem ratione tales fiant uel qua ex causa haec accipiant nomina, explicemus. Matutinae sunt in ortu[m], quae praecedentes orbem Solis oriuntur; uespertinae uero in ortu, quae orientem Solem sequuntur; absconsae uero, quas <Solis> orbis tegit; ἀκρονύκτοι, quae tunc oriuntur cum Sol occidit. **2.** Hae figurae stellarum quando prosint, quando noceant, in libris posterioribus explicabimus; neque enim hoc a nobis sine causa dictum est. In summa autem dicendum est quod omnibus stellis noceat uicinitas Solis. Quidam uero uolunt Martem prospere cadere, cum Solis radiis fuerit oppressus; naturalem enim malitiam Solem ueneratus *a*mittit.

3. Scire etiam illud nos oportet, cum quo stellae matutinae gaudent, cum quo uespertinae; tunc enim proteguntur quotienscumque oportuna radiatione praecesserint. Cum Sole ceterae stellae in matutino ortu constitutae gaudent; tunc numen Solis optima radiatione protegitur, quotienscumque stellarum matutino ortu fuerit ornatus. Inefficaces uero stellae fiunt, quotiens Solis orbem uespertino ortu fuerint subsecutae. In Lunae positae lumine eius maximis radiationibus proteguntur, cum orbem eius aliqua radiatione praecesserint. **4.** Quid

AB DN

1.2. uenus: u- et *N* || 3. αφανεις *scripsi*: affinissae *AB* aphinisse *DN* || 4. συνοδικαι *scripsi*: synodicae *AB* -diche *DN* || ακρονυκτοι *scripsi*: acronicte *A* acronitae *DN* achronicte *B* || 5. tales fiant: *om. N* || 6. ortu *Ksz Ven.*: ortum *AB DN* || 8. solis *add. Ksz* || 9. ακρονυκτοι *scripsi*: acronictae *A* acronitae *DN.*

2.5. martem: marti *B* || 7. amittit *Ksz Ven.*: submittit *AB DN.*

3.2. gaudent: -eant *A D* || enim proteguntur: enim et protegunt *DN* || 3. praecesserint: proc- *A* || 4. sole: s- et *B DN* || in: *om. N* || 9. eius: *del. Zie*[1]. || 10. praecesserint: -runt *DN.*

d'une combinaison des planètes dans les génitures de ceux qui naissent, quand les planètes deviennent-elles matinales, quand deviennent-elles vespérales ... nous devrons aussi montrer le nombre de degrés dont doivent rétrograder les planètes par rapport au Soleil pour devenir matinales.

IX. PAR QUELS ÉCARTS DE DEGRÉS LES PLANÈTES DEVIENNENT-ELLES MATINALES OU VESPÉRALES?

1. Nous allons expliquer de quelle manière les planètes deviennent vespérales ou matinales[32]. L'astre de Saturne est matinal quand son écart avec le Soleil est de 15°, c'est-à-dire quand il se lève en précédence. De même l'astre de Jupiter, par un écart de 12°, se fait matinal précédent[32a]; pour Vénus, c'est 8°. En outre Mars, quand il est précédent et se trouve placé à 8°, devient matinal. Mercure, quand il est précédent et se trouve placé à 18° est matinal. Mais ces planètes sont vespérales lorsque, placées à ce même nombre de degrés du Soleil, elles le suivent.

X. LES DOUZE SIGNES, LEUR NATURE ET LEURS ASCENSIONS[33]

1. Maintenant, nous devons expliquer la nature des douze signes, leurs formes, leur qualité, leurs substances, leurs ascen-

autem stellarum mixtura in genituris [s]or[t]ienti*um* operetur, quando stellae matutinae efficiantur, quando uespertinae ... ostendere etiam debemus quantis a Sole stellae partibus recedentes matutinae efficiantur.

IX. QVIBUS PARTIBVS MATVTINAE STELLAE VEL VESPERTINAE FIANT

Explicabimus enim qua ratione uespertinae, qua uero matutinae fiant. Saturni stella cum a Sole XV recesserit partibus, id est cum praecedens orta fuerit, matutina est. Simili modo etiam Iouis XII partibus recedens<se> matutinum facit praecedentem; Venus VIII. Mars etiam praecedens et in VIII. parte constitutus matutinus efficitur. Mercurius praecedens et in XVIII. parte constitutus matutinus est. Vespertinae uero sunt, cum in isto partium constitutae Solem fuerint subsecutae.

X. DE XII SIGNIS ET NATVRA EORVM ET ANAFORIS

1. Nunc de XII signorum natura, formis, qualitate, substantiis, anaforis explicare debemus, ut totam plenis-

AB DN
4.2. orientium *Ksz*: sortiente *B* sentiente *A DN* || operetur: superatur *N* || 3. efficiantur: -iuntur *DN* || 4. *lacunam statuit Ksz* || quantis: *om. A* || sole: -lis *N* || 5. stellae: *om. D* || efficiantur: -iuntur *AB.*
IX. *Tit.* qua ratione stellae fiant matutinae aut uespertinae *N.*
1.1. explicabimus: -auimus *DN* || 2. XV: duodecim *F* N^1 *corr.* N^2 || 3. est *N*: et *AB D* || *post* recedens, ortum *add. Ksz* || 4. se: *addidi* || 5. praecedentem: *unc. rect. incl. Ksz* || 6. VIII: *om. in lac. A* || 7. et: *om. N* || parte: partibus *DN* || XVIII: decima nona *N* || 8. uero: *om. AB.*
X. *Tit.*: de duodecim signorum formis et qualitatibus ect (*sic*) *N.*
1.1. de: *om. N* || formis — anaphoris: formae qualitates substantiae anaphorae *N.*

sions : nous pourrons ainsi, par de clairs exposés, inculquer une connaissance très complète de cet art.

2. Le Bélier est, dans le ciel, un signe masculin, équinoxial[34], solsticial, igné, laineux, quadrupède, offrant l'image d'un corps, aux yeux vagues, mobile[34a], ce qui, pour les Grecs[35] ... ayant une voix[36], indomptable, impur, libidineux ; domicile de Mars, exaltation du Soleil 19°, dépression de Saturne 20°, trigone du Soleil le jour[37], de Jupiter la nuit. **3.** Il est appelé équinoxial ou solsticial parce que, dans ce signe, le Soleil équilibre d'exacte façon les heures du jour et celles de la nuit : les Grecs ont appelé ce moment *tropicon isemerinon*[38]. En effet, lorsque le Soleil se trouve dans le Bélier, il donne au temps des jours et des nuits une durée égale, de sorte que le jour ait douze heures et la nuit également douze heures. D'ailleurs, ce signe a été appelé par les Grecs *Crios*, pour la raison que, quand le Soleil s'y trouve, il départage en quelque sorte le jour et la nuit, ce qui se dit *krinein*, et que lui-même, placé dans ce signe entre l'hiver et l'été, se trouve également partagé. **4.** Il a été aussi appelé tropique parce que, lorsque le Soleil se trouve établi dans ce signe, il rend le temps printanier : en effet, le printemps commence dès que le Soleil est entré dans le premier degré de ce signe. On l'appelle aussi igné parce que quiconque, dans une géniture[39]...

sime huius artis scientiam manifestis expositionibus intimemus.

2. Aries est signum in caelo masculinum, aequinoctiale, solstitiale, regale, ignitum, lana*t*um, quadrupes, corporale, oculis languidis, erraticum, quod a Graecis..., consonans, indomitum, impurum, libidinosum; domus Martis, altitudo Solis circa partem XIX., deiectio Saturni circa partem XX., trigonum per diem Solis, per noctem Iouis. **3.** Aequinoctiale uel solstitiale ideo dictum est quod, in hoc signo, horas noctis ac diei aequata moderatione componit, quod a Graecis τροπικὸν ἰσημερινόν appellatum est. Cum enim in Ariete Sol fuerit, diurnas nocturnasque horas componit aequaliter, ut dies habeat XII, nox quoque XII. *Crios* autem ideo a Graecis dictum est hoc signum, quod, cum in eo Sol fuerit, inter diem et noctem quodammodo iudicat, quod κρίνειν dicitur, et quod in eo signo inter hiemem positus et aestatem ipse rursus iudicetur. **4.** Tropicum autem ideo dictum est quod in eo signo Sol constitutus uernum tempus faciat; uer enim tunc initiatur, cum primam eius signi partem Sol fuerit ingressus. Ignitum ideo dictum est quia, quicumque in genitura dominium [omnia specialiter explicemus]...........

* *

2.2. lanatum *Ksz in apparatu*: ad laniandum *AB DN Ksz in textu* cf. n. 34 || 3. *lacunam indic. D* || 5. deiectio: delectio *A* || 6. partem: -es *DN* || XX *ABDN*: XIX *Ksz*.

3.2. in hoc signo: hoc signum *N* || horas: -ae *DN* || 3. componit: -nuntur *DN* || 5. diurnas: d- et *DN* || componit aequaliter: *om. DN* || 6. habeat: habet *A* || ideo: *om. D* || 7. in *N*: *om. AB D* || 8. κρινειν *Ksz*: criminon *A* criminuom *B* criminum *DN* || 9. dicitur: indicitur *D* indicetur *N* || et[1]: eo *A*.

4.3. faciat: facit *A* || primam: p- in *A* || 5. dominium: -num *N* dominem *A* || omnia — explicemus *del. Ksz, irrept. ex* 2,2,4. *de lacuna uide* n. 39 *et intr.* p. 27.

5. Les Poissons sont un signe féminin, double, humide, aqueux, biforme, fécond, écailleux, couvert de taches, courbe, muet, mobile; l'un des poissons est emporté vers le sud, l'autre vers le nord[40]. Ce signe est le domicile de Jupiter, trigone de Vénus pendant le jour, de Mars pendant la nuit; exaltation de Vénus dans son 27°, dépression de Mercure dans son 15°. Ce signe est placé sous le souffle de l'Aquilon[41].

CHAPITRE XI[42]

1. Après avoir présenté les catégories ainsi que les formes des signes, et après avoir complètement décrit leur nature selon une méthode scrupuleuse, comme cela nous a été transmis par les plus savants enseignements des Grecs, nous devons montrer, dans notre développement suivant, en quelle année se lève chacun des signes dans les génitures. Quelle en est l'utilité, nous allons le dire en quelques mots. **2.** Tous les astres ont leur plus grand pouvoir de décision et exercent particulièrement leurs forces lorsque se sont levés les signes dans lesquels ils sont installés. Or ils se lèvent à des moments et en des jours divers, et en fonction des climats; c'est pourquoi nous montrons, dans la liste ci-dessous, à quels moment se lèvent les divers signes sous les différents climats[43].

3. Sour le premier climat, c'est-à-dire celui d'Alexandrie, et sous le second, qui est celui de Babylone[44], ainsi que dans toutes les régions qui sont placées sous ces climats, les signes se lèvent selon le calendrier suivant: Bélier, la 20e année; Tau-

40. Au temps d'Hipparque, l'Équateur passait entre les deux poissons du signe qui porte leur nom, alors qu'il se situe maintenant au sud de l'ensemble du signe. Passage très proche chez Vettius Valens, I,2,78: Ἰχθύες εἰσὶν ἐν οὐράνῳ θῆλυ, κάθυγρον, πάρυγρον, δίσωμον, πολύγονον, λειχηνῶδες... κυρτωτόν, ἀλφῶδες, δίμορφον, ἄφωνον, πολυκίνητον... ἀντικείμενον ἑαυτῷ διὰ τὸ τὸν μὲν νότιον εἶναι, τὸν δὲ βόρειον...

41. Sur cette notion de soumission des signes à tel ou tel vent, cf. infra ch. 12. Cf. VETT. VAL. I,2,86: πρόσκειται δ' ἀνέμῳ βορρᾷ.

5. Pisces sunt signum femininum, duplex, humidum, aquosum, biforme, fecundum, squamosum, maculosum, incuruum, mutum, mobile; sed unus piscis ad austrum fertur, alter ad aquilonem. Est autem domus Iouis, trigonum per diem Veneris, per noctem Martis, altitudo Veneris circa partem XXVII., deiectio Mercurii circa partem XV. Positum est autem hoc signum in uento aquilone.

XI

1. Explicatis signorum generibus ac formis et natura eorum diligenti ratione perscripta, sicut nobis prudentissimis Graecorum magisteriis traditum est, illud sequenti loco debemus ostendere, quoto anno unumquodque signum in genituris oriatur. Hoc autem quo proficit, breui definitione monstramus. **2.** Omnes stellae tunc accipiunt maximam decernendi potestatem et tunc uires suas exerunt, cum signa, in quibus collocata sunt, orta fuerint. Oriuntur autem uariis temporibus ac diebus et secundum climata; unde, quae signa in quibus climatibus et quo tempore oriantur, hac ratione monstramus.

3. In climate primo, id est Alexandriae, atque in climate secundo, quod Babylonis est, ceterisque omnibus regionibus quae his climatibus subiacent, hoc temporis cursu oriuntur signa: Aries oritur anno XX., Taurus

PR N

5.1. pisces — aquilone: *om. N spatio relicto* || 2. fecundum *A Ven.*: secundum *PR N* || 3. mobile *A Ven.*: nobile *PR N.*

XI. *Tit.* de anaforis signorum *add. Ksz sec. A Ven. cf. n.*42.

1.1. explicatis *N*: -citis *PR* || 2. perscripta: prescr- *N* || prudentissimis *A Ven.*: -issimus *PR* || 4. quoto *A Ven.*: quo toto *PR* || 6. monstramus: -abimus *N.*

2.2. exerunt: exercent *N* || 6. hac N^2: ac *PR* N^1.

3.4. anno XX: XX a- *N.*

reau, la 24e; Gémeaux, la 28e; Cancer, la 32e; Lion, la 36e; Vierge, la 40e; Balance, également la 40e; Scorpion, la 36e; Sagittaire, la 32e; Capricorne, la 28e; Verseau, la 24e; Poissons, la 20e. **4.** Sous le climat de Rhodes et dans les autres régions qui sont placées sous le climat, le Bélier se lève la 19e année; le Taureau, la 23e; les Gémeaux, la 27e; le Cancer, la 32e; le Lion, la 36e; la Vierge, la 40e; la Balance, également la 40e; le Scorpion, la 36e; le Sagittaire, la 32e; le Capricorne, la 27e; le Verseau, la 23e; les Poissons, la 19e. **5.** Sous le climat de l'Hellespont et dans les autres régions qui sont sous ce climat, le Bélier se lève la 17e année; le Taureau, la 22e; les Gémeaux, la 27e; le Cancer, la 32e; le Lion, la 37e; la Vierge, la 42e; la Balance, également la 42e; le Scorpion, la 37e; le Sagittaire, la 32e; le Capricorne, la 27e; le Verseau, la 22e; les Poissons, la 17e. **6.** Sous le climat d'Athènes et dans les autres régions qui sont sous ce climat, le Bélier se lève la 18e année; le Taureau, la 23e; les Gémeaux, la 27e; le Cancer, la 32e; le Lion, la 36e; la Vierge, la 41e; la Balance, également la 41e; le Scorpion, la 36e; le Sagittaire, la 32e; le Capricorne, la 27e; le Verseau, la 23e; les Poissons, la 18e. **7.** Sous le climat d'Ancône et dans les autres régions qui sont sous ce climat, le Bélier se lève la 15e année; le Taureau, la 21e; les Gémeaux, la 27e; le Cancer, la 32e; le Lion, la 38e; la Vierge, la 44e; la Balance, également la 44e; le Scorpion, la 38e; le Sagittaire, la 32e; le Capricorne, la 27e; le Verseau, la 21e; les Poissons, la 15e. **8.** Sous le climat de Rome et dans les autres régions qui sont sous ce climat, le Bélier se

XXIV., Gemini XXVIII., Cancer XXXII., Leo XXXVI., Virgo XL., Libra similiter XL., Scorpius XXXVI., Sagittarius XXXII., Capricornus XXVIII., Aquarius XXIV., Pisces XX. **4.** In climate quod est per Rhodum ceterisque regionibus quae huic climati subiacent, oritur Aries anno XIX., Taurus XXIII., Gemini XXVII., Cancer XXXXII., Leo XXXVI,. Virgo XL., Libra similiter XL., Scorpius XXXVI., Sagittarius XXXII., Capricornus XXVII., Aquarius XXIII., Pisces XIX. **5.** In climate uero Hellesponti ceterisque regionibus quae huic climati subiacent, oritur Aries anno XVII., Taurus XXII., Gemini XXVII., Cancer XXXII., Leo XXXVII., Virgo XLII., Libra similiter XLII., Scorpius XXXVII., Sagittarius XXXII., Capricornus XXVII., Aquarius XXII., Pisces XVII. **6.** In climate Athenarum ceterisque regionibus quae huic climati subiacent, oritur Aries anno XVIII., Taurus XXIII., Gemini XXVII., Cancer XXXII., Leo XXXVI., Virgo XLI., Libra similiter XLI., Scorpius XXXVI., Sagittarius XXXII., Capricornus XXVII., Aquarius XXIII., Pisces XVIII. **7.** In climate Anconis ceterisque regionibus quae huic climati subiacent, oritur Aries anno XV., Taurus XXI., Gemini XXVII., Cancer XXXII., Leo XXXVII*I*., Virgo XLI*V*., Libra similiter XLIV., Scorpius XXXVI*II*, Sagittarius XXXII[I]., Capricornus XXVII., Aquarius XXI., Pisces XV. **8.** In climate Vrbis ceterisque regionibus quae huic climati subiacent, Aries

PR N

6. XXXVI: XXXIII *N* || scorpius: -pio P^{ac} || 7. XXIV: XXXIX *P* XXIX *N*.

4.1. est: *om. N* || 4. libra — XL *N* (*qui omisit* similiter) *A Ven.*: *om. PR* || 6. XIX: XX *N*.

5.3. XVII: XXVII *N* || 6. XXVII: XXXVII *N*.

6.3. XVIII: XIX *N* || 7. XXIII: XXII *N*.

7.4. XXXVIII *Ksz*: XXXIX *PR N* || XLIV *Ksz*: XLI *PR N* || 5. XXXVIII *Ksz*: XXXVI *PR N* || XXXII *Ksz*: XXXIII *PR N*.

8.2. climati subiacent: s- c- *N*.

lève la 17ᵉ année; le Taureau la 22ᵉ; les Gémeaux, la 27ᵉ; le Cancer, la 32ᵉ; le Lion, la 37ᵉ; la Vierge, la 42ᵉ; la Balance, également la 42ᵉ; le Scorpion, la 37ᵉ; le Sagittaire, la 32ᵉ; le Capricorne, la 27ᵉ; le Verseau, la 22ᵉ; les Poissons, la 17ᵉ.

9. Tels sont les moments où se lèvent les signes; c'est alors que leurs astres sont, chacun à son tour, promus à leur pleine efficacité.

XII. QUELS SIGNES SONT SOUMIS À QUELS VENTS?

Il nous faut également savoir quels signes sont soumis à quels vents[45], car cette connaissance nous est absolument nécessaire pour établir les consultations astrologiques. A l'Aquilon[46] sont soumis le Bélier, le Lion, le Sagittaire; à l'Auster sont soumis le Taureau, la Vierge, le Capricorne; à l'Aphéliotès, que nous appelons Solanus, sont soumis les Gémeaux, la Balance, le Verseau; à l'Africus, que les Grecs appellent Libs, sont soumis le Cancer, le Scorpion, les Poissons.

XIII. LES DODÉCATÉMORIES[47]

1. Maintenant, je vais brièvement montrer par quel procédé on pourra rechercher les dodécatémories. Certains pensent, en effet, qu'à partir d'elles ils peuvent trouver le fondement complet d'une géniture et assurent qu'à partir des dodécatémories peut être découvert tout ce qui est dissimulé dans son décret.

2. Ce que sont les dodécatémories est montré par l'exemple suivant. Soit un astre quelconque dont on veut rechercher le dodécatémorion: il faut multiplier par douze son quantième de

oritur anno XVII., Taurus XXII., Gemini XXVII., Cancer XXXII., Leo XXXVII., Virgo XLII., Libra similiter XLII., Scorpius XXXVII., Sagittarius XXXII., Capricornus XXVII., Aquarius XXII., Pisces XVII.

9. Hi sunt signorum ortus, quibus stellae singulae ad sui efficaciam promouentur.

XII. QVAE SIGNA QVIBVS VENTIS SVBIACENT

Illud etiam nos scire conuenit quae signa quibus sint subiecta uentis; haec enim nobis scientia maxime in apotelesmatibus necessaria est. Aquiloni subiacent signa Aries, Leo, Sagittarius; Austro Taurus, Virgo, Capricornus; Afelioti, quem nos Solanum dicimus, Gemini, Libra, Aquarius; Africo, qui a Graecis Libs dicitur, Cancer, Scorpius, Pisces.

XIII. DE DVODECATEMORIIS

1. Nunc de duodecatemoriis qua ratione perquiras breuiter ostendam. Quidam enim ex his putant totam se posse geniturae substantiam inuenire et, quicquid in decreto celatur, ex duodecatemoriis posse prodi significant.

2. Quid autem sint duodecatemoria hoc docetur exemplo. Cuiuscumque stellae uolueris duodecatemorion quaerere, partem eius duodecies computas et, quantae fue-

PR N

4. XXXVII: XXVII *N.*
9. hi — promouentur *P N*: *in marg. inf. add. R.*
XII. *Tit.* quae — subiacent: quibus uentis signa subiacent *N.*
XIII. *Tit.* duodecatemoriis: d- inueniendis *N.*
1.1. qua *N Ksz*: a qua *PR.*
2.1. docetur *N Zie*[1].: dicitur *PR Ksz* || 3. computas: -ta *N* || quantae: q- partes *N.*

degrés; ce total, on le répartit, en donnant trente unités à chaque signe, en commençant par le signe où se trouve l'astre dont on recherche le dodécatémorion; et le reste de ce nombre aboutira dans un signe, où il déterminera le degré du dodécatémorion. Pour que l'on comprenne plus clairement, nous donnons aussi un exemple de ce calcul. **3.** Soit le Soleil, placé dans le Bélier à 5°5′: douze fois 5° font 60° et douze fois 5′ font 60′; 60′ font 1° et on arrive ainsi à 61°; compte 30° pour le Bélier, dans lequel nous avons dit que se trouvait le Soleil, puis 30° pour le Taureau: on découvre le dodécatémorion dans le premier degré des Gémeaux. **4.** Surveille donc: que la Lune, quand elle est pleine, n'aille pas, de jour, avoir son dodécatémorion dans les confins de Mars; que, lorsqu'elle est diminuée, c'est-à-dire en phase décroissante, elle ne l'ait pas dans ceux de Saturne; que Mars à son coucher... que Vénus ne l'ait pas dans ceux de Mars, ni Mars dans ceux de Vénus...

5. ... qu'ils reçoivent des confins, des décans, des partis, le pouvoir d'être utiles ou nuisibles. La bienveillance de Jupiter s'affaiblit quand elle est gênée par la faiblesse du signe, des degrés, du décan ou le changement de parti. Mais la méchanceté de Saturne s'accroît fortement lorsque, du fait de la qualité d'un domicile, des confins, du décan, du signe ou du parti susdit, il reçoit le pouvoir de nuire; il en va également de même pour tous les autres astres. **6.** Il y a pourtant une chose qu'il faut savoir, c'est que, bien que l'astre de Jupiter soit bienveillant, il ne peut cependant pas résister tout seul à

rint, diuides eas triginta signis singulis redde<n>s, ab ipso signo incipiens in quo stella est cuius duodecatemorion quaeritur; et, in quocumque signo ultimus uenerit numerus, ipse tibi partem duodecatemorii ostendit. Sed ut manifestius intellegas, etiam exemplum huius rei dicimus. **3.** Pone Solem in Ariete esse parte quinta et minutis quinque; duodecies V. faciunt partes sexaginta, et duodecies quin*a* faciunt minuta LX; LX minuta unam faciunt partem, ac per hoc fiunt partes L*XI*; das Arieti, in quo Solem esse diximus, XXX, Tauro XXX: inuenitur duodecatemorion in parte prima Geminorum. **4.** Quaere itaque, ne Luna plena per diem in finibus Martis duodecatemorion mittat, ne minuta, id est deficiens, in Saturni aut ne Mars in occasu ... aut ne Venus in Martis et Mars in Veneris ...

5. ... et a finibus et a decanis et a conditionibus, ut prosint uel ut noceant accipiant potestatem. Deficit Iouis benignitas, cum infirmitate signi uel partium uel decani uel conditionis immutatione benignitas eius fuerit impedita. Sed et malitia Saturni fortius crescit, cum ex loci qualitate uel ex finium uel ex decani uel ex signi uel ex conditione prouocata ad nocendum acceperit potestatem; simili modo etiam ceterae stellae. **6.** Vnum tamen sciendum est quod, licet beniuola sit Iouis stella, tamen contra impugnationem Martis et Saturni, si eam uiolenti

PR N

4. triginta: t- partes *N* || reddens *Ksz*: reddes *PR N* || 8. etiam: in *N*.

3.1. ariete: -em *N* || parte: partibus *N* || 3. quina *Sit. Ksz*: quini *PR* quinque *N* || LX[2] *N*: *om. PR* || 4. LXI *Ksz*: LV *codd.* || 6. inuenitur: inuenietur *N*.

4.2. id est: idem *N* || 3. in: ne *N* || saturni: -nus *N* || *lacunas statuit Ksz* || 4. ueneris: ueni *P*.

5.1. conditionibus: -onis *N* || ut: *om. N* || 2. potestatem: -ate *N* || 3. infirmitate *A Ven. Ksz*: -atem *PR N* || 7. prouocata *PR N*: -am *Ksz* prorogatam *Zie*[1].

l'assaut de Mars et Saturne, si ceux-ci le bloquent par un violent rayonnement; en effet, il y aurait des hommes immortels, si la bienveillance de Jupiter n'était jamais vaincue dans les thèmes de géniture des hommes. Mais parce que le dieu créateur a fait l'homme de telle manière que sa substance se dissolve une fois passé un certain temps de vie, il était nécessaire, tout en gardant Jupiter, par lequel est apportée à la vie des hommes une protection salutaire, de conserver aussi, quand il s'agit de détruire l'homme, la puissance méchante ou pernicieuse d'astres malveillants, afin que, attaqué par leurs malveillantes radiations, l'assemblage du corps humain pût être dissous.

XIV. LES HUIT LIEUX[49]

1. Que maintenant notre attention s'applique à un exposé des cardinaux et des lieux; car, dès lors que nous avons exploré attentivement cet ensemble, nous devons explorer un à un les éléments [?] parmi lesquels est répartie toute la substance de la vie des hommes; mais, en attendant, nous devons le faire dans les grandes lignes. Car, dans peu de temps, lorsque nous en viendrons aux livres apostélesmatiques, nous montrerons point par point la méthode par laquelle les lieux peuvent être déterminés par des calculs spéciaux; en effet, celui qui reçoit une formation doit d'abord être formé dans les grandes lignes, afin qu'une fois préparé et formé, il atteigne avec plus de sécurité les parties plus spécialisées de l'étude des génitures. **2.** En effet, une fois qu'on a déterminé séparément un lieu, il faut examiner ce qu'il est, dans quel signe et dans les confins de qui il se trouve, quels astres lui marquent leur faveur[50], et cela jusqu'à quel point. Voici ce qu'il faut aussi examiner très attentive-

radiatione constringant, resistere sola non possit; essent enim immortales homines, si numquam in genituris hominum Iouis benignitas uinceretur. Sed quia sic artifex deus hominem fecit ut substantia eius, transacto certo uitae spatio, solueretur, necesse fuit ut, detento Ioue, per quem uitae confertur hominibus salutare praesidium, in extinguendo homine maliuolarum stellarum malitiosa uel perniciosa potestas cum augmento malitiae permaneret, ut maliuolis radiationibus impugnata compago corporis solueretur.

XIV. DE OCTO LOCIS

1. Nunc ad expositionem cardinum locorumque omnium transferatur intentio; nam cum haec omnia a nobis fuerint diligenter inuenta, debemus singula †hominis, per quae omnis uitae hominum substantia diuiditur, inuenire; sed interim platice. Nam paulo post, cum ad libros apotelesmatum uenerimus, partiliter ostendemus rationem, qua possint loca singula secretis inquisitionibus colligi; debet enim is qui instituitur primum platice institui, ut compositus atque formatus secretiora geniturae confidentius consequatur. **2.** Cum enim locus ipse partiliter fuerit inuentus, considerandum est qualis sit, in quo signo et in cuius sit finibus, et quae illi stellae quatenus testimonium perhibeant. Illud etiam maxime considerandum est, dominus loci ipsius, id est signi, quo

PR N

6.5. enim: e- tamen *N* tamen *PR* || 7. hominem: -num *PR* || 8. detento: decedente *N*.

XIV. *Tit.* de — locis: quae sunt necessaria iudicare uolenti *N*.

1.1. expositionem: explicat- *N* || 3. singula hominis: loca singula *Nem.*[1] singula horum *Zie*[1] || hominis: h- persequi *N* || 5. inuenire: *om.* *N* || 8. colligi: collegi *N*.

2.5. dominus: d- signi in quo loco sit uel quibus finibus *N* || quo in: in quo *N*.

ment : en quel lieu est placé le maître du lieu lui-même, c'est-à-dire du signe, ou en quel signe, en quels confins : chose qu'il faut rechercher avec beaucoup d'attention ; il faut voir aussi s'il est honoré du regard d'astres bienveillants ou s'il est bousculé par les attaques d'astres malveillants.

Revenons-en maintenant à une définition élémentaire des lieux, afin qu'ainsi nous puissions expliquer l'organisation des cardinaux et de tous les autres lieux.

3. [A lire attentivement.] En gros, le lieu de la vie se trouve dans le signe dans lequel se trouve placé l'Horoscope[51], le lieu de l'espoir ou de l'argent dans le deuxième signe de l'Horoscope, le lieu des frères dans le troisième, celui des parents dans le quatrième, celui des fils dans le cinquième, celui de la santé dans le sixième, celui de l'épouse dans le septième, celui de la mort dans le huitième. En partant de l'Horoscope, nous avons noté tout cela par cette série de noms : vie, espoir, frères, parents, fils, santé, épouse, mort.

4. Cela devrait suffire, comme nous l'avons dit plus haut, à donner une initiation succincte au débutant ; mais, plus tard, nous nous appliquerons à expliquer comment ces lieux se présentent dans une définition exacte au degré près. En tout cas, on doit savoir que ce que nous disons à propos des génitures des hommes s'applique également pour les génitures des femmes, tout en sachant[52] que l'astre de Vénus désigne l'épouse, et l'astre de Mars, le mari[53].

XV. LES CARDINAUX DES CERCLES DE GÉNITURE[54]

1. Dans les cercles de géniture, il y a quatre cardinaux : le Levant, le Couchant, le Milieu du Ciel et le Fond du Ciel[55] ; les Grecs désignent habituellement ces lieux[56] par les mots suivants : *anatolè*, *dysis*, *mésouranèma*, *hypogéon*. **2.** Le Levant

in loco sit positus uel in quali signo uel in qualibus finibus: quae res diligentissime requirenda est; et an beniuolarum stellarum testimoniis adornetur an uero maliuolarum impugnatione pulsetur.

Nunc ad platicam locorum definitionem reuertamur, ut sic ordinem cardinum et ceterorum locorum explicare possimus.

3. [Sollicite legendum.] Platice uitae locus est in eo signo in quo est horoscopus constitutus, spei uel pecuniae in secundo horoscopi signo, fratrum in tertio, parentum in quarto, filiorum in quinto, ualitudinis in sexto, coniugis in septimo, mortis in octauo. Quae omnia initium ab horoscopo facientes hac nominum definitione signauimus: uitae, spei, fratrum, parentum, filiorum, ualitudinis, coniugis, mortis.

4. Sed haec, sicut superius diximus, platice ad informanda initia discentis dixisse sufficiat; postea uero, quatenus haec loca suptili partium definitione monstrantur explicare curabimus. Sane illud scire debes quod ea, quae in uirorum genituris dicimus, haec eadem et in mulierum genituris operantur, illud scientes quod uxorem Veneris, maritum Martis sidus ostendit.

XV. DE CARDINIBVS GENITVRARVM

1. In genituris cardines sunt quattuor; ortus, occasus, MC., IMC.; quae loca a Graecis solent appellari his nominibus: ἀνατολή, δύσις, μεσουράνημα, ὑπόγειον. **2.**

PR N

6. qualibus: quibus *N* || 7. requirenda: inquirenda *N*.

3.1. *tituli loco add. R* definitio octo loco (*sic*) || *del.* sollicite legendum *Sit. Ksz* || eo *N V*: co *R* quo *P* || 2. in quo: ubi *N* || 3. signo: s- et *R* || tertio: t- patrum uel *N*.

4.1. superius: *om. N* || 5. et: *om. N* || 6. genituris operantur: *om. P*.

est la partie de l'Horoscope placée... ce qui est appelé par les Grecs *diamétron dyticon*; **3.** pour comprendre cela plus aisément, compte, en partant du degré de l'Horoscope et en passant par les autres signes, 180°: le signe où se trouvera le 181ᵉ, c'est dans ce signe ou à ce degré que se trouve le Couchant du cercle de géniture. **4.** Le Milieu du Ciel est le dixième signe à partir de l'Horoscope; il arrive toutefois que celui-ci se trouve en partie dans le onzième signe[57]: pour comprendre cela plus clairement, compte, en partant du degré de l'Horoscope, et en passant par les autres signes qui viendront ensuite, 270°; le signe où se trouve le 271ᵉ degré, c'est celui où se trouve le Milieu du Ciel, que les Grecs appellent *mésouranèma.* **5.** Le Fond du Ciel, qui est appelé *hypogée* par les Grecs, se trouve placé dans la quatrième partie de l'Horoscope[58]; pour comprendre cela plus aisément, compte, à partir du degré de l'Horoscope, en suivant, 90°; là où se trouvera le 91ᵉ, c'est là que se trouve placé le Fond du Ciel. **6.** Tels sont les quatre cardinaux des cercles de géniture et des décrets astraux; nous devons toujours les établir avec une attention méthodique, afin de présenter l'essence de la géniture au moyen de jugements très sûrs.

XVI. LES QUATRE LIEUX FAVORABLES

1. Après ces quatre cardinaux, c'est-à-dire après le Levant, le Couchant, le Milieu du Ciel et le Fond du Ciel, il y a, dans les cercles de géniture, quatre lieux qui ont une puissance annexe et favorable: il s'agit de la Déesse, du Dieu, de la Bonne Fortune et du Bon Démon, qui sont désignés par les

Ortus est pars horoscopi ...... posita, quod a Graecis διάμετρον δυτικόν dicitur; **3.** quod ut facilius intellegas, a parte horoscopi computa per cetera signa partes CLXXX, et in quocumque signo CLXXXI. pars fuerit inuenta, in ipso signo uel parte geniturae constituitur occasus. **4.** Medium uero caelum est ab horoscopo X. signum, sed interdum medium caelum etiam in XI. ab horoscopo signo partiliter inuenitur; quod ut manifestius intellegas, a parte[s] horoscopi computa per cetera signa quae sequentur, partes CCLXX; et in quocumque signo CCLXXI. pars fuerit inuenta, haec medium caelum sortita est, quod a Graecis μεσουράνημα dicitur. **5.** Imum uero caelum, quod a Graecis ὑπόγειον dicitur, in quarto horoscopi constituitur loco; quod ut facilius intellegas, computa a parte horoscopi per ordinem XC partes et, ubi XCI. pars ceciderit, illic IMC. locus ponitur. **6.** Hi sunt geniturarum ac decretorum IV cardines; quos diligenti semper debemus ratione colligere, ut omnem substantiam fati uerissimis pronuntiationibus explicemus.

XVI. DE QVATTVOR SECVNDIS LOCIS

1. Post hos quattuor cardines, id est post ortum, occasum, medium caelum, imum caelum, alia sunt in genituris quattuor loca, quae sequentem et secundam habent potestatem, id est, Dea, Deus, Bona Fortuna ac

PR N

XV. **4.**4. a parte: *Ald. Ksz*: partes *codd.* || cetera: certa *N* || 7. a graecis: graeci *N*.
5.3. horoscopi: ab horoscopo *N* || 4. ordinem: o- trium signorum *N* || 5. IMC locus: imus caeli locus id est angulus terrae *N*.
6.1. hi: hii *P* || 2. quos: quod *N*.
XVI. *Tit.* de — locis: de quattuor cadentibus domibus *N* || locis: loci *P*.
1.2. medium c- i- caelum: medium et imum *N* || 4. ac: et *N*.

Grecs de la manière suivante: *Théa*, *Théos*, *Agathè Tychè*, *Agathos Daemon*. **2.** La Déesse est le troisième lieu à partir de l'Horoscope, c'est-à-dire le troisième signe à partir de l'Horoscope; comme nous l'avons dit, ce lieu est nommé *Théa* par les Grecs. D'autre part, on appelle Dieu le signe qui se trouve diamétralement opposé au précédent, c'est-à-dire le neuvième après l'Horoscope: ce lieu est appelé *Théos* par les Grecs. La Bonne Fortune se trouve placée dans le cinquième signe à partir de l'Horoscope; ce lieu est appelé par les Grecs *Agathè Tychè*. Quant au Bon Démon, il se trouve diamétralement opposé au précédent, c'est-à-dire dans le onzième signe à partir de l'Horoscope; ce lieu est appelé *Agathos Daemon* par les Grecs.

XVII. LES LIEUX INERTES ET ABATTUS

Les quatre lieux qui restent sont dits inertes et abattus, parce qu'ils ne sont unis par aucun lien spécial à l'Horoscope[59]. Le premier de ces quatre lieux qui restent est celui qui se trouve placé dans le second signe à partir de l'Horoscope: ce lieu est appelé Porte d'En-bas, ou Anaphore. Le lieu qui se trouve à l'opposé de ce signe, c'est-à-dire le huitième à partir de l'Horoscope, est appelé Épicataphore. Les derniers lieux sont ceux de la Mauvaise Fortune et du Mauvais Génie. La Mauvaise Fortune se trouve placée dans le sixième signe à partir de l'Horoscope, tandis que le Mauvais Démon se trouve dans le douzième à partir de l'Horoscope; les Grecs appellent la Mauvaise Fortune *Kakè Tychè*; quant au Mauvais Démon,

59. Parce qu'ils ne sont pas en aspect sextil, quadrat ou trine par rapport à l'Horoscope, source de vie.

Bonus Daemon, quae a Graecis hactenus nominantur: Θεά, Θεός, Ἀγαθὴ Τύχη, Ἀγαθὸς Δαίμων. **2.** Dea est tertius ab horoscopo locus, id est tertium ab horoscopo signum; hic locus a Graecis, sicut diximus, Θέα dicitur. Deus uero illud signum dicitur quod contra hoc signum in diametro fuerit constitutum, id est IX. ab horoscopo signum; hic locus a Graecis Θεός dicitur. Bona Fortuna in quinto ab horoscopo signo collocatur; qui locus a Graecis Ἀγαθὴ Τύχη dicitur. Bonus uero Daemon in diametro huius signi collocatur, id est in XI. ab horoscopo loco; hic locus a Graecis Ἀγαθὸς Δαίμων dicitur.

XVII. DE PIGRIS ET DEIECTIS LOCIS

Residua quattuor loca pigra et deiecta esse dicuntur ob hoc quod nulla cum horoscopo societate iunguntur. Est autem ex his residuis quattuor locis primus, qui in secundo ab horoscopo signo constituitur: qui locus Inferna Porta dicitur uel Anafora; in diametro huius signi locus *qu*i fuerit, id est in VIII. ab horoscopo signo, Epicatafora appellatur. Nouissima uero sunt Malae Fortunae et Mali Daemonis; et Mala Fortuna in VI. ab horoscopo signo constituitur. Malus uero Daemon in XII. ab horoscopo signo ponitur, sed Malam Fortunam Graeci Κακὴν Τύχην appellant; Malum Daemonem id

PR N
5. θεα — δαιμων *om. N spatio relicto.*
2.3. θεα *scripsi*: theas *R Ksz* theos *N* || 5. diametro: -trum *N.*
XVII. *Tit.* de... locis: de aliis quattuor domibus *N.*
1. esse dicuntur: d- e- *N* || 2. societate: loci aetate *N* || 4. constituitur: -uuntur *N* || 6. qui *Ald. Ksz*: si *codd.* || 7. uero: loca *N* || 8. fortunae et: f- in sexto et in duodecimo *N* || 9. signo *A Ven.*: *om. PR N* || 10. ab... constituitur: constituitur ab horoscopo loco *N* || 11. κακην: *om. N* || τυχην *R*: thecen *P om. N.*

c'est-à-dire le douzième signe à partir de l'Horoscope, les Grecs le nomment *Kakos Daemon*.

XVIII. L'ORDRE DE TOUS LES LIEUX

1. Nous devons maintenant savoir, parmi ces douze lieux, lesquels l'emportent, lesquels sont moins importants[60], c'est-à-dire lesquels sont premiers, lesquels sont seconds; ainsi pourrons-nous saisir l'ensemble avec une attention méthodique. **2.** L'Horoscope l'emporte sur le Couchant; le Milieu du Ciel l'emporte sur le Fond du Ciel; le onzième lieu, c'est-à-dire le Bon Démon, l'emporte sur la Bonne Fortune; le neuvième lieu, c'est-à-dire le Dieu, l'emporte sur la Déesse; l'Anaphore, c'est-à-dire le deuxième lieu, l'emporte sur l'Épicataphore, huitième lieu à partir de l'Horoscope; la Mauvaise Fortune, sixième lieu à partir de l'Horoscope, l'emporte sur le Mauvais Génie, douzième lieu à partir de l'Horoscope. **3.** Il faut savoir toutes ces choses pour que, quand nous en arriverons aux consultations, réunissant et modulant tout cela, nous assurions nos jugements en étant fidèles à la vérité.

60. Sur ces prééminences, cf. *mat.* 3,1,18; MAN. *astr.* 2,808 s.

est [in] XII. ab horoscopo sign*um* Κακὸν Δαίμονα Graeci uocant.

XVIII. DE OMNIVM LOCORVM ORDINE

1. Nunc scire debemus, ex his XII locis, quae praecedant, quae sequantur, id est quae loca prima sint, quae secunda, ut omnia diligenti possimus ratione colligere. **2.** Horoscopus praecedit Occasum, Medium Caelum Imo Caelo praeponitur; XI. locus, id est Bonus Daemon, Bonae Fortunae praefertur; IX. locus, id est Deus, tertio loco, id est Deae, praeponitur; Anafora, id est <II. locus, Epicataforae, id est> VIII. ab horoscopo loco, praeponitur; Mala Fortuna, id est VI. ab horoscopo locus, Malo Daemoni, id est XII. ab horoscopo loco, praeponitur. **3.** Scienda sunt haec autem omnia, ut, cum ad apotelesmata uenerimus, cuncta miscentes et temperantes, sententias nostras fideli ueritatis ratione firmemus.

PR N

12. in *del. Ven. Ksz* || id ... δαιμονα: *om. N* || signum *Ven. Ksz*: signo *codd.*

XVIII. *Tit.* de — ordine: de dignitate seu prioritate domorum *N.*

1.1. ex: de *N* || 3. possimus: possumus *N.*

2.1. praecedit *V N*: -det *PR* || caelum — praeponitur: et imum *N* || imo caelo *V N*: imum caelum *PR* || 3. fortunae: f- idest quinto loco *N* || 4. praeponitur: p- epycatafora id est octauus ab horoscopo locus anaforae id est secundo ab horoscopo praeponitur *N Ven.* || 7. malo: malus *P*[ac].

3.1. haec autem: autem haec *N* || 2. cuncta: -as *N.*

XIX. LES POUVOIRS DES DOUZE LIEUX

1. Nous devons maintenant expliquer les significations des douze lieux, un par un, en commençant par l'Horoscope, afin que, une fois qu'ils auront tous été présentés dans l'ordre, l'obscurité née de la confusion soit dissipée[61].

2. Le premier lieu est la partie où se trouve établi l'Horoscope. Dans ce lieu se trouve contenue la vie des hommes, leur souffle vital; c'est à partir de ce lieu que l'on peut connaître les fondements de la géniture dans sa totalité; ce lieu étend son pouvoir à partir du degré où se trouve l'Horoscope, sur les trente degrés qui suivent[62]. Il est le premier cardinal, l'armature et la substance de toute la géniture[63].

3. Le second lieu à partir de l'Horoscope se trouve placé dans le second signe; il commence à partir du 30ᵉ degré qui suit l'Horoscope et étend son pouvoir sur les trente degrés qui suivent. C'est à partir de ce signe que l'on détecte les accroissements des espérances et de l'enrichissement. C'est un lieu inerte, qui reste étranger à l'Horoscope; c'est pourquoi on l'appelle aussi Porte d'En-bas; en effet, il n'est uni à l'Horoscope par aucun rayonnement.

4. Le troisième lieu est celui qui se trouve placé dans le troisième signe à partir de l'Horoscope et qui, commençant au 60ᵉ degré à partir de l'Horoscope, s'achève au 90ᵉ. C'est à partir de ce lieu que nous dirons tout sur les frères et les amis. Ce lieu s'appelle la Déesse; il est aussi le lieu du voyageur[64]. Il est le premier à être lié à l'Horoscope, par une association faible: en effet, il paraît regarder l'Horoscope selon un aspect hexagonal.

61. Les lieux étaient numérotés (voir fig. p. 174) en allant vers le fond du ciel (sens trigonométrique). L'anaphore désigne un lieu par rapport à celui qui le précède (il en est la «maison succédente», disent les astrologues modernes). Épicataphore (restitué ici par *Ksz* à partir de *mat.* 2,19,9) semble vouloir transposer le grec ἐπαναφορά pour désigner le lieu VIII par rapport au lieu VII (cf. BL p. 274-280; LB *Lexique*... n° 726). Les appellations grecques données à tous ces lieux dans ce chapitre sont habituelles, on les trouve déjà chez MAN. 2,856-967; PTOL. *Tétr.* 3,10.

XIX. DE DVODECIM LOCORVM POTESTATIBVS

1. Specialiter nunc duodecim locorum significationes explicare debemus ab horoscopo incipientes, ut, expositis per ordinem omnibus, confusionis obscuritas luminetur.

2. Primus est locus [id est] illa pars in qua horoscopus est constitutus. In hoc loco uita hominum et spiritus continetur, ex hoc loco totius geniturae fundamenta noscuntur, hic locus ab ea parte, in qua fuerit horoscopus, uires suas per residuas partes XXX extendit. Est autem cardo primus et totius geniturae compago atque substantia.

3. Secundus ab horoscopo locus in secundo *sign*o constituitur et accipit initium a XXX. horoscopi parte et uires suas per XXX residuas partes extendit. Ex hoc signo spei ac possessionis incrementa noscuntur. Est autem piger locus, ab horoscopo alienus; ideo et Inferna appellatur Porta, quod nulla cum horoscopo radiatione coniungitur.

4. Tertius locus est, qui in tertio ab horoscopo signo constituitur, qui a LX. ab horoscopo parte initium accipiens in XC. desinit. Ex hoc loco de fratribus et de amicis cuncta dicemus. Huic loco Dea nomen est; est autem peregrinantis locus. Hic primus cum horoscopo tenui societate coniungitur; respicere enim horoscopum de exagono uidetur.

PR N

XIX. *Tit.* De — potestatibus *PR V* (*hic scripsit V*; *post §1 reiecerunt PR, qui hic praemittunt* significatio XII locorum et quid in quo quaeri debeat): de significatione duodecim locorum *N*.

2.1. id est *del. Sit. Ksz* || qua *A Ven.*: quo *PR N*.

3.1. signo *Sit. Ksz*: loco *PR N* || 4. signo: loco *N*.

4.1. qui *A N*: que *PR* || 2. horoscopo: -pi *N* || accipiens: incip- *N* || 3. loco: loca *P* || 4. dicemus: discemus *N* || 5. peregrinantis: peregrinationis *N*.

5. Le quatrième lieu à partir de l'Horoscope, c'est-à-dire le Fond du Ciel, se trouve dans le quatrième signe à partir de l'Horoscope: commençant au 90ᵉ degré, il va jusqu'au 120ᵉ. Ce lieu nous montre les parents, le patrimoine, la fortune, les biens fonciers, les biens meubles et tout bien ancestral caché et mis de côté. C'est un cardinal du cercle de géniture; et si on l'appelle Fond du Ciel, c'est qu'il se trouve diamétralement opposé au Milieu du Ciel. Ce lieu est lié à l'Horoscope par une association très forte, car il regarde l'Horoscope en aspect quadrat, et, depuis l'Horoscope, il est vu en aspect quadrat.

6. Le cinquième lieu à partir de l'Horoscope se trouve dans le cinquième signe à partir de l'Horoscope; il commence au 121ᵉ degré à partir de l'Horoscope et s'étend jusqu'au 150ᵉ degré. Grâce à ce lieu, on découvre le nombre des enfants et la qualité de la descendance. On l'appelle Bonne Fortune, parce qu'il est le lieu de Vénus. Ce lieu est également lié à l'Horoscope par une association très forte, et parfois, à l'opposé diamétral de ce signe, se trouve une partie du Milieu du Ciel. Il est associé à l'Horoscope par une conjonction très étroite, car il regarde l'Horoscope en trigone et il est vu en trigone depuis l'Horoscope.

7. Le sixième lieu se trouve dans le sixième signe à partir de l'Horoscope; il commence au 150ᵉ degré à partir de l'Horoscope et va jusqu'au 180ᵉ degré. Dans ce signe, nous trouverons la cause de la maladie et de la santé. Ce lieu est appelé Mauvaise Fortune, parce qu'il est le lieu de Mars. Il s'agit, en

5. Quartus ab horoscopo locus, id est [in] IM[o]-C[aelo], in quarto ab horoscopo signo constituitur, cuius initium a parte XC. profectum usque ad partem CXX. peruenit. Hic locus ostendit nobis parentes, patrimonium, substantiam, fundamenta, mobilia, et quicquid ad latentes et repositas patrimonii pertinet facultates. Est autem hic geniturae cardo, Imum Caelum autem ideo dicitur, quod in diametro M[edium]C[aelum] constituitur. Sed hic locus cum horoscopo maxima societate coniungitur, quia de quadrato horoscopum respicit et per quadratum ab horoscopo uidetur.

6. Quintus ab horoscopo locus in V. ab horoscopo signo constituitur; qui a CXXI. ab horoscopo parte initium accipiens usque ad CL. partem extenditur. Ex hoc loco filiorum numerus et generis [ae]qualitas inuenitur. Appellatur autem Bona Fortuna, quia locus est Veneris. Sed et hic locus horoscopo maxima societate coniungitur et interdum in diametro huius signi MC. pars constituitur. Ideo autem cum horoscopo maxima coniunctione sociatur, quia horoscopum <de trigono respicit et> de trigono ab horoscopo uidetur.

7. Sextus locus in VI. ab horoscopo signo constituitur; qui a CL. parte horoscopi initium accipiens usque ad CLXXX. extenditur. In hoc signo causam uitii ac ualitudinis inueniemus. Qui locus Mala Fortuna appellatur ob hoc quia locus est Martis. Est autem etiam hic locus

(M)PR N

5.1. IMC *Ksz*: in imo caelo *PR N* || 3. partem: -es *N* || 6. patrimonii: -nia P^{ac} || 7. hic: *om. P* || 8. MC *Ksz*: medium caelum *PR* medii scilicet caeli *N.*

6.2. qui *A Ven.*: quia *PR N* || 3. partem: -es *N* || 4. filiorum *V N*: filorum *PR* || qualitas *Ven. Ksz*: aequalitas *PR N* || 5. quia *A Ven.*: qui *PR N* || 7. MC *A*: medium caelum *PR* medii *N* || 9. de — et: *suppl. Ksz.*

7.2. qui: quia *N* || horoscopi: *hinc inc. M fol. 22*^{r} || ad: in *N* || 4. ob *MR*: ab *P* ex *N.*

outre, d'un lieu inerte, car il n'est associé à l'Horoscope par aucune conjonction; mais parfois la méchanceté de ce lieu est atténuée, si un astre installé en ce lieu[65] se trouve uni par un rayonnement favorable avec un autre astre que l'on aura trouvé dans le dixième lieu à partir de l'Horoscope.

8. Le septième lieu se trouve placé dans le septième signe à partir de l'Horoscope; il part du 180e degré, s'étend jusqu'au 210e et s'arrête là; son commencement se trouve au 180e degré. Dans ce lieu se trouve un autre cardinal du cercle de géniture: nous l'appelons Couchant; les Grecs le nomment, comme nous l'avons dit plus haut, «Dysis»: ce cardinal se trouve exactement opposé au cardinal de l'Horoscope. C'est en ce lieu que nous cherchons la qualité et la quantité des mariages. Ce lieu, lui aussi, est associé à l'Horoscope par un rapport brutal: en effet, il est vu depuis l'Horoscope sous un aspect diamétral.

9. Le huitième lieu se trouve placé dans le huitième signe à partir de l'Horoscope; il part du 210e degré de l'Horoscope, va jusqu'au 240e degré et s'arrête là. Ce lieu est appelé Épicataphore. C'est un lieu inerte, car lui non plus n'est pas relié à l'Horoscope par le moindre aspect. C'est en ce lieu que l'on découvre de quelle nature sera la mort. Par ailleurs, il nous faut savoir qu'aucun astre ne se réjouit en ce lieu, à l'exception de la Lune, et seulement dans les génitures nocturnes. Car si, dans une géniture nocturne, on découvre en ce lieu la Lune croissante, et si, dans cette position, sans qu'aucune planète malveillante ne lui soit unie par un aspect ou un rayon quelconque, elle est regardée par Jupiter sous un aspect hexagone ou trigone, alors qu'elle est établie dans sa maison, dans celle de Vénus, dans celle de Mercure ou dans celle de Jupiter, ou encore dans les confins des planètes que nous venons de

65. *Stella collocata* est un ablatif senti comme absolu au départ de la phrase, puis une anacoluthe fait qu'il devra être ensuite considéré comme explicitant, contre les règles d'usage, le complément de *coniuncta* (un *ei* non exprimé).

piger, quia nulla cum horoscopo societate coniungitur; sed interdum loci ipsius [sine] malitia subleuatur, si in eo loco stella collocata alia stella in X. ab horoscopo loco inuenta prospera fuerit radiatione coniuncta.

8. Septimus locus in septimo ab horoscopo signo constituitur; qui a CLXXX. parte profectus usque ad CCX. extenditur et illic desinit; est autem initium eius in CLXXX. parte constitutum. In hoc loco alius cardo est geniturae; appellatur autem Occasus a nobis, a Graecis uero, sicut superius diximus, Δύσις; qui cardo est contra horoscopi cardinem positus. Ex hoc loco qualitatem et quantitatem quaerimus nuptiarum. Sed et hic locus uiolenta cum horoscopo societate coniungitur; de diametro enim ab horoscopo uidetur.

9. Octauus locus in VIII. ab horoscopo signo constituitur; qui a CCX. parte ab horoscopo profectus usque ad CCXL. partem extenditur et illic desinit. Hic locus Epicatafora dicitur. Est autem piger locus, quia nec ipse aliqua cum horoscopo societate coniungitur. Ex hoc loco mortis qualitas inuenitur. Scire autem nos conuenit quod nulla in hoc loco gaudeat stella nisi sola Luna, sed in nocturnis solummodo genituris. Nam si in hoc loco in nocturna genitura crescens Luna fuerit inuenta et eam sic positam sine societate uel radiatione maliuolarum stellarum Iuppiter <de> exagono uel trigono respexerit in domo sua aut in domo Veneris aut in domo Mercurii constitutam aut in domo Iouis uel in finibus earum

MPR N

7. sine *del. A Ven. Ksz* || 9. coniuncta: -tam *M*.

8.3. desinit *M*: desint *PR* || autem: *om. M* || 8. quaerimus *N*: -ramus *MPR*.

9.3. partem: -tes *N* || extenditur *A Ven.*: ostend- *MPR N* || 5. coniungitur: c- et *N* || 11. *add.* de: *Ksz* || 12. in^{2}: *om. N* || aut — mercurii: *om. N* || 13. in^{1}: *A Ven.*: *om. MPR N*.

citer, elle décide les plus grandes félicités, des richesses hors de mesure, des pouvoirs porteurs d'une gloire magnifique et les ornements éclatants de la noblesse.

10. Le neuvième lieu se trouve placé dans le neuvième signe à partir de l'Horoscope: sa mesure, partie du 240ᵉ degré, va jusqu'au 270ᵉ. C'est le lieu du Dieu Soleil. Dans ce lieu, nous trouvons les sectes des hommes: il concerne les religions et les voyages. Ce lieu est relié à l'Horoscope par un très fort rayonnement: en effet, il est vu de l'Horoscope sous un aspect trigone.

11. Le dixième lieu se trouve dans le dixième signe à partir de l'Horoscope; il commence au 270ᵉ degré, va jusqu'au 300ᵉ degré et s'arrête là. Il s'agit d'un lieu principal, plus élevé en puissance que tous les cardinaux[66]. Ce lieu est appelé par nous Milieu du Ciel, par les Grecs *Mesouranèma*: il se trouve, en effet, placé dans la partie centrale de l'ensemble du ciel. Dans ce lieu sont la vie et le souffle vital; nous y trouvons aussi tous les actes, la patrie, le domicile et les lieux de séjour, ainsi que les métiers et tout ce qui nous est apporté par leur aide; à partir de ce lieu, nous pouvons facilement apercevoir les vices de l'âme. La puissance de ce lieu est unie avec l'Horoscope... par un lien <très étroit> [?]; en effet, il est vu, depuis l'Horoscope, sous un aspect quadrat.

12. Le onzième lieu se trouve dans le onzième signe à partir de l'Horoscope; ce lieu, commençant au 300ᵉ degré, s'étend jusqu'au 330ᵉ. Il est appelé par nous Bon Démon ou Bon Génie, par les Grecs *Agathos Daemon*. En ce lieu se trouve

66. Cela ne s'accorde pas avec l'affirmation du § 2: cf. note *ad loc.*

quarum diximus stellarum, maximas decernit felicitates et ultra modum diuitias et magnificas potestatum glorias et nobilitatis ornamenta perspicua.

10. Nonus locus in IX. ab horoscopo signo constituitur; cuius mensura a CCXL. <parte> profecta usque ad CCLXX. partem extenditur. Est autem Dei Solis locus. In hoc loco hominum sectas inuenimus; est autem de religionibus et peregrinationibus. Et hic locus cum horoscopo maxima radiatione coniungitur; de trigono enim ab horoscopo uidetur.

11. Decimus locus in X. ab horoscopo signo constituitur; qui a CCLXX. parte initium accipiens usque ad CCC. partem extenditur et illic desinit. Sed hic locus principalis est et omnium cardinum potestate sublimior. Hic locus a nobis Medium Caelum, a Graecis μεσουράνημα appellatur; est enim in media parte totius mundi constitutus. In hoc loco uita et spiritus; actus etiam omnes, patriam, domicilium totamque conuersationem inuenimus, artes etiam et quicquid nobis artium suffragio confertur; ex hoc loco animi uitia facili ratione perspicimus. Huius loci potestas cum horoscopo ... societate coniungitur; de quadrato <enim> ab horoscopo uidetur.

12. Vndecimus locus in XI. ab horoscopo signo constituitur; qui locus a CCC. parte profectus usque ad CCCXXX. partem constituitur. Appellatur autem hic locus a nobis Bonus Daemon uel Bonus Genius, a

MPR N

14. quarum: quas *N*.

10.1. signo: loco *M* || 2. CCXL: CCL *N*[1] CCIL *N*[2] || parte *add. Ksz* || 3. ad: a *M* || solis: solus *N*.

11.5. caelum: *om. N* || 7. uita *MPR N*: -am *Ald. Ksz* || spiritus *MPR*: -um *Ald. Ksz* spes *N* || 11. horoscopo: h- ualidissima radiationis *tempt. Nem.*[3] || 12. enim *add. Ksz*: *om. MPR N* || ab *A Ven. Ksz*: *om. MPR N.*

12.1. in *A*: *om. MPR N* || XI ab horoscopo *A*: ab h. XI *MPR N.*

souvent une partie du Milieu du Ciel[67]. C'est le lieu de Jupiter; il est lié à l'Horoscope par une relation qui ne manque pas de force: il voit, en effet, l'Horoscope sous un aspect hexagonal, il est vu de l'Horoscope sous un aspect hexagonal.

13. Le douzième lieu se trouve placé dans le douzième signe à partir de l'Horoscope; partant du 330e degré, ce lieu s'étend jusqu'au 360e. Ce lieu est appelé par les Grecs *Kakos Daemon*, et par nous Mauvais Démon. Ce lieu met en évidence, en le faisant facilement comprendre, quels sont vos ennemis et quelle est l'importance de votre domesticité. Nous découvrons également dans ce lieu les infirmités et les maladies. Mais c'est, lui aussi, un lieu inerte, car il n'est lié à l'Horoscope par aucune association. C'est par ailleurs le lieu de Saturne.

Qu'il s'agisse d'un thème de géniture d'homme ou de femme, le Soleil représente le père; la Lune, la mère; Vénus, l'épouse; Mars, le mari.

XX. QUEL POUVOIR CHAQUE ASTRE REVENDIQUE-T-IL POUR LUI-MÊME. LES NOMS DES DOUZE LIEUX.

1. Maintenant, puisque nous avons exposé les qualités des douze lieux, leur nom et leur contenu, nous devons présenter ces mêmes lieux en un bref résumé[68]. Prenons comme début l'Horoscope, que les autres lieux suivent comme leur prince. **2.** Voici donc les noms dont il conviendra d'appeler ces lieux:

67. Cf. 2,15,4, note 48.

68. Cette «récapitulation» mélange allégrement les terminologies utilisées dans les chapitres précédents.

Graecis Ἀγαθὸς Δαίμων. In hoc loco Medium Caelum frequenter partiliter inuenitur. Est autem locus Iouis et cum horoscopo non parua societate coniungitur; de exagono enim horoscopum uidet, de exagono ab horoscopo uidetur.

13. Duodecimus locus in XII. ab horoscopo signo constituitur; qui locus a CCCXXX. parte profectus usque ad CCCLX. partem constituitur. Hic locus a Graecis Κακὸς Δαίμων appellatur, a nobis Malus Daemon. Ex hoc loco inimicorum qualitas et seruorum substantia facili nobis significatione monstratur. Vitia etiam in hoc loco et aegritudines inuenimus. Sed et hic piger locus est, quia nulla cum horoscopo societate coniungitur. Est autem locus Saturni.

Sane patrem et in uiri et in mulieris genitura Sol ostendit, matrem Luna, uxorem Venus, Mars maritum.

XX. QVAE STELLA QVID SIBI VINDICET. DE DVODECIM LOCORVM NOMINIBVS

1. Nunc, quia duodecim locorum qualitates, nomina, substantiam diximus, breui debemus haec eadem loca significatione monstrare. Initium itaque sit nobis horoscopus, cuius principium loca cetera subsequuntur. **2.** His itaque nominibus haec loca appellari conueniet: uita, spes, Dea uel fratres, parentes, filii, ualitudo, coniunx,

MPR N

5. αγαθος δαιμων *om. N spat. relicto* || caelum: *om. N.*

13.2. parte *A Ven.*: *om. MPR N* || 4. κακος δαιμων *om. N spatio relicto* || 7. hic: hoc P^{ac} || 8. piger locus: l- p- *M* || 10. patrem *A Ven.*: et parentes *MPR N.*

XX. *Tit.* quae — nominibus *codd.*: de nominibus duodecim locorum et quid sint <stellae> sortitae et apotelesmata ipsarum *ex indice depromptis Ksz.*

Vie, Espoir, Déesse ou Frères, Parents, Fils, Santé, Conjoint, Mort, Dieu, Milieu du ciel, Bon Démon, Mauvais Démon.

C'est par ces noms et ces lieux que l'on recherche l'essence de la géniture dans sa totalité. Une fois que tu les auras examinés soigneusement, que tu les auras bien en tête et que tu les auras tous reliés après avoir établi leurs relations, examine quels sont les astres qui possèdent les divers lieux. **3.** Tu examineras aussi avec soin les partis des astres diurnes et nocturnes; vois également quels témoignages de faveur les astres bienveillants rendent à chaque lieu, mais aussi de quel rayonnement les astres malveillants frappent ces mêmes lieux. **4.** Quel que soit le lieu que regardent des astres bienveillants, qu'ils soient placés en ce lieu même ou en aspect trigone ou hexagonal, tous les éléments que nous avons dit d'examiner se révèlent favorables. **5.** Mais si, en l'absence de regards favorables d'astres bienveillants, seuls des astres malveillants installés en ce lieu ou bien situés en aspect quadrat ou diamétral exercent leur action sur ces mêmes lieux, ceux-là, en fonction de la nature de chaque lieu, accablent sous d'innombrables malheurs tous les éléments du destin qui, comme nous l'avons dit, doivent être examinés dans ces divers lieux. **6.** Mais si des astres bienveillants et des astres malveillants se penchent sur ces lieux avec une égale force de rayonnement, la félicité diminue en même temps que le malheur s'adoucit: tout le contenu du lieu se trouve placé dans une situation d'équilibre moyen, si bien que, par la protection salutaire des astres bienveillants, on se trouve délivré des astres malveillants.

7. Examine également quel astre, installé en tel ou tel lieu, y occupe le domicile ou les confins de tel ou tel astre; s'il se trouve installé dans la maison d'un autre, regarde quel en est le maître, quel lieu du cercle de géniture occupe celui-ci, s'il se trouve dans les lieux cardinaux du cercle de géniture, ou dans des lieux favorables ou inertes, s'il est en exaltation ou en dépression, s'il est dans des signes où il se réjouit ou bien dans

mors, Deus, Medium Caelum, Bonus Daemon, Malus Daemon.

Per haec nomina et per haec loca totius geniturae substantia quaeritur. Quae cum diligenter inspexeris animoque conceperis et omnia commixta societate coniunxeris, animaduerte quae stellae loca ipsa possideant. **3.** Conditiones etiam diurnarum ac nocturnarum stellarum diligenter inspicies, sed et qualia singulis locis beniuolae stellae testimonia perhibeant, qua uero haec loca maliuolae stellae radiatione percutiant. **4.** Quemcumque enim locum beniuolae stellae respexerint, uel in eodem loco constitutae uel de trigono uel de exagono, omnia, quae quaerenda diximus, feliciter proueniunt. **5.** Si uero sine testimonio beniuolarum stellarum solae maliuolae stellae, uel ibidem constitutae, uel de quadrato uel de diametro haec eadem infecerint loca, pro qualitate uniuscuiusque loci, omnia quae diximus in singulis locis uideri debere crebris infortuniorum calamitatibus cumulant. **6.** Si uero et beniuolae et maliuolae stellae pari radiatione respexerint, et felicitas minuitur et infortunium mitigatur et tota loci substantia mediocri aequabilitatis ratione componitur, ut a maliuolis nocentibus beniuolarum stellarum salutari praesidio liberentur.

7. Inspice etiam, quae stella, in quo loco constituta, cuius stellae domicilium uel fines possideat, et, si in aliena domo fuerit constituta, inspice dominum ipsius, quem locum geniturae possideat, et an in primis cardinibus sit geniturae an uero in secundis locis an in pigris, et in altitudine sua an in deiectione, et an in quibus gaudeat signis an in quibus naturali quodam dolore triste-

MPR N

4.4. omnia: *om. P.*

6.4. ratione: moderatione *dubitanter Zie*[1] || maliuolis: mauolis *R.*

7.6. in (quibus): *om. N.*

ceux où une sorte de douleur naturelle l'attriste. **8.** Si, en effet, le maître du signe se trouve bien disposé, l'astre sur lequel porte notre examen reçoit, grâce à la joie de son hôte, une partie de sa félicité; mais si le maître du signe se trouve, pour une raison quelconque, en état de dépression, l'astre sur lequel porte notre examen, même s'il est placé dans des lieux favorables du cercle de géniture, et donc aisément encouragé par cette raison à donner quelque chose, en est empêché par suite de la dépression de l'astre qui est le maître du signe, parce qu'il prend part à sa dépression. **9.** Tu peux d'ailleurs facilement tirer une comparaison de nos comportements: si tu entres, en qualité d'hôte, dans la maison de quelqu'un, et que le maître de maison ait le cœur léger grâce à d'heureux profits, tu participes, toi aussi, à sa félicité; car, des félicités de ton hôte, tu tires un joyeux mouvement d'allégresse; mais si ton hôte se trouve dans l'abattement d'un deuil cruel et pris dans une pitoyable série d'infortunes, la part que tu prends aux tourments de sa douleur et de son infortune t'accable toi aussi. **10.** De même les astres, lorsque les maîtres des signes se trouvent bien placés ... ils abaissent et, en alignant l'une sur l'autre leurs conditions, ramènent au niveau de leur propre état celui qui habite dans leur maison et qui en est l'hôte, et ils déterminent le pouvoir de leur hôte selon leur bon plaisir.

11. Cherche également, s'il s'agit d'une géniture diurne, en quels lieux se trouvent placés les astres qui se réjouissent dans les génitures diurnes et en quels lieux ceux qui se réjouissent dans les génitures nocturnes; car, si des astres qui se réjouissent de jour possèdent les lieux principaux dans une géniture diurne et se trouvent sur les premiers cardinaux, ils décident les plus grands accroissements de félicité. Mais si des astres qui, selon ce que nous avons dit, se réjouissent la nuit, occupent, dans

tur. **8.** Si enim dominus signi bene fuerit collocatus, felicitatis ipsius partem etiam illa stella, de qua quaerimus, ex hospitis gaudio mutuatur; si uero dominus ipsius signi aliqua sit ratione deiectus, etiam illa stella de qua quaerimus, licet sit in oportunis geniturae locis posita et ad praestandum aliquid facili sit ratione firmata, ex deiectione illius stellae quae signi domina est participatis deiectionibus impeditur. **9.** Et hoc ex nostris actibus facili potes ratione colligere: si cuius domum hospitii gratia fueris ingressus et dominus domus felicibus subleuatur augmentis, et tu particeps felicitatis existis; laetitiae enim gaudium hospitis tui felicitatibus mutuaris; si uero hospes tuus misero sit squalore deformis et deiectis infortuniorum casibus implicatus, etiam et te participata doloris atque infortunii tormenta conficiunt. **10.** Sic et stellae, signorum domini cum bene fuerint collocati, ... deiciunt et ad status sui conditionem habitatorem atque hospitem domus suae [eum] aequata societatis ratione componunt et ad sui licentiam formant hospitis potestatem.

11. Quaere etiam, si diurna genitura est, quatenus stellae, quae diurnis genituris gaudent, positae sint et quatenus quae noc[en]t [di]urnis; si enim stellae, quae per diem gaudent, in diurna genitura principales possederint locos et in primis cardinibus fuerint inuentae, maxima felicitatis incrementa decernunt. Si uero stellae, quas per noctem gaudere diximus, in diurna genitura

MPR N

8.3. mutuatur *N*: mutatur *MPR* || 4. ratione deiectus: deiectione mutatus *M* || 5. sit: *om. M.*

9.3. hospitii gratia g- h- *N* || 5. hospitis *N Zie*[1].: -tii *MPR Ksz.*

10.1. stellae: -as *N* || 2. *post* collocati *lacunam suspexit Sit.*: erigunt cum uero male fuerint collocati *temptauit Zie*[1]. || 3. eum *del. Ven. Ksz.*

11.3. nocturnis *Ksz*: nocent diurnis *MPR N* || 4. per: *om. N* || possederint: possiderint *PR.*

une géniture diurne, les lieux principaux ou les premiers cardinaux de la géniture, ils adjugent des malheurs sans limite, au milieu de perpétuelles calamités. **12.** Nous devons faire le même examen quand il s'agit de génitures nocturnes, mais en inversant l'ordre des effets: car si, dans une géniture nocturne, ce sont les astres que nous avons dit se réjouir la nuit qui occupent les lieux principaux ou les premiers cardinaux de la géniture, ils décident, semblablement, de grandes augmentations de la félicité. Mais si, dans des génitures nocturnes, ce sont les astres que nous avons dit se réjouir de la fréquentation du jour qui occupent les lieux principaux ou les premiers cardinaux de la géniture, ils obtiennent, en faisant tomber des amoncellements de misères, que tout le tissu du bonheur en soit incrusté.

13. Si tous ces éléments ont été rassemblés avec une attention méthodique et si, par une comparaison équilibrée de leurs rapports, tu as comptabilisé les combinaisons d'astres bienveillants et d'astres malveillants, la force des lieux, les pouvoirs des signes et des degrés, tu peux décrire dans une formule claire et précise l'individu tout entier, depuis son premier jusqu'à son dernier jour, toute sa vie, son espérance et aussi frères et parents et enfants, santé, épouse, mort, secte, charges, honneurs, voyages, domicile, propriétés, importance des amis et des ennemis, accusations et périls judiciaires.

14. Nous avons suffisamment parlé de cela pour l'instant, dans ce livre d'initiation; mais quand nous en viendrons à l'apotélesmatique, nous dirons tout, d'abord dans les grandes lignes, puis dans une explication affinée, en exposant tous les détails dans une claire formulation, afin que nul tremblement d'hésitation n'entrave la science de la prédiction.

principalia loca uel primos geniturae possederint cardines, infinita infortunia continuatis calamitatibus indicunt. **12.** Hoc et in nocturnis genituris obseruare debemus, sed immutato ordine potestatis; nam si in nocturna genitura stellae, quas diximus gaudere per noctem, principalia loca uel primos geniturae possederint cardines, simili modo maxima felicitatis augmenta decernunt. Si uero in nocturnis genituris, quas diximus diurna conuersatione gaudere, principalia loca uel primos geniturae possederint cardines, totum felicitatis ornatum caducis faciunt miseriarum casibus implicari.

13. Haec omnia si diligenti fuerint ratione collecta et si beniuolarum stellarum maliuolarumque mixturas, locorum uim et signorum et partium potestates aequata coniunctionis comparatione sociaueris, totum hominem a primo usque ad nouissimum diem et omnem eius uitam ac spem, fratres etiam parentesque et filios, ualitudinem, coniugem, mortem, sectam, actus, honores, peregrinationes, domicilium, fundamenta, substantiam amicorum inimicorum, accusationes, pericula, facili definitionis explicatione designas.

14. Haec in hoc institutionis libro sufficienter interim diximus; uerum cum ad apotelesmata uenerimus, omnia primum platice, deinde subtili interpretatione dicemus, cuncta facili designatione monstrantes, ne pronuntiandi scientiam aliqua trepidatio dubitationis impediat.

MPR N

10. indicunt: inducunt *N*.

12.2. immutato: mutato *M* || 4. possederint: possederent *PR* || 7. geniturae: *om.* *N* || 8. ornatum: ordinatum *R*.

13.2. maliuolarumque: maliuorumque *R* || 10. designas: -gnans *N*.

14.1. sufficienter: sufficiter *PR* || 4. designatione monstrantes: demonstratione signantes *VN* || 5. trepidatio: -tione *P*.

XXI.

1. Il nous faut également savoir que la géniture est de qualité moyenne lorsqu'elle contient, dans les lieux les plus importants du cercle de géniture, un seul astre placé dans son propre domicile; des bonheurs de niveau moyen réconfortent celui qui aura, dans les lieux favorables du cercle de géniture, deux astres installés dans leurs propres domiciles; il sera heureux et puissant au-delà de toute mesure celui qui en aura trois; il accède presque à la félicité des dieux, celui qui aura quatre astres installés dans leur domicile[69]. Aller au-delà de ce nombre, la nature de l'espèce humaine ne le permet pas. Quant à celui qui n'aura aucun astre installé dans son domicile, il sera ignoré, inconnu, et toujours empêtré dans des affaires malheureuses.

XXII. DIAMÈTRES, TRIGONES, QUADRATS, HEXAGONES; SIGNES NON COUPLÉS, OU AVEUGLES[70].

1. À celui qui veut devenir astrologue, nous devons enseigner aussi, dès les premiers temps, ce qu'est un diamètre, un trigone, un quadrat, un hexagone, un signe aveugle; ce qu'est aussi un trigone droit, un trigone gauche, un hexagone droit et un hexagone gauche[71].

2. Le diamètre du Bélier est la Balance, et celui de la Balance, le Bélier; le diamètre du Taureau est le Scorpion, et celui du Scorpion, le Taureau; pour tous les autres signes, on procède de la même façon. Pour que tu découvres cela non

69. En 4,22,4, Firmicus écrit, d'après Néchepso, que pourra être dieu celui qui aura les sept astres dans des degrés pleins de sa géniture. Voir là-dessus F. CUMONT, *L'Égypte*... p. 25-26.

XXI.

Illud etiam scire nos conuenit quod mediocris <est> genitura quae unam stellam in domicilio suo constitutam in principalibus geniturae locis habuerit collocatam; mediis etiam felicitatibus subleuatur qui duas stellas in domiciliis suis in oportunis geniturae locis habuerit positas; ultra modum felix ac potens erit, qui tres habuerit; prope ad deorum accedit felicitatem, qui quattuor stellas in domiciliis suis habuerit constitutas. Vltra hunc numerum humani generis substantia non patitur. Qui uero nullam stellam in domicilio suo habuerit constitutam, ignotus, ignobilis, et miseris erit semper actibus implicatus.

XXII. DE DIAMETRIS, TRIGONIS, QVADRATIS, EXAGONIS, DEIVNCTIS SIVE ABLEPTIS

1. Instituendum mathematicum etiam illud in primis docere debemus quid sit diametrum, quid trigonum, quid quadratum, quid exagonum, quid ableptum; qu*o*d sit etiam trigonum dextrum, quod sinistrum, quod exagonum dextrum, quod sinistrum.

2. Arietis diametrum est Libra et Librae Aries; Tauri diametrum est Scorpius et Scorpii Taurus, et cetera omnia signa simili modo. Sed ut non solum oculis hoc, sed et computatione inuenias, breui docemus exemplo: a

MPR N

XXI. *Tit. om. codd.*: *ex indicibus codicum add. Ksz* de qualitate geniturarum.

1. est: *add. Ven. Ksz* sit *temptauit Zie*[1] || 6. ac: et *VN* || 8. suis: suas P^{ac} || numerum: modum *M qui sup. lin. add.* numerum || 11. erit: *post* actibus *transp. M.*

XXII. *Tit. om. N* || ableptis *A Ven.*: aleptis *MPR.*

1.3. ableptum: aleptum *M* abiectum *N* || quod *Sit. Ksz*: quid *MPR N.*

2.2. est: *om. P* || 4. docemus: dicemus *N.*

seulement par les yeux, mais aussi par le calcul, nous recourons à un bref exemple: ce qui va d'un signe jusqu'au septième signe[72] qui lui fait suite, c'est le diamètre: il s'agit d'un rayonnement toujours malin et menaçant.

3. Le trigone est le cinquième signe à partir du signe où nous commençons, ce que montre l'exemple suivant: du Bélier au Lion, il y a trigone, ainsi que du Taureau à la Vierge, et ainsi de suite pour tous les signes: celui qui suit en cinquième position est le trigone. **4.** Il nous faut aussi savoir ce qu'est un trigone droit et un trigone gauche. Le trigone droit est celui qui se trouve en arrière par rapport au signe d'où nous partons; le gauche est celui qui se trouve en avant: par exemple, le trigone droit du Bélier est le Sagittaire, le gauche est le Lion; de même, le trigone droit du Lion est le Bélier, le gauche, le Sagittaire; le trigone droit du Sagittaire est le Lion, le gauche est le Bélier. Tu peux chercher les trigones de la même façon pour tous les autres signes: c'est un rayonnement prospère et bienheureux.

5. Le quadrat est la quatrième signe à partir de celui où nous commençons; ce que montre l'exemple suivant: le quadrat du Bélier est le Cancer; celui du Cancer, la Balance; celui de la Balance, le Capricorne; celui du Capricorne, le Bélier. **6.** Ce qu'est un quadrat droit et un quadrat gauche, tu le trouveras par la même méthode que celle que nous avons indiquée pour les trigones[73]: tout quadrat qui se trouve en arrière est un quadrat droit: le quadrat gauche du Bélier est le Cancer, le droit est le Capricorne: il en est ainsi pour tous les quadrats, celui qui est en arrière est le droit, celui qui est en avant est le gauche. Il s'agit là d'un rayonnement menaçant et qui s'accompagne d'un pouvoir mauvais.

signo ad aliud signum septimum quod fuerit, hoc est diametrum; sed haec semper maligna ac minax radiatio est.

3. Trigonum est a signo, a quo initiamus, V. signum, quod hoc docetur exemplo: ab Ariete usque ad Leonem trigonum, a Tauro usque ad Virginem; sic per omnia signa, quodcumque [in] signum V. fuerit, hoc est trigonum. **4.** Scire etiam debemus quod sit dextrum trigonum, quod sinistrum. Dextrum trigonum est quod ab eo signo, a quo incipimus, retro est, sinistrum uero, quod abante; utputa Arietis dextrum trigonum est Sagittarius, sinistrum uero Leo; et simili modo Leonis dextrum trigonum est Aries, sinistrum Sagittarius; Sagittarii dextrum trigonum est Leo, sinistrum est Aries. Sic et in ceteris omnibus signis trigona quaeris; haec est prospera felixque radiatio.

5. Quadratum est, ab eo signo a quo inchoamus, quod quartum fuerit signum; quod hoc docetur exemplo: Arietis quadratum est signum Cancer, et Cancri Libra, et Librae Capricornus, et Capricorni Aries. **6.** Sed quod sit quadratum dextrum, quod sinistrum, simili ratione, sicut in trigonis diximus, inuenies; nam quodcumque retro fuerit, quadratum dextrum est: quadratum *Arietis* sinistrum *Cancer*, dextrum *Capricornus*, sic *e*t in ceteris omnibus quadratis, quod retro fuerit, dextrum est, quod abante fuerit, sinistrum. Et haec minax est radiatio et malitiosa potestate composita.

MPR N

3.1. est *A Ven.*: *om. MPR N* || 2. docetur: docemur *N* || 4. in *del. Ksz* || signum P^{ac}: signo MP^{pc} *R N*.

4.6. sagittarii: -arius *PR* || 7. est leo — aries *A Ven.*: est aries sinistrum est leo *MPR N*.

6.1. quod: quid *N* || 2. quod: et *N* || 4. arietis... cancer... capricornus *Ksz*: capricorni... uirgo (libra *N*)... aries *MPR N* || 5. sic et *scripsi*: sic *M* sicut *PR N Ksz cf. infra* § 8 || 7. abante: ante *N*.

7. Les hexagones sont, à cet égard, exactement la même chose que les trigones, si ce n'est que leur puissance est moindre: donc l'hexagone est le troisième à partir du signe où nous commençons: par exemple, les Gémeaux sont l'hexagone du Bélier. **8.** Ce qu'est un hexagone droit, un hexagone gauche, tu le trouveras comme dans les autres cas; mais, pour qu'il n'y ait pas de discussion, nous en donnons aussi un exemple: pour le Bélier, l'hexagone droit est le Verseau; le gauche, les Gémeaux; il en est ainsi pour les autres signes: celui qui est en arrière est le droit, celui qui est en avant est le gauche. Les ensembles hexagonaux sont plus puissants quand ils ont, entre eux, des signes tropiques ou bicorporels, mais ils sont sans force s'ils sont séparés par des signes solides[74].

XXIII. QUEL TYPE DE RELATION UNIT À L'HOROSCOPE DES TRIGONES, DES QUADRATS, DES DIAMÈTRES, DES HEXAGONES[75].

1. Il faut maintenant expliquer brièvement pourquoi nous disons que certains lieux sont associés à l'Horoscope par le lien d'un rayonnement, alors que d'autres tournent le dos à l'Horoscope et lui sont en quelque sorte étrangers, si bien que ce n'est pas sans raison que nous les avons appelés inertes. Nous devons, en effet, tout expliquer, afin que ce livre d'initiation contienne la matière de l'astrologie au complet.

2. Tous les signes sont unis entre eux par des liens réciproques: pourquoi nous disons cela, apprends-le en quelques mots. Nous avons dit que tous les signes contiennent chacun trente degrés. Si donc tu rassembles en un seul nombre ces trente degrés douze fois répétés, tu arrives à trois cent soixante degrés, qui sont répartis dans toutes les figures des douze signes. C'est pourquoi une relation de voisinage unit

74. Sur trois signes reliés par un aspect sextil, comme c'est le cas *supra*, celui du centre est le Bélier, signe tropique (cf. BL p. 172, n. 1).

7. Exagona hoc idem sunt quod trigona, nisi quod minoris potestatis; exagon*um* est itaque ab eo signo, a quo initiamus, tertium, utputa Arietis sunt exagonum Gemini. **8.** Quod uero sit exagonum dextrum, quod sinistrum, sicut cetera inuenies; sed ne qua sit controuersia, etiam huius rei damus exempla: Arieti dextrum exagonum est Aquarius, sinistrum uero Gemini; sic et in ceteris signis, quod retro fuerit, dextrum, et sinistrum, quod est abante. Sed exagona illa sunt potiora, quae habent in medio tropica uel duplicia signa, inefficacia uero, quae signis solidis diuiduntur.

XXIII. QVAE RATIO CONIVNGIT HOROSCOPO TRIGONA, QVADRATA, DIAMETRA, EXAGONA

1. Nunc illud breuiter explicandum est, cur quaedam loca cum horoscopo diximus radiationis societate coniungi, quaedam uero auersa esse ab horoscopo et quodam modo aliena, quae non immerito pigra diximus; omnia enim explicare debemus, ut iste institutionis liber plena matheseos substantia muniatur.

2. Omnia signa inuicem sibi obligata iunguntur; cur hoc dixerimus, breuiter addisce. Omnia signa XXX habere diximus partes. Si itaque has XXX partes duodecies iunctas in unum feceris numerum, perficis CCCLX partes, quae per omnia XII signorum corpora diuiduntur.

MPR N

7.2. exagonum *Sit. Ksz*: -ni *M*[pc] *PR N* -na *M*[ac].

8.2. controuersia *M N*: controsia *PR* || 3. damus: demus *N Zie*[1]. (*clausulae causa*) dicamus *Zie*[2]. || arieti *MPR N*: -tis *Ven. Ksz* || 6. sinistrum abante: quod sinistrum est abante *N*.

XXIII. **2**.2. signa — partes: signa diximus habere 30 partes *N* || 4. in: *om. N.*

entre eux, et de façon réciproque, tous les signes; ainsi tous ceux qui, joints par un nombre entier de degrés, donnent un total de trois cent soixante degrés, sont des signes unis par une relation d'égalité.

3. Nous avons dit qu'un hexagone est lié avec l'Horoscope et d'autres signes par un réseau de rayonnements: ce qu'est un hexagone, nous l'avons dit plus haut et nous le précisons maintenant par le décompte des degrés: quand on part du degré de l'Horoscope, tout soixantième degré que l'on rencontre détermine un côté d'hexagone; si tu réunis six fois soixante degrés, de façon à atteindre le nombre de trois cent soixante degrés, l'hexagone se trouve déterminé par une relation d'égalité.

4. Le trigone, c'est-à-dire le cinquième lieu à partir de l'Horoscope et de tous les autres lieux, que ce soit un trigone droit ou un gauche, est, nous l'avons dit, uni par une relation très étroite avec l'Horoscope ou avec les autres signes: et de quelle manière cela se fait, nous l'expliquons rapidement. Partant du premier degré de l'Horoscope, nous plaçons un point donné au cent vingtième degré. Si nous prenons trois fois ces cent-vingt degrés, nous arrivons au total de trois cent soixante degrés. C'est par ce système de relation que ce point est joint à l'Horoscope; et, en outre, tous les trigones sont unis entre eux par ce système de relation.

5. Nous avons dit que le quadrat est également uni par une très forte relation de rayonnement avec l'Horoscope; je vais exposer rapidement aussi le principe de cette relation. En

Vnde omnia sibi signa inuicem uicinitas coniunctionis adsociat; quaecumque itaque integro partium numero iuncta CCCLX partes fecerint, ipsa sibi aequa*t*a societatis ratione iunguntur.

3. Exagonum diximus cum horoscopo et cum ceteris radiationi[bu]s societate coniungi; quod sit autem exagonum, et ante diximus et nunc partiliter intimamus: a parte horoscopi quaecumque LX. pars fuerit, ipsa exagonum latus demonstrat; si itaque sexies LX miscueris, ut integre CCCLX partium numerus impleatur, aequa societate coniungitur.

4. Trigonum, id est V. ab horoscopo locus et ceteris, siue sit dextrum trigonum siue sinistrum, maxima diximus cum horoscopo uel cum ceteris societate coniungi; sed et hoc qua ratione fiat, breuiter explicamus. A prima horoscopi parte profecti in CXX. parte hunc locum constituimus. Si itaque CXX partes triplicauerimus, [primum] integrum CCCLX partium numerum complemus; hac ra[dia]tione coniunctionis iste locus horoscopo iungitur, sed et omnia trigona hac sibi societatis ra[dia]tione iunguntur.

5. Quadratum quoque cum horoscopo diximus ualidissima radiationis societate coniungi; sed et huius coniunctionis ra[dia]tionem breuiter ostendam. A parte

MPR N

8. iuncta *MPR N*: -to *Ksz* || aequata *Ksz*: aequalitas *MPR* aequalitatis *N* (*qui add.* ac s. radiatione) || 9. iunguntur *A Ven.*: iungitur *MPR N*.

3.1. diximus: dicimus *M*ac || cum: cur *N* || 2. radiationis *Ksz*: -tionibus *MPR N* || 3. partiliter: particulariter *N* || a *A N Ven.*: *om. MPR* || 6. integre *MPR N*: integer *Ksz*.

4.1. V.: quinque *P* || et: e- a *N* || 2. siue sit — sinistrum: dextrum siue sin. trig. *N* || 5. profecti: perfecti *N* || 6. primum *del. Sit. Ksz* || 8.-9. ratione (*bis*) *Ksz*: radiatione *MPR N*.

5. *hic tituli loco add. MPR* de diametris || 3. rationem *Ald. Ksz*: radiationem *MPR N*.

partant du degré de l'Horoscope, nous plaçons un point donné au quatre-vingt dixième degré; ainsi en multipliant quatre fois quatre-vingt dix degrés, nous arrivons au total de trois cent soixante degrés. Vois combien à propos le côté de cette figure est la base d'un carré: en effet, le nombre de quatre-vingt dix degrés, multiplié par quatre, amène au total de trois cent soixante degrés, et c'est pour cela qu'il a reçu le nom de quadrat. Telle est la méthode pour tous les quadrats.

6. Nous avons dit que le diamètre aussi est uni par une relation de rayonnement avec l'Horoscope; je vais expliquer aussi le système de cette relation. Partis du premier degré de l'Horoscope, nous plaçons ce point au cent quatre-vingtième degré; si nous multiplions par deux ces cent quatre-vingts degrés nous obtenons un nombre total de trois cent soixante degrés. Ainsi, parce que ces deux nombres exacts, c'est-à-dire ces deux fois cent quatre-vingts degrés, une fois réunis, donnent un total exact de trois cent soixante degrés, ces points se trouvent unis par un très fort système de rayonnement. Telle est la méthode pour tous les diamètres.

7. Quant aux points qui sont placés de telle manière que leur écart en degrés, multiplié par deux, par trois ou par quatre, ne donne pas le nombre exact de trois cent soixante, ils ne sont liés ni à l'Horoscope ni à aucun signe par un système de rayonnement[76]. Et, pour cette raison, tout signe qui n'entre pas dans ce calcul est appelé inerte et aveugle.

76. C'est le cas de ceux qui sont voisins et de ceux qui sont en cinquième ou en septième position par rapport à un autre signe (fig. 3, p. 173).

horoscopi profecti in XC. parte hunc locum constituimus; quadruplicantes itaque XC partes integrum CCCLX partium numerum complemus. Vide quam oportune quadratum sit latus signi: quia quadruplicatus XC partium numerus omnem substantiam CCCLX partium complet, ideo quadratum nomen accepit. Haec in omnibus quadratis ratio est.

6. Diametra etiam diximus cum horoscopo radiationis societate coniungi; sed et huius coniunctionis ra[dia]tionem explicabo. A prima horoscopi parte profecti in CLXXX parte hunc locum constituimus; si itaque CLXXX partes duplicauerimus, integrum numerum CCCLX partium facimus. Vnde quia duo integri numeri, id est CLXXX bis iuncti, integram CCCLX partium substantiam reddunt, maxima sibi haec loca societatis radiatione iunguntur. Haec in omnibus diametris ra[dia]tio est.

7. Quae uero loca sunt ita posita, ut partes eorum nulla uel duplicatione[m] uel triplicatione[m] uel quadruplicatione[m] integrum CCCLX partium numerum perficiant, nulla cum horoscopo nec cum alio signo societatis radiatione iunguntur. Ac per hoc, quodcumque signum extra hunc numerum fuerit inuentum, pigrum et ableptum dicitur.

MPR N

4. profecti in *A Ven.*: *om. MPR N.*

6.4. CLXXX: XXX *M* || 9. radiatione *MPR N Zie*[1].: ratione *Ksz* || ratio *Ksz*: radiatio *MPR N.*

7.2. duplicatione... triplicatione... quadruplicatione *Ksz*: duplicationem... triplicationem... quadruplicationem *MPR N* || 4. signo: quod sic ceciderit *N* || 5. radiatione *MPR N Zie*[1].: ratione *Ksz* || iunguntur: iungunto *N*[1] *corr. N*[2] || 7. ableptum: abiectum *N.*

XXIV. DESCRIPTION DU CORPS[77].

Nous devons expliquer quelles parties du corps humain sont logées dans les douze signes; cela est, en effet, extrêmement utile pour l'apotélesmatique, surtout quand on veut découvrir l'emplacement d'une maladie ou d'une infirmité[78]. La tête de l'homme se trouve dans le Bélier; la nuque, dans le Taureau; les épaules, dans les Gémeaux; le cœur, dans le Cancer; la poitrine et l'estomac, dans le Lion; le ventre, dans la Vierge; les reins, les vertèbres, dans la Balance; les parties naturelles, dans le Scorpion; les cuisses, dans le Sagittaire; les genoux, dans le Capricorne; les jarrets, dans le Verseau; les pieds, dans les Poissons. Voilà comment tous les membres de l'homme sont répartis tout au long de ces signes.

XXV. QUEL NOMBRE D'ANNÉES EST ATTRIBUÉ PAR TELLE OU TELLE DES DIVINITÉS[79].

1. Nous devons maintenant expliquer combien d'heures, de jours, de mois, d'années, sont accordés par tel ou tel astre, en plus grand nombre s'il occupe un lieu favorable, en plus petit nombre s'il occupe un lieu défavorable.

2. Quand tu auras repéré le donneur de vie, c'est-à-dire le maître de la géniture, et que tu auras vu dans quel lieu il se trouve placé, dans quel signe et dans quels degrés; quand tu auras soigneusement examiné, avec la même méthode, dans quel lieu, dans quel signe et dans quels degrés se trouve établi le maître du signe dans lequel se trouve établi le donneur de vie, ainsi que la manière dont celui-ci et les astres bienveillants regardent le Soleil et la Lune, tu pourras facilement déterminer la durée totale de la vie. Car, si le donneur de vie est placé dans

XXIV. DESCRIPTIO CORPORIS

Explicare debemus signa XII quas partes humani corporis teneant; hoc enim et ad apotelesmata uehementissime proficit, praesertim cum locum ualitudinis uel uitii uolueris inuenire. Caput hominis in signo Arietis est, ceruix in Tauro, umeri in Geminis, cor in Cancro, pectus et stomachus in Leone, uenter in Virgine, renes, uertebrae in Libra, natura in Scorpione, femora in Sagittario, genucula in Capricorno, tibiae in Aquario, pedes in Piscibus. Sic per haec signa tota membra hominis diuiduntur.

XXV. QVIS DEORVM QVOT ANNOS DECERNAT

1. Nunc illud explicare debemus, quae stella quot horas, dies, menses, annos, bene collocata plures, pauciores uero male collocata decernat.

2. Cum datorem uitae diligenter inspexeris, id est dominum geniturae, et uideris quo sit in loco positus et in quali signo et in qualibus partibus, sed et dominus signi ipsius, in quo est uitae dator constitutus, simili ratione perspexeris quo sit in loco et in quo signo et in quibus partibus constitutus, <Solem> quoque et Lunam quatenus dator uitae et beniuolae stellae respiciant,

MPR N

XXIV. *Tit.*: descriptio corporis *M*: d- c- de XII signis *PR om. N* de signis quibus partibus corporis sint adtributa *Ksz ex indice* || 3. proficit: perf- *N* || 4. uolueris *N Ven. Ksz*: -erit *MPR* || 5. in (geminis): *om. PR* || 6. renes: r- et *Ksz.*

XXV. *Tit.* quis — decernat *M*: *om. PR N.*

1.1. stella: -ae *P* || 3. uero: ue *N.*

2.1. cum datorem: cumditorem *PR* || 3. partibus *N Ven.*: *om. MPR* || sed et: sectae *N* || 6. solem *add. Ksz, conl.* 4,19,31 || quoque et lunam: lunam quoque *N.*

un lieu favorable, et dans un bon signe, et sur de bons degrés, c'est le nombre intégral d'années qui est attribué, surtout si Jupiter, en cas de géniture diurne, ou Vénus, en cas de géniture nocturne, soutiennent le donneur de vie d'un rayonnement favorable.

3. Si Saturne est le donneur de vie et s'il a décrété le nombre intégral d'années, il attribue cinquante-sept ans; mais s'il a pris une décision défavorable, il attribue trente ans, ou trente mois et douze heures. **4.** Si Jupiter est le donneur de vie et s'il a pris une décision favorable, il accorde soixante-dix neuf ans; si sa décision est défavorable, douze ans, ou bien douze mois, douze jours et douze heures. **5.** Si Mars est le donneur du temps de vie, et que sa décision est favorable, il donne soixante-trois ans; si elle est défavorable, quinze ans, ou quinze mois, quinze jours, douze heures. **6.** Le Soleil, s'il prend un parti favorable, accorde cent-vingt ans; s'il prend un parti défavorable, dix-huit ans; s'il prend un parti moyen, quarante-cinq ans. **7.** Vénus, favorable, accorde quatre-vingt quatre ans; défavorable, huit ans, huit jours, douze heures. **8.** Mercure, s'il prend un parti favorable, accorde cent huit ans; s'il prend un parti moyen, soixante-dix-neuf ans; s'il prend un parti défavorable, vingt ans, ou bien vingt mois, vingt jours et vingt heures. **9.** La Lune, favorable, accorde quatre-vingt quatre ans; défavorable, vingt-cinq ans.

10. Donc, si le maître de la vie, ou plutôt le donneur de vie, c'est-à-dire le maître de la géniture, se trouve dans sa maison ou dans son exaltation ou dans ses confins et si les astres de son parti lui rendent un témoignage de faveur, c'est-à-dire l'éclairent d'un rayonnement favorable, et si les astres qui lui rendent un témoignage de faveur sont également bien placés,

facile totius uitae poteris definire substantiam. Nam si et ipse dator uitae bono in loco sit positus et in bono signo et in bonis partibus, integer annorum decernitur numerus; praesertim si datorem uitae Iuppiter in diurna genitura, Venus in nocturna prospera radiatione sustentent.

3. Saturnus si dator uitae fuerit et integrum decreu*er*it annorum numerum, LVII annos decernit; si uero male decreuerit, XXX annos aut menses XXX et horas XII decernit. **4.** Si Iuppiter dator uitae fuerit et bene decreuerit, LXXIX annos decernit; si male, annos XII aut menses XII et dies XII horas XII. **5.** Mars si dator uitae fuerit, si bene decreuerit, LXIII annos decernit; si male, annos XV aut menses XV dies XV horas XII. **6.** Sol si bene decreuerit, CXX annos decernit, si male, XVIII annos, si medie, XLV. **7.** Venus si bene decreuerit, LXXXIV annos decernit, si male, annos VIII dies VIII horas XII. **8.** Mercurius si bene decreuerit, CVIII annos decernit, si medie, LXXIX, si male, annos XX aut menses XX dies XX horas XX. **9.** Luna si bene decreuerit, LXXXIV annos decernit, si male, XXV.

10. Si itaque dominus uitae, uel dator uitae, id est dominus geniturae, in domo sua uel in altitudine sua uel finibus suis fuerit et conditionis suae stellae bonum ei testimonium perhibeant, id est bona illum radiatione respiciant, et ipsae stellae, quae testimonium perhibeant,

MPR N

8. si et: et si *M* || 9. et in bono signo *N A Ven.*: *om. MPR* || 11. datorem: dator *M* || genitura *N A Ven.*: *om. MPR.*

3.1. et: e- in *MPR Ksz* || decreuerit *Ven. Ksz*: decreuit *MPR N* || 2. LVII: LVI *N* || 3. decreuerit: decreuit *M* || 4. decernit *M*: decreuit *PR N* || 6. et dies XII: *om. M.*

5.2. annos *N Ven.*: *om. MPR* || 3. aut: *om. N.*

6.1. sol: sed P^{ac} || 2. CXX: CCXX *P.*

7.2. LXXXIV: LXXXIII *N* || VIII (dies): VIIII *N.*

8.2. LXXIX: LXXVIII *N.*

10.2. uel[2]: u- in *M.*

c'est le plus grand nombre d'années qui est accordé. Mais ils accordent une durée moyenne, même si le donneur de vie se trouve dans ses confins, ou dans ses domiciles ou à son lever, si par ailleurs l'Horoscope se trouve dans la Balance.

XXVI. RÉPARTITION DES DURÉES; CHRONOCRATOR DIURNE ET NOCTURNE: COMBIEN D'ANNÉES IL ATTRIBUE, ET À QUI; L'ANNÉE ET LES JOURS.

1. Les Grecs ont donné au maître des temps le nom de Chronocrator; c'est le Soleil qui, dans les génitures diurnes, reçoit la maîtrise initiale des temps, puis la répartit chez les autres; dans les génitures nocturnes, c'est la Lune; n'admets pas d'autres système, car c'est celui-là qui est approuvé par tous[80].

2. Quand donc c'est le Soleil qui est maître des temps, il conserve cette maîtrise dix ans et neuf mois[81]; de la même façon, quand c'est la Lune qui est maîtresse du temps, elle le restera dix ans et neuf mois. Donc, en géniture diurne, la première décennie est prise en charge par le Soleil; la seconde par l'astre qui, dans la géniture, s'est trouvé en seconde place dans la suite des signes; la troisième par celui qui vient après le deuxième, et ainsi de suite pour tous les autres; pour que tu comprennes cela plus facilement, nous le montrons par un exemple. **3.** Si, dans une géniture diurne, le Soleil s'est trouvé dans le Bélier, c'est lui qui sera maître de la première décennie (et d'ailleurs également s'il se trouve dans n'importe quel autre signe); l'astre, quel qu'il soit, qui se trouvera dans le Taureau, viendra en second lieu; celui qui se trouvera après le Taureau, celui-là est le troisième; et il en va de même pour tous les autres. Nous procéderons de la même manière, dans le cas de géniture nocturne, en commençant par la Lune.

bene sint positae, maior annorum decernitur numerus. Mediam uero aetatem tunc decernunt, si dator uitae sit quidem in finibus suis uel in suis domiciliis aut in ortu suo, horoscopus uero in Libra.

XXVI. DE TEMPORVM DIVISIONE, DE CHRONOCRATORE DIVRNO ET NOCTVRNO ET CVI QVOT ANNOS DIVIDAT ET DE ANNO ET DE DIEBVS

1. Chronocratorem dixerunt Graeci temporum dominum; sed initium temporum in diurnis genituris Sol accipit et ceteris diuidit, in nocturnis Luna; nec aliam rationem admittas, quia haec ab omnibus probatur.

2. Cum itaque Sol dominus temporum fuerit, tenet dominatum annos decem menses nouem; simili modo et Luna, cum domina temporis fuerit, tenebit annos decem menses nouem. In diurna itaque genitura primum decennium Sol accipit, secundum, qui in genitura per signorum cursum in secundo loco fuerit inuentus, tertium, qui post secundum fuerit, et simili modo ceteri; quod ut manifestius intellegas, hoc docemus exemplo. **3.** Si in diurna genitura Sol in Ariete fuerit inuentus, ipse erit decennii dominus (sed et in quocumque alio signo fuerit); quicumque itaque in Tauro fuerit, ipse erit secundo loco; qui post Taurum fuerit, ipse enim est tertius; sic et in ceteris. Hoc modo et in nocturnis genituris a Luna inchoantes faciemus.

MPR N

8. ortu: hortu *P* || 9. suo: sui *N* || libra *A Ven.*: libris *MPR N*.
XXVI. *Tit.* de — diebus *MPR* (de — diuisione *om. M*): *om. N* de temporum domino *V Ksz ex indic.*
1.1. chronocratorem: phrono- *N*.
2.6. tertium: -us *R*.

4. Mais, quel que soit l'astre qui aura obtenu la maîtrise d'une décennie, bien qu'il s'agisse du maître de l'ensemble du temps, il partage cependant entre tous les astres la totalité de la décennie, en commençant par lui-même et en la transmettant ensuite à ceux qui, dans l'ordre, viennent après lui, et en la transmettant d'abord à celui qui, parmi ceux qui sont placés après lui, se trouvera en seconde position dans le thème de géniture.

XXVII. LA RÉPARTITION DES TEMPS.

1. Nous allons exposer rapidement selon quelle proportion se fait la répartition des temps : le Soleil reçoit dix-neuf mois, la Lune vingt-cinq ; Saturne, trente ; Jupiter, douze ; Mars, quinze ; Vénus, huit ; Mercure, vingt.

2. A quoi sert cette répartition des temps ? Nous le dirons, dans les livres apotélesmatiques, et nous montrerons ce qu'accorde tel ou tel astre lorsqu'il reçoit d'un autre astre la charge du temps[82] ; en effet, tout ce qui nous arrive, en bien ou en mal, c'est à cause de ce système des temps que nous le recevons. De cette façon on trouvera aussi les limites de la vie, et toute l'essence de la géniture ainsi que tout ce qu'aura décidé l'ordre des astres.

3. Quant à l'année, nous la trouvons par des calculs très faciles : en effet, elle part toujours de l'Horoscope, et la première année sera celle où se trouve placé l'Horoscope ; la seconde, celle où se trouve le second signe ; la troisième, celle où se trouve le troisième, et ainsi de suite, en suivant l'ordre.

82. Il tient parole en 6,33-40, en reprenant les mêmes chiffres !

4. Sed quicumque decennium sortitus fuerit, licet sit totius temporis dominus, omnibus tamen stellis totam decennii substantiam diuidit a se incipiens et postea illis tradens qui sunt per ordinem positi, primo illi tradens, de his qui sunt per ordinem positi, quicumque in themate secundus fuerit inuentus.

XXVII. DE DISTRIBVTIONE TEMPORVM

1. Quanta autem sit temporum distributio, breuiter ostendemus: Sol accipit menses XIX, Luna menses XXV, Saturnus menses XXX, Iuppiter menses XII, Mars menses XV, Venus menses VIII, Mercurius menses XX.

2. Quid autem ista temporum distributione fiat in libris apotelesmatum dicemus, ostendemusque quid quae stella suscipiens tempus ab alia stella decernat; omnia enim quae nobis proueniunt, bona uel mala, ista temporum ratione colligimus. Fines etiam uitae sic inuenientur et omnis geniturae substantia et totum quod stellarum ordo decreuerit.

3. Annum autem facillimis rationibus inuenimus; nam ab horoscopo semper sumit exordium, et primus annus erit in quo est horoscopus constitutus, secundus in secundo signo, tertius in tertio, et sic ceteri per ordinem.

MPR N

4.1. decennium: decennum $P^{ac}R$ || 2. stellis *A*: -lam *MPR* -la *N* || 3. postea: post se *N* || 5. per: in *N*.

XXVII. *Tit.*: *om. N.*

1.1. breuiter ostendemus: ostendamus breuiter *N*.

2.2. quid quae stella: quae stella quid *M* || 5. etiam: enim *N*.

3.2. semper sumit: sumit s- *M*.

4. D'autres font le même décompte à partir du Soleil quand il s'agit de géniture diurne, et à partir de la Lune, s'il s'agit de géniture nocturne; cela aussi se justifie.

XXVIII

1. Les jours de l'ensemble de l'année sont, eux aussi, répartis entre les différents astres: j'aurai soin de montrer également comment ils sont répartis et où l'on commence... **2.** ... quand surviennent les maladies, les infirmités, les gains et les pertes, quand surviennent les joies et les peines. Car, lorsque des astres bienveillants ont pris le jour en charge, nous sommes libérés de tout mal; mais quand il s'agit d'astres malveillants, alors ce sont les coups imprévus des catastrophes qui nous assaillent.

3. Ainsi, le maître du signe dans lequel se trouve le commencement de l'année reçoit les premiers jours, et, après lui, les maîtres des autres signes, selon l'ordre dans lequel chacun a sa place. Ainsi, je montrerai même combien de jours reçoit tel ou tel astre: le Soleil, cinquante-trois; la Lune, soixante et onze; Saturne, quatre-vingt-cinq; Jupiter, trente; Mars, quarante-six[83]; Vénus, vingt-trois; Mercure, cinquante-sept. **4.** Nous pouvons découvrir tout ce qui s'annonce pour nous dans cet ensemble de jours, si nous avons, auparavant, bien examiné dans quel état se trouvent les signes et les lieux; car, un astre bien placé, s'il vient à recevoir le temps, les mois ou les jours, et s'il est bienveillant, attribue tous les biens. Mais si c'est un astre malveillant qui a reçu le temps, les mois ou les jours, et s'il est mal placé, il attribue des malheurs en fonction de la qualité des lieux. C'est donc en scrutant attentivement tous les

83. Pour Mars, le chiffre est omis par tous les manuscrits, sauf *N*, qui donne XXXVI. *Ksz* ont rétabli XLII, emprunté à Vettius Valens (qui donne XXXIV pour Jupiter, et arrive ainsi à un total de 365). Il est bien aussi simple de restituer XLVI, en se fondant sur le XXXVI de *N*, ce qui donne aussi pour Firmicus un total de 365.

4. Alii in diurna genitura a Sole hoc idem faciunt, in nocturna a Luna; et habet rationem.

XXVIII

1. Dies etiam totius anni stellis singulis diuiduntur; quatenus autem diuidantur uel unde initium accipiant, etiam hoc monstrare curae habebo ... **2.** quando aegritudines, quando imbecillitates, quando lucra, quando damna proueniant, quando gaudia, quando dolores. Nam cum beniuolae stellae dies acceperint, ab omni malo liberamur; cum maliuolae, tunc nos repentini infortuniorum casus impugnant.

3. In quocumque itaque signo anni <principium> fuerit, eius signi dominus primos accipit dies et post ipsum ceteri, prout sunt singuli constituti. Quae itaque stella quot dies sortitur etiam hoc docebo: Sol dies LIII, Luna LXXI, Saturnus LXXXV, Iuppiter XXX, Mars X*L*VI, Venus XXIII, Mercurius LVII. **4.** In hoc dierum spatio, omnia quae nobis obueniunt inuenire possumus, sed prius signorum ac locorum qualitate perspecta; nam bene collocata si aut tempus aut menses aut dies fuerit sortita et sit beniuola, omnia bona decernit. Si uero maliuola stella tempus aut menses aut dies acceperit, et male sit collocata, infortunia pro locorum qualitate

MPR N

4.2. a *N*: *om. MPR*.

XXVIII. *Tit. om. MPR N*: de anni diuisione *Ksz conl. indic.*

1.1. etiam: enim *N* || 2. quatenus — diuidantur: *om. N* || accipiant: sumant *N* || 3. curae habebo: curabo *Zie*[1]. *clausulae causa* || habebo: habeto *N* || *lacunam statuerunt Ksz.*

2.5. nos *N A Ven.*: nr̂i *MR* nr̂e *P*.

3.1. principium *add. Ksz* || 4. LIII: LVI *P* || 5. mars XLVI *scripsi*: mars XXXVI *N om. MPR* XLII *Ksz; cf. not.* 83.

4.2. spatio: numero *N* || 5. sit: si *N*.

détails, dans une prudente enquête, que tu pourras présenter, dans toute sa vérité, l'essence d'une géniture.

XXIX. LES ANTISCIES.

1. A la suite de tous ces principes, étant donné que, un peu plus haut, nous avons différé l'exposé sur les antiscies, nous devons maintenant développer ce sujet, pour ne pas laisser croire que nous avons omis quelque chose dans ce traité.

2. La théorie des antiscies[84] nous a été transmise pas l'enseignement des Grecs; en effet, je ne veux pas que l'on aille soupçonner que cet exposé ne se trouve pas chez les Grecs: car, d'une part Ptolémée ne suit pas d'autre système que celui des antiscies, d'autre part Antiochus, en disant que la Balance ne voit pas le Bélier à cause de la Terre qui se trouve juste entre eux, a rejoint, par une sorte d'image, le système des antiscies; quant à Dorothée de Sidon, homme de très grande science, qui a laissé des écrits apotélesmatiques rédigés en vers remplis de vérité et d'éloquence, il a exposé le système des antiscies en formules parfaitement claires, dans son livre IV.

3. Maintenant, je vais brièvement expliquer de quelle manière s'établissent les relations appelées antiscies. Le commencement des antiscies se trouve dans les Gémeaux et le Cancer, ou bien dans le Sagittaire et le Capricorne. Nous commençons donc nos explications à partir des Gémeaux et du Cancer: les Gémeaux envoient un rayonnement par antiscie sur le Cancer, et le Cancer sur les Gémeaux; le Lion sur le Taureau, et le Taureau sur le Lion; la Vierge sur le Bélier, et le Bélier sur la Vierge; les Poissons sur la Balance, et la Balance sur les Poissons; le Verseau sur le Scorpion, et le Scorpion sur le Verseau; le Sagittaire sur le Capricorne, et le Capricorne sur le Sagittaire. Si nous commençons, à l'inverse, par le Sagittaire et

decernit. Omnia itaque prudenti inquisitione pertractans totam uerissime geniturae poteris explicare substantiam.

XXIX. DE ANTISCIIS

1. Ex istis institutis omnibus, quia tractatum antisciorum paulo ante distulimus, hunc locum nunc explicare debemus, ne quid a nobis in ista institutione praetermissum esse uideatur.

2. Antiscia Graecorum sunt nobis magisterio tradita; nam nolo aliquis suspicetur quod non sit apud Graecos iste tractatus; nam <et> Ptolomaeus nullam aliam rationem sequitur nisi antisciorum, et Antiochus, cum dicit quod enim Libra Arietem propter terram quae media est non uideat, quasi per speculum quidem antisciorum rationem attigit; Dorotheus uero Sidonius, uir prudentissimus et qui apotelesmata uerissimis et disertissimis uersibus scripsit, antisciorum rationem manifestis sententiis explicauit, in libro scilicet quarto.

3. Nunc, qua ratione colligantur antiscia breuiter explicabo. Initium antisciorum aut a Geminis et Cancro est aut a Sagittario et Capricorno. Inchoamus itaque nos instituentes a Geminis et Cancro; Gemini in Cancrum antiscium mittunt et Cancer in Geminos, Leo in Taurum et in Leonem Taurus, Virgo in Arietem et Aries in Virginem, Pisces in Libram et Libra in Pisces, Aquarius in Scorpium et Scorpius in Aquarium, Sagittarius in Capricornum et Capricornus in Sagittarium. Si rursus

MPR N
8. decernit: disc- *M*.
XXIX. *Tit. om. N.*
1.3. quid: quis P^{ac}.
2.3. iste *N Zie*[1].: ipse *MPR Ksz* || et *add. Nem.*[1] *Ksz*: *om. MPR N.*
3.2. a: *om. P* || 4. instituentes: *post* cancro *transp. N.*

le Capricorne, la liste s'achève sur les Gémeaux et le Cancer. Ainsi devons-nous toujours passer en revue ces détails par une enquête pénétrante, pour éviter que, finalement, des tromperies mensongères dans l'apotélesmatique ne ternissent une si honorable profession.

4. Mais ce que nous venons de dire des antiscies ne suffit pas, si nous ne passons pas également en revue, de façon détaillée, tous les degrés: lesquels envoient des rayonnements par antiscie? sur lesquels? réciproquement, lesquels, à leur tour, en reçoivent? Et il faut savoir, entre autres choses, qu'aucun degré n'envoie de rayonnement par antiscie sur le trentième degré, et que le trentième degré n'envoie de rayonnement par antiscie sur aucun degré. **5.** Voici alors un exemple emprunté aux Gémeaux et au Cancer, et qui s'appliquera aux antiscies de tous les signes. Le premier degré des Gémeaux envoie un rayonnement par antiscie sur le 29ᵉ du Cancer; en retour, le 29ᵉ degré du Cancer envoie un rayonnement par antiscie sur le premier degré des Gémeaux; le 2ᵉ sur le 28ᵉ, le 28ᵉ sur le 2ᵉ; le 3ᵉ sur le 27ᵉ, le 27ᵉ sur le 3ᵉ; le 4ᵉ sur le 26ᵉ; le 26ᵉ sur le 4ᵉ; le 5ᵉ sur le 25ᵉ, le 25ᵉ, en retour, sur le 5ᵉ; le 6ᵉ sur le 24ᵉ; le 24ᵉ, en retour, sur le 6ᵉ; le 7ᵉ sur le 23ᵉ; le 23ᵉ sur le 7ᵉ; le 8ᵉ sur le 22ᵉ; le 22ᵉ sur le 8ᵉ; le 9ᵉ sur le 21ᵉ; le 21ᵉ, en retour, sur le 9ᵉ; le 10ᵉ sur le 20ᵉ, le 20ᵉ, en retour, sur le 10ᵉ; le 11ᵉ sur le 19ᵉ, le 19ᵉ, en retour, sur le 11ᵉ; le 12ᵉ sur le 18ᵉ, le 18ᵉ, en retour, sur le 12ᵉ; le 13ᵉ sur le 17ᵉ, le 17ᵉ, en retour, sur le 13ᵉ; le 14ᵉ sur le 16ᵉ, le 16ᵉ, en retour, sur le 14ᵉ; le 15ᵉ sur le 15ᵉ, le 15ᵉ, en retour, sur le 15ᵉ; le 16ᵉ sur le 14ᵉ, le 14ᵉ, en retour, sur le 16ᵉ; le 17ᵉ sur le 13ᵉ et le 13ᵉ, en retour, sur le 17ᵉ; le 18ᵉ sur le 12ᵉ, le 12ᵉ, en retour, sur le 18ᵉ; le 19ᵉ sur le 11ᵉ, le 11ᵉ, en retour, sur le 19ᵉ; le 20ᵉ sur le 10ᵉ, le 10ᵉ, en retour, sur le 20ᵉ; le 21ᵉ sur le 9ᵉ, le 9ᵉ, en retour, sur le 21ᵉ; le 22ᵉ sur le 8ᵉ, le 8ᵉ, en retour, sur le 22ᵉ; le 23ᵉ sur le 7ᵉ, le 7ᵉ, en

initium a Sagittario et Capricorno fecerimus, simili modo in Geminis et in Cancro desinunt. Haec itaque semper omnia sagaci debemus inquisitione tractare, ne aliquando tam honesta professio falsis apotelesmatum mendaciis obumbretur.

4. Sed hoc quod de antisciis diximus non sufficit, nisi etiam partes explicatae specialiter fuerint, quae in quam partem mittant et cuius antiscium rursus ipsae suscipiant. Et illud scire inter cetera oportet, quod in XXX. partem signi nulla pars mittat et quod XXX. in nullam partem mittat antiscium. **5.** Hoc itaque exemplum, quod de Geminis et Cancro fecimus, ad omnium signorum antiscia pertinebit: Geminorum pars I. in XXIX. Cancri partem mittit antiscium, rursus Cancri XXIX. pars in primam Geminorum partem antiscium mittit; II. in XXVIII., XXVIII. in II.; III. in XXVII., XXVII. in III.; IV. in XXVI., XXVI. in IV.; V. in XXV., XXV. rursus in V.; VI. in XXIV., rursus XXIV. in VI.; VII. in XXIII., XXIII. in VII.; VIII in XXII., XXII. in VIII.; IX. in XXI., XXI. rursus in IX.; X. in XX., XX. rursus in X.; XI. in XIX., XIX. rursus in XI.; XII. in XVIII., XVIII. rursus in XII.; XIII. in XVII., XVII. rursus in XIII.; XIV. in XVI., XVI. rursus in XIV.; XV. in XV., rursus XV. in XV.; XVI. in XIV., XIV. rursus in XVI; XVII. in XIII. et rursus XIII. in XVII.; XVIII. in XII., XII. rursus in XVIII.; XIX. in XI., rursus XI. in XIX.; XX. in X., rursus X. in XX.; XXI. in IX., rursus IX. in XXI.; XXII. in VIII., rursus VIII. in XXII.; XXIII. in VII. et rursus VII. in XXIII.; XXIV. in VI., VI. rursus in

MPR N

3.10. initium *A Ven.*: *om. MPR N* || 12. semper omnia: o- s- *M*.

4.6. mittat *Q*: -ttant *MPR N*.

5.4. mittit: -ttunt R^{ac} || 9. XXIII. (bis) *M N*: XXIIII *PR* || 14. rursus XV: et rursus XV *M N* rursus XV et *PR*.

5.17. rursus IX.: et rursus VIII *PR*.

retour, sur le 23e; le 24e sur le 6e, le 6e, en retour, sur le 24e; le 25e sur le 5e, le 5e, en retour, sur le 25e; le 26e sur le 4e, le 4e, en retour, sur le 26e; le 27e sur le 3e et le 3e, en retour, sur le 27e;le 28e sur le 2e, le 2e, en retour, sur le 28e;le 29e sur le premier, le premier, en retour, sur le 29e. **6.** C'est de cette façon que les Gémeaux et le Cancer s'envoient des rayonnements d'antiscie: de fait, c'est sur le degré duquel il a reçu le rayonnement par antiscie, que chaque degré le renvoie. De la même manière, le Taureau et le Lion les renvoient de l'un à l'autre, ainsi que la Vierge et le Bélier, la Balance et les Poissons, le Scorpion et le Verseau, le Sagittaire et le Capricorne. **7.** Ainsi, afin que l'on puisse comprendre cela plus clairement, c'est-à-dire quel signe envoie et quel signe reçoit le rayonnement, j'ai mis par écrit, un à un, leurs degrés eux-mêmes, afin que toute obscurité soit dissipée: du degré sur lequel il a envoyé le rayonnement par antiscie, le premier degré en reçoit un en retour; il en va de même pour le deuxième, de même pour tous les autres. Ainsi, nous avons mis par écrit les degrés des Gémeaux et du Cancer, et il convient de se conformer à ce modèle également pour tous les degrés des autres signes, de ceux, évidemment, dont nous avons dit qu'ils s'envoyaient réciproquement un rayonnement par antiscie.

I	XXVIIII	XV	XV
II	XXVIII	XVI	XIIII
III	XXVII	XVII	XIII
IIII	XXVI	XVIII	XII
V	XXV	XVIIII	XI
VI	XXIIII	XX	X
VII	XXIII	XXI	VIIII
VIII	XXII	XXII	VIII
VIIII	XXI	XXIII	VII
X	XX	XXIIII	VI

XXIV.; XXV. in V., rursus V. in XXV.; XXVI. in IV., rursus IV. in XXVI.; XXVII. in III., III. rursus in XXVII.; XXVIII. in II., II. rursus in XXVIII.; XXIX. in I., rursus I. in XXIX. **6.** Ita Gemini et Cancer in se mittunt antiscia; nam pars, a qua exceperit antiscium, ad eam a se rursus mittit antiscium. Sic itaque in semetipsos mittunt Taurus et Leo, sic Virgo et Aries, sic Libra et Pisces, sic Scorpius et Aquarius, sic Sagittarius et Capricornus. **7.** Vt hoc itaque manifestius intellegi possit, scilicet quod signum in quod signum antiscium mittat, ipsas partes specialiter scripsi, ut omnis obscuritas solueretur: in quamcumque itaque pars prima antiscium miserit, ab ea suscipit ipsa rursus antiscium, sic secunda, sic ceterae. Geminorum itaque et Cancri scripsimus partes, quod exemplum etiam in ceteris signorum partibus seruari conuenit, et eorum scilicet signorum quaeque inuicem in se dicimus antiscium mittere.

I ...	XXVIIII	XV ...	XV
II ...	XXVIII	XVI ...	XIIII
III ...	XXVII	XVII ...	XIII
IIII ...	XXVI	XVIII ...	XII
V ...	XXV	XVIIII ...	XI
VI ...	XXIIII	XX ...	X
VII ...	XXIII	XXI ...	VIIII
VIII ...	XXII	XXII ...	VIII
VIIII ...	XXI	XXIII ...	VII
X ...	XX	XXIIII ...	VI

MPR N

20. XXV.(2): XV *PR* || XXVI.: VI *P* || 21. III. (rursus): II *R* || 22. XXIX. *N*: XVIIII. *MPR* || 23. XXIX. *N*: XVIIII *M* IX *PR*.

6.1. ita: sic *M* || 3. sic *N A Ven.*: sicut *MPR* || semetipsos *N Zie*[1].: -sis *MPR Ksz.*

7.2. scilicet *M*: quod scias scilicet *PR* cum scias iam *N* || 7. exemplum: -plis *M* || 10-24 *om. N spatio relicto.*

XI	XVIIII	XXV	V
XII	XVIII	XXVI	IIII
XIII	XVII	XXVII	III
XIIII	XVI	XXVIII	II

XXVIIII I

8. Ainsi le Taureau fait sentir son rayonnement sur le Lion, et le Lion, en retour, sur le Taureau; le Bélier sur la Vierge, et la Vierge, en retour, sur le Bélier; les Poissons sur la Balance, et la Balance, en retour, sur les Poissons; le Scorpion sur le Verseau, et le Verseau, en retour, sur le Scorpion; le Sagittaire sur le Capricorne, et le Capricorne, en retour, sur le Sagittaire.

9. Dès lors, si certains astres ne se voient pas l'un l'autre dans l'ordre normal du thème de géniture, il faut rechercher si, du fait de leur position antiscienne, ils ne sont pas réunis par un échange de rayonnements. En effet, quand ils envoient un rayonnement par antiscie de telle manière que des trigones, quadrats, diamètres ou hexagones s'unissent par ce rayonnement d'antiscie, ils prennent leurs décisions comme s'ils étaient placés dans un ordre de figure simple; et ainsi toutes choses sont accomplies en fonction de ces combinaisons. Quand tu auras fait cela, tu pourras très facilement découvrir tout ce qu'on cherche dans les destins des hommes. Cette loi cachée est confirmée par l'accord naturel des antiscies; pour ce qui est de cette loi, je m'occuperai de l'expliquer à un autre moment[85].

10. En revanche, ce que vaut le pouvoir des antiscies et combien le système des antiscies est opératoire, tu pourras l'apprendre de la géniture que nous allons présenter ci-dessous. Dans la géniture de cet homme, le Soleil se trouvait dans les Poissons, la Lune dans le Cancer, Saturne dans la Vierge, Jupiter dans les Poissons, dans le même degré que le Soleil, Mars dans le Verseau, Vénus dans le Taureau, Mercure dans le

85. L'explication ici annoncée n'apparaît nulle part dans la *Mathesis*.

XI ...	XVIIII	XXV ...	V
XII ...	XVIII	XXVI ...	IIII
XIII ...	XVII	XXVII ...	III
XIIII ...	XVI	XXVIII ...	II

XXVIIII I

8. Sic Taurus in Leone, sic Leo rursus in Tauro; sic Aries in Virgine, sic Virgo rursus in Ariete; sic Pisces in Libra, sic Libra rursus in Piscibus; sic Scorpius in Aquario, sic Aquarius in Scorpio; sic Sagittarius in Capricorno, sic Capricornus rursus in Sagittario.

9. Si quae se itaque stellae in ordinatione geniturae non uiderint, quaerendum est an sibi per antiscium sociata radiatione iungantur. Cum enim antiscium sic miserint ut trigonica se per antiscium uel quadrata uel diametra uel exagona radiatione coniungant, sic decernunt quasi sic sint simplici ordinatione compositae; et sic omnia ista mixturarum ra[dia]tione complentur. Quod cum feceris, omnia quae in fatis hominum quaeruntur facillime poteris inuenire. Est autem ratio haec latens antisciorum naturali firmata consensu; quam rationem alio tempore explicare curabo.

10. Quantum autem antisciorum uis ualeat et quantum antisciorum ratio operetur, ex hac genitura discere poteris quam subicere curabimus. Is, in cuius genitura Sol fuit in Piscibus, Luna in Cancro, Saturnus in Virgine, Iuppiter in Piscibus in eadem parte in qua Sol, Mars in Aquario, Venus in Tauro, Mercurius in Aquario

MPR N

8.1. leone *MPR N*: -em *Ksz*.

9.1. se: *post* geniturae *N* || 3. sociata: socia *M* || 4. trigonica se: trigoni ea saepe *N* || 5. coniungant: -antur *N* || sic decernunt: *om.* *N* || 7. ratione *Ksz*: radiatione *MPR N* *quod uerbum ante* et sic *transp.* *R* *et post* complentur *MP* || 9. facillime: facile *N*.

10.3. subicere curabimus: subicio *N*.

Verseau, dans les mêmes degrés que Mars; l'Horoscope était dans le Scorpion; le père du natif, après avoir exercé deux fois un consulat ordinaire, fut envoyé en exil[86]; quant à notre personnage, accusé d'adultère, il fut envoyé en exil, puis, arraché à son exil, il fut affecté à l'administration de la Campanie, ensuite au proconsulat d'Achaïe, enfin au proconsulat d'Asie et à la préfecture de la Ville de Rome[87].

11. Quiconque ignore le système des antiscies, s'il trouve le Soleil avec Jupiter dans les mêmes degrés du cinquième lieu à partir de l'Horoscope, c'est-à-dire celui de la Bonne Fortune et qu'à la suite de cela (...) prédit un père heureux, prospère, puissant, et, le reste à l'avenant pour l'intéressé en personne; mais, sur l'exil et les traquenards perpétuels, il ne pourra rien prédire s'il n'a pas appliqué son attention au système des antiscies. **12.** Nous avons dit, tu t'en souviens, que les Poissons envoient un rayonnement d'antiscie sur la Balance et, réciproquement, la Balance sur les Poissons. Voilà, dès lors, le Soleil et Jupiter installés ensemble dans les Poissons et envoyant un rayonnement par antiscie sur la Balance: dans ce signe où il se trouve abaissé et en dépression, et dans le douzième lieu de la géniture, c'est-à-dire le Mauvais Démon, le Soleil montre une ascendance paternelle sans noblesse[88] et attribue au père lui-même un exil retentissant; quant à Jupiter, dont la force et la puissance ont été transférées, par le rayonnement d'antiscie, du signe des Poissons à celui de la Balance, installé par le jeu de l'antiscie dans le douzième lieu, c'est-à-dire le Mauvais Démon, il a suscité aussi bien contre son père que contre lui une foule d'ennemis qu'il a rendus supérieurs à eux[89]. **13.** Et voici un autre détail qui a décidé de l'exil pour le père: Saturne, installé dans la Vierge, a vu le Soleil en aspect diamétral et a jeté sur l'antiscien de ce dernier un rayonnement diamétral: en effet,

86. S'il n'y a pas de lacune après *Scorpione*, la construction *is, in cuius... eius geniturae pater... et ipse* constitue une anacoluthe qui ne manque pas de hardiesse.

isdem cum Marte partibus, horoscopus in Scorpio*ne*; eius geniturae pater post geminum ordinarium consulatum in exilium datus est, sed et ipse ob adulterii crimen in exilium datus et, de exilio raptus, in administrationem Campaniae primum destinatus est, deinde Achaiae proconsulatum, post uero ad Asiae proconsulatum et praefecturam urbi Romae.

11. Quicumque hominum, antisciorum nesciens rationem, si Solem cum Ioue isdem partibus in V. ab horoscopo loco, id est in Bona fortuna, † inde etiam Iouis Iouem cui dederit †, patrem beatum, felicem, potentem, et cetera de ipso huiusmodi pronuntiat; de exilio uero eius et adsiduis insidiis nihil poterit pronuntiare, nisi intentionem suam ad antisciorum rationem transtulerit. **12.** Meministi dixisse nos, quod Pisces antiscium in Libram mittant et Libra rursus in Pisces. Sol itaque et Iuppiter in Piscibus pariter constituti, in Libram mittentes antiscium, in hoc signo, in quo humiliatur atque deicitur, et in XII. loco geniturae, id est in cacodaemone, paternum genus ostendit ignobile et ipsi patri famosum decernit exilium; Iuppiter uero, cuius uim ac potestatem antiscii radius ex signo Piscium ad Librae transtulit signum, in XII. loco, id est in cacodaemone, per antiscium [fuisset] constitutus, plurimos et ipsi et patri eius excitauit inimicos et eos superiores esse perfecit. **13.** Ecce etiam aliud quod patri decreuit exilium: nam in Virgine constitutus Saturnus Solem de diametro uidit et antiscium eius [de] diametra radiatione respexit; nam in

MPR N

7. scorpione *Ksz*: scorpio *N* scorp. *MPR*.

11.3. inde: ibi *N* || iouis: *om.* *N* || 4. patrem: partem *PR*[ac] || 5. pronuntiat: -atur *N*.

12.4. atque: et *N* || 7. exilium *A Ven.*: auxilium *MPR N* || 8. radius: r- est *N* || ex *N Ven.*: et *MPR* || 10. fuisset *del. Sit. Ksz*.

13.4. de *del. Sit. Ksz* || diametra *A Ven.*: -tri *MPR N*.

installé dans la Vierge, il envoie un rayonnement d'antiscie dans le Bélier. Dès lors, son rayonnement d'antiscie, installé dans le Bélier, et celui du Soleil, qui avait été envoyé dans la Balance, opposés l'un à l'autre par un aspect diamétral, ont fait en sorte, par une décision de leur juridiction suprême, qu'il fût envoyé en exil, parce que les antiscies du Soleil et de Saturne se sont vues en aspect diamétral.

14. Quant à notre personnage, ce qui a fait de lui un exilé et ce qui a fait de lui un adultère (tel est, en effet, le grief articulé contre lui) apparaît dans le calcul qui suit. Nous avons dit que le Cancer envoyait un rayonnement d'antiscie sur les Gémeaux; dès lors, la Lune, installée dans le Cancer, a envoyé son rayonnement d'antiscie sur les Gémeaux, dont Mars, installé dans le Verseau, a reçu par la droite le rayonnement d'antiscie; et celui-ci est pernicieux chaque fois qu'il reçoit, d'un côté ou de l'autre, la lumière de la Lune croissante. Car une force venue d'en-haut, après lui avoir apporté de nombreux défauts physiques, a finalement fait de notre homme un exilé. **15.** Par ailleurs, Mars, installé dans le Verseau, a envoyé un rayonnement d'antiscie sur le Scorpion, signe dans lequel se trouvait placé le degré de l'Horoscope[89a]; et, placé en Culmination inférieure, il a d'abord frappé d'un violent rayonnement le degré de la région de la Vie, c'est-à-dire de l'Horoscope; ensuite, il a regardé, en dardant en plein ses rayons trigonaux, le rayonnement d'antiscie de la Lune, fixé sur les Gémeaux; en troisième lieu, il a arrêté son rayonnement d'antiscie sur le degré de l'Horoscope; en quatrième lieu, le rayonnement d'antiscie que Mars avait envoyé sur l'Horoscope a vu, en aspect trigone, la Lune installée dans le Cancer. **16.** Dès lors la Lune croissante, frappée de tous les côtés par les rayonnements de

Virgine constitutus antiscium in Arietem misit. Antiscium itaque eius in Ariete constitutum <et> Solis antiscium, quod in Libram fuerat missum, per diametrum sibi facta contraria amplissimi ordinis decret*o* in exilium mitti fecerunt ob hoc quod Saturni et Solis antiscia in cosmicis constituta sideribus de diametro se uiderunt.

14. Ipsum uero quae ratio exulem fecit uel quae ratio adulterum (hoc enim illi crimen obiectum est), hac ratione monstratur. Diximus Cancrum in Geminos antiscium mittere; in Cancro itaque Luna constituta antiscium suum misit in Geminos, cuius antiscium in Aquario constitutus Mars de dextro latere respexit; et est perniciosus, quotiens de quocumque latere crescentis Lunae lumen exceperit. Nam superior effectus cum multis corporis uitiis postremo hunc eumdem exulem fecit. **15.** Sed ipse Mars, in Aquario constitutus, in Scorpionem antiscium misit, in quo signo pars horoscopi fuerat constituta; et primum quidem partem uitae, id est horoscopi, in IMC. constitutus uiolenta radiatione percussit; deinde Lunae antiscium [eius] in Geminis constitutum plena trigoni radiatione respexit; tertio antiscium eius in horoscopi parte sedit; quarto antiscium Martis, quod in horoscopum miserat, Lunam in Cancro constitutam de trigono uidit. **16.** Ex omnibus itaque lateribus crescens Luna Martis percussa radiis multis ualitudinibus oppres-

MPR N

6. et *add. Sit. Ksz* || 7. libram fuerat: libra fuerit *N* || 8. decreto *Ald. Ksz*: -ta *MPR N* || 9. saturni *N*: -nus *MPR* || 10. constituta *M*: -ti *PR N*.

14.1. fecit: fecerit *N* || 3. ratione: ratio *P*.

14.8. lumen: *om. N*.

15.1. scorpionem *Q*: -ne *PR* scorpio *N* scorp *M* || 2. fuerat: -rit *P* || 3. partem: -te *N* || 4. in: *om. N* || IMC *N*[2] *Ald.*: immo caelo *N*[1] medium caelum *MPR* || 5. eius *del. Ksz* || 8. cancro: hanc *P*.

Mars, a fait du sujet un homme accablé de nombreuses maladies, et finalement un exilé; et s'il n'y avait pas eu Jupiter, installé dans les Poissons, pour voir l'Horoscope en aspect trigone, notre sujet n'aurait jamais été délivré de son exil; et si Jupiter, en son exaltation (car l'exaltation de Jupiter est le Cancer) n'avait pas vu la Lune en aspect trigone, notre personnage aurait péri de mort violente. Par ailleurs, nous avons dit, dans nos pages précédentes[90], que les bienfaits de Jupiter ainsi placé disparaissaient parce que, au troisième jour, la Lune installée dans le Lion, s'est heurtée en diamètre, dans son plein, aux rayonnements de Mars: et ce jour, c'est-à-dire le troisième, exerce de multiples façons une influence sur les génitures.

17. Je vais encore prendre soin d'expliquer ce qui, de notre personnage, a fait un adultère. Mars, installé dans le Verseau, a envoyé sur le Scorpion un rayonnement d'antiscie; celui-ci a donc trouvé Vénus installée dans le Couchant de la géniture[91]; or Vénus est malheureuse et prise au piège de nombreuses calamités si, placée dans le Couchant, elle se trouve soumise à un violent rayonnement de Mars. D'autre part, le rayonnement d'antiscie de Vénus, envoyé dans le Lion, a regardé Mars, qui était installé dans le Verseau, en aspect diamétral, au Fond du Ciel; mais, depuis le Fond du Ciel, Mars se trouve uni à Vénus, sans passer par l'antiscie, par un aspect quadrat. Dès lors, par toutes ces relations, établies soit directement, soit par antiscie, dans les points cardinaux de la géniture, Vénus et Mars, sous des aspects quadrats ou diamétraux, se combattent dans une sorte d'association meurtrière. Telle fut la raison qui fit accuser notre héros d'adultère.

18. Par ailleurs Mercure, installé, sans la faveur de Jupiter, dans le Verseau, c'est-à-dire dans la maison de Saturne, et

90. Il ne l'a écrit nulle part dans cet ouvrage.

91. L'Ascendant étant dans le Scorpion, il s'agit ici du Taureau. Par antiscie, le rayonnement envoyé par Mars sur le Scorpion est renvoyé en diamètre sur Vénus; celle-ci se trouve alors dans les mêmes dispositions que si elle avait reçu un rayonnement direct de Mars, ce qu'elle déteste quand elle est au couchant.

sum postremo exulem fecit; et, *ni*si Iuppiter, in Pisces constitutus, horoscopum de trigono uidisset, numquam fuisset de exilio liberatus; et, nisi Lunam, altitudine sua, (altitudo enim Iouis est Cancer) de trigono uidisset, biothanatus interisset. Sed et deficere huiusmodi Iouis beneficia in prioribus partibus diximus ob hoc quia tertio die Luna in Leone constituta de diametro s*e* plena lumine Martis radiis impegit; et hic enim dies, id est tertius, plurimum in modum in genituris operatur.

17. Quae uero illum ratio adulterum fecit, etiam hoc explicare curabo. In Aquario constitutus Mars antiscium in Scorpionem misit; in Occasu itaque geniturae Venerem positam antiscium Martis inuenit; est enim misera Venus et multis calamitatibus implicata, si, in Occasu posita, uiolenta Martis radiatione pulsetur. Et rursus antiscium Veneris, in Leonem missum, Martem in Aquario constitutum in IMC. de diametro respexit; sed ex Imo Caelo Mars, sine antiscii ratione, Veneri quadrata radiatione coniungitur. Ex omnibus itaque rationibus et per semetipsos et per antiscia in principalibus cardinibus geniturae, Venus et Mars aut quadratis aut diametris radiationibus inimico se genere societatis impugnant. Haec illum ratio adulterii reum fecit.

18. Mercurius uero in Aquario constitutus sine testimonio Iouis, id est in domo Saturni, et Saturnis in domo

MPR N

16.3. nisi *Ven. Ksz*: si *MPR N* || pisces *MPR N*: -ibus *Ksz* || 5. nisi *N Ven.*: si *MPR* || lunam: l- in *Ksz* || 6. uidisset *N*: u- ut *MPR* || 7. interisset *A N Ven. Ksz*: in terris esset *MPR* || 9. se *Ksz*: suo *MPR N* || 10. hic *A Q*: haec *MPR N* || 11. modum in: hominum *tempt. Ksz* || **17.**3. scorpionem: -pium *N* || itaque: *om. M* || 6. rursus: r- si *M N* || 8. respexit *N*: respexerit *MPR* || 9. imo caelo: medio caelo *M* || 10. radiatione: ratione *N* || 11. principalibus: p- et *P* || 12. et *A Ven.*: aut *MPR N* || 13. radiationibus *A* N^2 *Ven.*: rationibus *MPR* N^1 || 13. inimico *A Ven.*: -cos *MPR N*.

Saturne dans la maison de Mercure, après avoir échangé leurs maisons, lui donnent la connaissance d'écrits secrets. Et puis, que Vénus, depuis le Taureau, ait envoyé un rayonnement d'antiscie sur le Lion, c'est-à-dire dans la maison du Soleil et dans le Milieu du Ciel, a fait que l'empereur, à partir de ces accusations, a porté une sentence de condamnation contre notre héros.

19. La Lune, pleine, installée dans le neuvième lieu, dans sa propre maison, lui a décerné les plus grands honneurs: d'autant que, s'agissant d'une géniture nocturne, elle appliquait un pouvoir de droit et avait la priorité pour décider des honneurs; en outre, Saturne et Mercure, après avoir échangé leurs maisons, lui ont accordé une si grande science et une si grande connaissance des lettres que son éloquence et son style peuvent se comparer à ceux des auteurs anciens. **20.** A qui appartient ce thème de géniture, tu le sais très bien, Lollianus, toi notre gloire. En revenant sur tous ces points, tu découvriras donc la puissance des antiscies. Et celui qui, grâce à une application studieuse, la connaîtra parfaitement, ne se trompera jamais dans sa ligne de conjecture quand il exposera les destins des hommes.

XXX. CE QUE DOIVENT ÊTRE LA VIE ET LA FORMATION DES ASTROLOGUES[92].

1. Dès lors, toi qui t'appliques à lire ces livres, lorsque tu auras reçu en totalité la science de la divination, et que, pleinement initié aux mystères sacrés de la nature, <tu auras

92. Ce chapitre a été traduit par A.-J. Festugière, *Trois dévots païens*, Paris 1944, et en partie par BL, p. 567-568.

Mercurii, commutatis inuicem domibus, absconsarum litterarum scium faciunt. Quod uero Venus de Tauro in Leonem misit antiscium, id est in dom*um* Solis, et in Medium Caelum, de istis criminibus imperatorem in illum fecit sententiam dicere.

19. *Honores illi maximos in IX. loco in domo sua pleno lumine Luna constituta decreuit, praesertim quia in nocturna genitura conditionis suae secuta potestatem in decernendis honoribus habuit principatum; doctrinam etiam et tantam litterarum scientiam immutatis domibus Saturnus Mercuriusque decreuerunt, ut oratio eius ac stilus ueteribus auctoribus conferatur*. **20.** Cuius haec genitura sit, Lolliane decus nostrum, optime nosti. Tractatis itaque his uniuersis inuenies quanta uis sit antisciorum; quam si qui diligenti fuerit disciplina consecutus, numquam eum tractantem fata hominum coniecturae fallet intentio*.

XXX. QVALIS VITA ET QVALE INSTITVTVM ESSE DEBET MATHEMATICIS

1. Nunc tu, quicumque hos libros legere conaris, cum omnem diuinitatis scientiam acceperis et cum naturae sacris imbutus atque initiatus sacrati operis disciplinam

MPR N

18.3. commutatis: -tatur *PR*[ac] || 4. scium *N Ald.*: antiscium *MPR* || 5. domum *Ksz*: -mo *MPR N* || 6. imperatorem: -ator *N.*

19.1. honores — conferatur *Ksz huc transp. haec verba quae post §20 hab. codd.* || 2. decreuit: decernit *N* || quia: que *N* || 5. scientiam *A Ven.*: conscientiam *MPR N.*

20.4. qui: quis *N* || 6. fallet *N Zie*[1].: fallit *MPR Ksz.*

XXX. *Tit.*: *om.* *N*[1] liber III est hic meo iudicio *N*[2] || esse debet: debet esse *M.*

acquis> [?] la discipline de cette œuvre sacrée, forme-toi à l'image et à la ressemblance de la divinité, de façon que l'on fasse toujours hautement l'éloge de ta vertu. Il faut, en effet, que celui qui, chaque jour, parle des dieux et avec les dieux, forme et modèle son esprit pour parvenir à chaque instant à ressembler à la divinité. **2.** Il te faut donc étudier et pratiquer toutes les belles formes de la vertu, et, quand elles t'auront modelé, sois d'accès facile, afin que, si quelqu'un veut te consulter sur quelque chose, il s'approche de toi sans aucun tremblement de terreur. Sois retenu, intègre, sobre, satisfait d'un modeste train de vie et de modestes revenus, de peur qu'un scandaleux désir de l'argent ne vienne salir la gloire de ta science divine. Applique-toi à surpasser, par ta connaissance et ta pratique du bien, la connaissance et la pratique des prêtres; en effet, celui qui est grand-prêtre du Soleil, de la Lune et de tous les autres dieux par qui sont gouvernées toutes choses sur terre, doit sans cesse former son esprit de façon à être reconnu, par le témoignage de tous les hommes, digne d'accomplir des rites si importants.

3. Tu donneras, en tout cas, tes réponses en public; préviens bien ceux qui s'apprêteront à te poser des questions que tu te prononceras à haute voix sur toutes les questions qu'ils te poseront: cela pour qu'on ne vienne pas t'interroger sur ce qu'il n'est pas permis de demander ou de dire[93]. **4.** Garde-toi de jamais répondre à quelqu'un qui t'interroge sur la situation de l'État ou la vie de l'empereur romain: en effet, il ne faut pas, il n'est pas permis que, mus par une curiosité coupable, nous fassions une découverte sur la situation de l'État. C'est d'ailleurs un scélérat, digne de tous les châtiments, celui qui,

93. Ces obligations et ces interdits avaient été formulés sous Auguste par des textes réglementaires: cf. F.H. Cramer, *Astrology in Roman law and politics*, Philadelphia, 1954, p. 249 s.

... ad imaginem te diuinitatis similitudinemque forma, ut sis semper praeconio bonitatis ornatus. Oportet enim eum qui cotidie de diis uel cum diis loquitur animum suum ita formare atque instruere ut ad imitationem diuinitatis semper accedat. **2.** Qu*a*re et disce et exequere omnia ornamenta uirtutis et, cum te his instruxeris, esto facilis accessu, ut, si qui uoluerit aliquid sciscitari, ad te cum nullo terrore trepidationis accedat. Esto pudicus, int*eg*er, sobrius, paruo uictu, paruis opibus contentus, ne istius diuinae scientiae gloriam ignobilis pecuniae cupiditas infamet. Dato operam ut, instituto ac proposito tuo bonorum, institutum ac propositum uincas sacerdotum; antistitem enim Solis ac Lunae et ceterorum deorum, per quos terrena omnia gubernantur, sic oportet animum suum semper instruere ut dignus esse tantis caerimoniis omnium hominum testimoniis comprobetur.

3. Dabis sane responsa publice et hoc interrogaturis ante praedicito, <quod> omnia quidem illis, de quibus interrogant, clara sis uoce dicturus, ne quid a te tale forte quaeratur, quod non liceat nec interrogare nec dicere. **4.** Caue ne quando de statu reipublicae uel de uita Romani imperatoris aliquid interroganti respondeas; non enim oportet nec licet ut de statu reipublicae aliquid nefaria curiositate discamus. Sed et sceleratus atque omni animaduersione dignus est, si quis interrogatus de fato dixerit imperatoris, quia nihil nec dicere

MPR N

1.4. *lacunam statuit Sit.*: didiceris *Mommsen* perdidiceris *Nem.*[1] hauseris *Brakman* assecutus fueris *Wik*[1]. || 7. atque instruere: *om. M.*

2.1. quare *Ald. Ksz*: quaere *MPR* exquire *N* || 2. his: *om. M* || 3. qui: quis *N* || 5. integer sobrius *Ksz*: inter sobrius *N* inter sobrios *MPR* || 6. scientiae *M*: sententiae *PR N* || ignobilis *N A Ven.*: nobilis *MPR* || 9. ac lunae: et *M.*

3.1. dabis: dabit *M* || 2. quod *add. Ald. Ksz*: *om. MPR N.*

4.4. discamus *M* R^{ac}: dicamus PR^{pc} *N Zie*[1].

interrogé sur le destin de l'empereur, aura donné une réponse, car il ne pourra rien dire de lui ni rien en découvrir: en effet, il te faut savoir que, même chez les haruspices, chaque fois qu'ils ont été consultés par des particuliers sur le destin de l'empereur et qu'ils ont voulu répondre à la question, les viscères destinées à cet usage brouillent l'opération par un enchevêtrement inextricable dans la disposition des veines. **5.** D'ailleurs, aucun astrologue non plus n'a jamais pu déterminer quelque chose de vrai sur le destin d'un empereur: seul, en effet, l'empereur n'est pas soumis au cours des astres, et il est le seul sur le destin de qui les astres n'ont pas le pouvoir de prononcer. Comme il est, en effet, le maître de l'univers, son destin est réglé par la décision du dieu suprême, et, parce que toute la surface de la terre est soumise aux pouvoirs de l'empereur, il se trouve lui aussi placé au nombre des dieux que la divinité première a chargés de faire et de conserver toutes choses. **6.** Telle est la raison qui trouble aussi les haruspices: en effet, quelle que soit la divinité invoquée par eux, dès lors qu'elle est d'une puissance moindre, elle ne pourra pas dévoiler le contenu de la puissance plus grande qui se trouve dans l'empereur: car c'est à lui que sont soumis tous les hommes libres, tous les ordres, tous les riches, tous les nobles, toutes les charges, toutes les puissances: ayant obtenu le pouvoir sans borne d'une puissance divine et immortelle, il se trouve placé dans les premiers rangs des dieux.

7. C'est pourquoi, si quelqu'un te pose une question au sujet de l'empereur, je ne veux pas que tu ailles le bouleverser par une réponse brutale et sévère: démontre-lui, par des propos à sa portée, que nul ne peut découvrir quelque chose de la vie du prince: ainsi, averti par ta démonstration, il corrigera l'erreur de son esprit et abandonnera sa folle témérité. Je ne veux pas non plus que, si quelqu'un t'interroge à tort, tu le dénonces, de peur que, une fois que celui-ci aura été condamné par une

poteri*t* nec inuenire; scire enim te conuenit quod et haruspices, quotienscumque a priuatis interrogati de statu imperatoris fuerint et quaerenti respondere uoluerint, exta semper, quae ad hoc fuerint destinata, uenarum ordin*i*s inuoluta confusione conturbent. **5.** Sed nec aliquis mathematicus uerum aliquid de fato imperatoris definire potuit; solus enim imperator stellarum non subiacet cursibus et solus est, in cuius fato stellae decernendi non habeant potestatem. Cum enim fuerit totius orbis dominus, fatum eius dei summi iudicio gubernatur, et quia totius orbis terrenum spatium imperatoris subiacet potestatibus, etiam ipse in eorum deorum numero constitutus est quos ad facienda et conseruanda omnia diuinitas statuit principalis. **6.** Haec ratio et haruspices turbat; quodcumque enim ab his inuocatum fuerit numen, quia minoris est potestatis, maioris potestatis quae enim est in imperatore non poterit explicare substantiam; cui enim omnes ingenui, omnes ordines, omnes diuites, omnes nobiles, omnes honores, omnes seruiunt potestates, diuini numinis et immortalis sortitus licentiae potestatem in principalibus deorum ordinibus collocatur.

7. Quare, quicumque aliquid de imperatore quaesiuerit, nolo eum truci ac seuera responsione conturbes, sed ei docili sermone persuade quod nullus possit de uita principis aliquid inuenire, ut, persuasionibus tuis monitus, istum furorem temeritatis correcto mentis errore deponat. Sed nec deferre te uolo, si quis aliquid male quaesiuerit, ne, cum ille ob illicitas animi cupiditates

MPR N
7. poterit *Ven. Ksz*: poteris *MPR N* || 11. ordinis *Ksz*: -nes *MPR N*.
5.3. enim: autem P^{ac} || stellarum: *exp. M qui add.* definire || 8. etiam: et *N* || 9. quos: quem *N*.
6.3. maioris *N*: m- est *MPR* || 4. enim: *om. N*.
7.5. errore: -rem *M*.

sentence capitale, à cause des appétits illicites de son esprit, tu ne sois considéré comme la cause de sa mort; ce qui est tout à fait étranger au dessein d'un prêtre.

8. Aie une épouse, aie une maison, aie une foule d'amis honorables, montre-toi souvent en public; reste à l'écart de tous conflits, ne te charge d'aucune activité nuisible, ne te soucie jamais d'augmenter ta fortune, reste à l'écart de toute passion cruelle, ne te réjouis jamais des querelles des autres, de leurs inimitiés mortelles et dangereuses; dans toute fréquentation, il faut t'en tenir à une tranquillité mesurée; fuis les mouvements séditieux, fuis toujours les affrontements bouillonnants. **9.** Attache par des nœuds solides la fidélité de l'amitié. Fais en sorte que, dans toutes tes actions, ta loyauté demeure incorruptible; ne souille jamais ta conscience par de faux témoignages, ne demande jamais d'intérêts pour ton argent, pour ne pas tirer du besoin d'autrui une misérable augmentation de ta fortune; n'exige ni ne donne d'engagement par serment, surtout si l'exigence porte sur une affaire d'argent; en effet, il ne faut pas donner l'impression que l'on a eu recours aux puissances divines pour un misérable avantage financier. **10.** Aux hommes égarés, surtout à ceux qui te sont unis par les liens de l'amitié, montre le droit chemin de la vie, afin que, formés par ton enseignement, ils soient libérés des erreurs de leur vie passée: ainsi, ce n'est pas seulement par tes réponses mais par tes conseils que tu pourras redresser les tendances perverses des hommes. N'assiste jamais à des sacrifices nocturnes, qu'ils soient déclarés publics ou privés; n'entretiens pas de conversations en cachette avec quelqu'un, mais, comme je l'ai précisé plus haut, c'est ouvertement et sous les yeux de tous que tu dois exercer la pratique de ton art divin.

capitali sententia fuerit subiugatus, mortis ipsius causa extitisse uidearis; quod alienum est a proposito sacerdotis.

8. Sit tibi uxor, sit tibi domus, sit honestorum amicorum copia, sit ad publicum assiduus accessus, esto ab omnibus contentionibus separatus, nulla negotia nociua suscipias, nec te aliquando pecuniae augmenta sollicitent, esto ab omni crudelitatis ardore sepositus, numquam alienis iurgiis uel capitalibus ac pestiferis inimicitiis gaudeas, sed tibi in omni conuersatione placeat quieta moderatio; fuge seditiones, fuge semper turbulenta certamina. **9.** Amicitiae fidem fortibus copulationibus stringe. Da operam ut in omnibus actibus fides tua incorrupta permaneat; numquam conscientiam tuam falsis testimoniis polluas, numquam pecuniae fenus exerceas, ne[c] alienis necessitatibus miserum tibi pecuniae conferatur augmentum; iurisiurandi fidem nec promittas nec exigas, praesertim si propter pecuniam exactum fuerit, ne propter pecuniae miseram stipem diuina numinum praesidia implorata esse uideantur. **10.** Errantibus hominibus, praesertim quos tibi amicitiae necessitudo coniunxit, rectam uiuendi uiam monstra, ut, tua institutione formati, praeteritis uitae liberentur erroribus, ut non solum responsis, sed etiam consiliis perditas hominum possis instituere cupiditates. Numquam nocturnis sacrificiis intersis, siue illa publica siue priuata dicantur; nec secrete cum aliquo fabulas conferas, sed palam, sicut superius comprehendi, sub conspectu omnium istius diuinae artis exere disciplinam.

MPR N

8.3. nociua: noxia *N* || 6. inimicitiis: inimiciis *N*.

9.2. stringe *A Ven.*: stringendam *MPR N* || da operam *N A*: operam da *MPR* || 5. ne *Ksz*: nec *MPR N* || 6. conferatur: *om. M*.

10.8. conferas: *om. M* conseras *tempt. Zie*[1]. *cf. 1, pr. 3* || 9. istius: huius *M* || 10. exere: exerce *N Nem*[3].

11. Je ne veux pas que tu découvres trop clairement les vices des hommes en présentant leur géniture; mais, chaque fois que tu en arrives à ce sujet, suspends ta réponse avec une sorte d'hésitation, de peur que tu ne paraisses pas dire mais blâmer ce qu'un mouvement défavorable des astres aura décidé pour la personne en question. **12.** Tiens-toi à l'écart des séductions des spectacles, et cela de façon constante, pour que l'on n'aille pas penser que telle ou telle partie reçoit ton approbation; en effet, un prêtre des dieux doit rester séparé et à l'écart des séductions perverses des voluptés.

13. Une fois que tu auras orné ton âme de ces parures et de ces protections qu'apporte la vertu, mets-toi à l'étude de cet ouvrage et continue à lire, en toute sérénité d'esprit, les livres suivants, que nous avons consacrés aux consultations astrologiques. Mais si tu t'es tant soit peu écarté des règles que nous venons d'énoncer à propos des mœurs, ne va pas, sous la pression d'un désir intempestif, ou dans l'ardeur d'une témérité sacrilège, te plonger au fond des secrets de notre discipline. **14.** Ne confie pas non plus les arcanes de notre religion à un esprit aux désirs capricieux: en effet, il ne faut pas que ce soient des hommes à l'esprit égaré qui soient initiés aux cérémonies divines[94]. D'ailleurs, le contenu de cette vénérable science ne pourra jamais se fixer dans un esprit déjà occupé et souillé par une passion dépravée, et il conduit au plus grand échec lorsqu'il est entaché par les intentions malhonnêtes de ceux qui en font profession. **15.** Sois donc pur et chaste; et si tu es resté à l'écart de toutes les actions sacrilèges qui corrompent généralement les âmes, et si la droiture de ton engagement t'a libéré de toute envie criminelle, et si tu te gardes pur en te souvenant que tu es né d'une semence divine, aborde cet

94. Les consultations astrologiques, considérées comme des cérémonies au cours desquelles le consultant entre en relation avec les dieux, par l'intermédiaire du *mathematicus*.

11. Nolo te uitia hominum in tractatu geniturarum manifestius explicare, sed, quotienscumque ad hunc locum ueneris, responsum tuum cum quadam ruboris trepidatione suspende, ne, quod homini malus stellarum decreuit cursus, non dicere, sed exprobrare uidearis. **12.** Secerne te ab spectaculorum semper illecebris, ne quis te fautorem alicuius esse partis existimet; antistes enim deorum separatus et alienus esse debet a prauis illecebris uoluptatum.

13. Cum animum tuum his ornamentis ac praesidiis uirtutis ornaueris, adgredere hoc opus et posteriores libros, quos de apotelesmatibus scripsimus, secura mentis animositate persequere. Quodsi ab his institutis, quae de moribus diximus, animum tuum ex aliqua parte transtuleris, uide ne praeposterae cupiditatis instinctu aut sacrilego temeritatis ardore ad huius disciplinae secreta peruenias. **14.** Nec errantibus animi cupiditatibus religionis istius arcana committas; non enim oportet perditas mentes hominum diuinis initiari caerimoniis. Sed nec occupato animo et perdita cupiditate polluto inhaerere aliquando poterit istius uenerandae scientiae disciplina, et patitur semper iacturam maximam, cum eam improba professorum uoluntas immaculat. **15.** Itaque purus, castus esto; et si te ab omnibus nefariis actibus separasti, qu*i* animum pessumdare consuerunt, et si te rectum uiuendi uotum ab omni scelerum liberauit inuidia et si te purgatum et memorem diuini seminis geris, adgredere hoc opus et posteriores hos libros

MPR N

12.3. a *M A*: *om. PR N.*

13.8. peruenias *M Wik*[2].: uenias *PR N Ksz.*

15.3. qui *Ald. Ksz*: quae *MPR N* || consuerunt: consueuerunt *N* || 4. uiuendi *Q Ksz*: uidendi *MPR N.*

ouvrage et confie les livres suivants à ta mémoire, afin que la divinité te transmette sa science complète et qu'elle accède jusqu'à ton esprit, avec les secrets de sa grandeur prophétique: ainsi, ayant acquis la véritable science de la divination, tu seras capable de déterminer les destins des individus et de dérouler le cours de leur vie, non seulement grâce à tes lectures, mais surtout grâce aux jugements personnels de ton esprit, tant et si bien que tu trouveras plus de ressources dans l'aptitude divinatoire de ton esprit que dans l'enseignement de tes lectures[95].

95. Tout ce développement repose sur une distinction (qui sous-tend une grande partie du *De diuinatione* de Cicéron et qui trouve écho dans le premier aphorisme du *Centiloque* du Pseudo-Ptolémée) entre l'*Art*, appris dans les livres, et la divination inspirée par laquelle l'âme purifiée recevra des dieux la connaissance de l'avenir. L'astrologue digne de ce nom devra dépasser l'un pour accéder à l'autre.

memoriae trade, ut integram tibi scientiam diuinitas tradat et ad animum tuum latente praesaga maiestate accedat, ut ueram diuinitatis scientiam consecutus in definiendis fatis hominum et in explicando uitae cursu non tantum lectionibus, sed propriis mentis iudiciis instruaris, ut plus tibi diuinitate animi quam lectionum magisterio conferatur.

10. in: *om. PR* || cursu: -sum *M* || 12. tibi *N A Ven.*: ibi *MPR*.
Subscr. Iulii Firmici Materni Iunioris u.c. Matheseos liber II explicit: *om. N spatio relicto.*

NOTES COMPLÉMENTAIRES

LIVRE I

Page 50.

4. La ville de Pouzzoles le choisit comme patron, et il fut honoré d'une statue à Suessa. L'édition *Ksz* a retenu ici le texte de *MPR*, *merito...nobilitas*: cela implique que *nobilitare* soit construit avec deux compléments d'objet, l'un direct *et renvoyant au sujet (te)*, l'autre indirect, (*maxima...dignitate*). Cette construction, encore alourdie par la présence de *cuius* n'est certes pas impensable chez Firmicus. Mais *A* et *N* donnent des leçons légèrement différentes, qui obéissent néanmoins à la même logique, en supprimant un degré de subordination et en faisant de *meritum (-ta)* le sujet de *nobilitare*, exprimé dès lors à troisième personne: c'est le parti que nous avons retenu.

Page 51.

6. La légende des dieux Paliques, inconnue des Latins, est racontée par Macrobe (*sat.* 5,19,15-31) à l'occasion d'un commentaire de VERG. *Aen.* 9,581-585. Thalie, enceinte des œuvres de Jupiter, avait, sur sa demande, été engloutie dans le sol avec les jumeaux qu'elle portait; quand arriva le terme de sa grossesse, la terre s'ouvrit, et ceux-ci revinrent au jour, comme l'indique leur nom (πάλιν ἱκέσθαι). Leur culte, lié aux phénomènes volcaniques fréquents en Sicile (PW, XVIII,2 p. 98), était célébré dans un temple situé auprès d'un lac d'origine volcanique, le *lago di Palice*, maintenant *lago di Naftia* (à 45 km de Catania, sur la route de Caltagirone).

7. Les Anciens ont très tôt fabriqué des globes pleins, puis des sphères mobiles pour représenter les positions puis les mouvements des astres. Archimède avait fabriqué une sphère armillaire qui, rapportée à Rome après la prise de Syracuse en 212, fit longtemps l'admiration des Anciens. Cicéron en met une description dans la bouche de Philus (*rep.* 1,14,22). On trouvera une note détaillée et une abondante bibliographie dans A.S. PEASE, éd. de CIC. *nat. deor.* p. 788 s. Sur le goût que les Anciens avaient pour ce genre de représentation, sur les différents modèles, on trouvera le point de nos connaissances et une bibliographie dans l'édition de *l'Astronomie* d'Hygin, procurée par A. Le Boeuffle pour la *CUF* (Paris 1983), p. X-XI. Firmicus redit son admiration pour cette sphère en 6,30,26.

8. Il s'agit des neuf niveaux nécessaires pour représenter alors

l'univers: en partant du centre, la terre, les deux luminaires, les cinq planètes et les étoiles du Zodiaque. Quand la précession des équinoxes aura dissocié les figures du Zodiaque et ses signes fictifs, il faudra un niveau de plus. Cicéron évoque longuement ces neuf sphères et leur harmonie, *rep*. 6,17,17-19; on trouvera une représentation figurée dans l'éd. procurée par E. Bréguet pour la *CUF*, t. 2, p. 188.

9. Sur cette division en cinq zones (deux polaires, deux tempérées, et, au milieu, une zone *perusta* qui regroupe les deux zones tropicales et la zone équatoriale), cf. *infra* note 60.

Page 52.

10. Le concept d'une *Grande Année*, au terme de laquelle les astres retrouvaient leur point de départ, était cher aux Anciens, pour qui ce recommencement devait s'accompagner d'un renouvellement. Mais ils ne s'accordaient guère sur le point de départ du cycle, pas plus que sur sa durée, fixée à 500, 540, 1000, 1460, 12954, voire 15000 ans (cf. J. BEAUJEU, *La religion romaine à l'apogée de l'Empire, I, La politique religieuse des Antonins*, Paris 1955, p. 154 et note 2, où l'on trouvera les *auctores* de ces divers nombres). Le chiffre de 1461, retenu par Firmicus, est celui de l'année sothiaque; en effet, 1461 années rétablissaient le rapport du calendrier égyptien «vague» avec les saisons ($1461 \times 365 = 1460 \times 365{,}25$).

11. En 335 ap. J.-C.

Page 53.

13. P. v. Winterfeld (*Deutsche Litt. Zeitung*, 1896, p. 69) proposait de corriger en *peritia modica* le terme *permodica* qu'il jugeait étranger à l'usage. Son emploi est cependant attesté par PS. AVR. VICT. *epit*. 24,5, avec le sens de *reliefs d'un festin*. Il n'y a donc aucune raison de la marquer d'une croix comme le fait l'éd. *Ksz*.

14. Ce développement, destiné à discréditer les philosophes, est largement inspiré de CIC. *nat. deor*. 1,2-4.

Page 55.

16. Ce passage reflète l'argumentation que Cicéron prête à Panétios (*diu*. 2,46,96-97), vraisemblablement empruntée à Carnéade. D. Amand (*Fatalisme et liberté dans l'Antiquité grecque*, Louvain, 1945, p. 56-57) pense retrouver dans la vivacité du texte un reflet fidèle des questions pressantes qu'utilisait Carnéade.

17. L'attribution de couleurs aux différentes planètes se rencontre dans le célèbre mythe d'Er (PLAT. *rep*. 10,617a; voir J. BIDEZ, *Les couleurs des planètes dans le mythe d'Er au livre X de la «République» de Platon*, *Bull. Acad. Roy. de Belgique*, *Cl. de Lettres* XXI 1935, p. 257 s.). Mais, avec des variantes d'un auteur à l'autre, elle remonte aux anciens Chaldéens. Pour eux, comme pour Firmicus Maternus, la

Lune était brillante, argentée, Saturne noir et Mars pourpre. Certains considéraient que chacune donnait sa couleur aux hommes soumis à son influence (cf. BL, *L'astrologie*... p. 313-315).

Page 56.

18. Ce catalogue des défauts des étrangers n'a pas été intégré à l'étude de Y.A. DAUGE, *Le Barbare* (= Coll. Latomus 176), Bruxelles 1981. Il s'agit généralement de lieux communs auxquels la poésie classique avait fait la part belle, à l'exception de la *iactantia Hispanica* (*iactantia* n'apparaît guère, et timidement, qu'avec Quintilien). Il faudrait également noter que les Juifs, si souvent brocardés, n'ont pas trouvé place dans ce catalogue. Sur les liens établis par les Anciens entre caractères et climats, cf. G. AUJAC, *Strabon et la science de son temps*, Paris, 1968, p. 270-274.

Page 59.

20. *Partes* et *minuta* ne seront en fait définis comme *degrés* et *minutes* qu'en *mat.* 2,5.

Page 61.

21. L'expression *iter maris* n'est pas claire. Dressel (app. de *Ksz*) propose de lire *Martis*: mais la «découverte» de Mars n'est jamais présentée comme un fait nouveau qui se serait ajouté un beau jour à celle des autres planètes. Mommsen (*ibid.*) pense qu'il y a là une allusion à la lune et à son influence sur le phénomène des marées. Mais comme la phrase se trouve dans un ensemble où sont évoquées de grandes découvertes qui ont aidé l'humanité à marcher sur la voie du progrès, on peut considérer plutôt que Firmicus fait ici allusion à l'homme qui, le premier, a regardé les astres pour y trouver des repères pour sa navigation (déjà Ulysse, dans le chant V de l'*Odyssée*!) ouvrant ainsi la voie à l'astronomie, et donc à l'astrologie. L'éloge de ce précurseur anonyme constitue d'ailleurs un thème poétique traditionnel (cf. OV. *fast.* 1,297 et le commentaire de F. Bömer dans son édition, tome 2, p. 37).

Page 62.

22. *Orbem* peut désigner l'orbite ou le disque du soleil. Cette seconde hypothèse pourrait impliquer que Firmicus considère, comme Héraclide le Pontique (CHALCID. *in Tim.* 109) que Mercure et Vénus tournent autour du soleil. L'expression *fidi solis comites* qu'il leur applique plus bas (1,10,14) rappelle cet étroit compagnonnage; mais on peut considérer plus simplement que Firmicus fait allusion au fait, plus à sa portée, que Vénus et Mercure ne s'éloignent jamais beaucoup du Soleil en longitude.

Page 63.

23. Firmicus expose ici une conception archaïque, paradoxale et anthropomorphique des phases de la lune, à qui il prête une lumière propre, sauf à l'époque de la NL, où il accepte qu'elle se laisse éclairer par les rayons du soleil.

24. Le 17 juillet 334: c'est une des éclipses de l'antiquité datées avec le plus de certitude: cf. PW VI,2362; D. JUSTIN-SCHOVE, *Chronology of eclipses and comets, ad 1-1000*, Woodbridge 1984, p. 50.

25. Firmicus ignore superbement le mécanisme des éclipses de soleil: il les explique par une interposition des «rayons de la lune» entre le soleil et la terre! Il ne semble pas non plus se rendre compte que ce phénomène n'affecte jamais la totalité du globe terrestre, puisqu'il écrit que «tous les mortels» peuvent être privés de l'éclat de sa splendeur. Son ignorance semble tout aussi grande vis-à-vis du mécanisme des éclipses de lune (cf. fin de ce même §), puisqu'il semble bien croire que l'ombre portée sur la lune est, non pas celle de la terre, mais celle des régions élevées de la terre.

Page 67.

26. L'expression *mens mundi* entre dans les lettres latines avec Ennius (52-53 Vahl. = 8-9 Warm.) qui la place dans la bouche du pythagoricien Épicharme et lui fait affirmer l'origine solaire de cette *mens*, âme du monde, dont les âmes des hommes sont, au moins en partie, une émanation. Mais l'idée se trouve déjà chez Platon (*Timée* 41 d), et c'est bien vite lui qui sera considéré comme l'*auctor* le plus sûr de cette croyance qui traversera les siècles. Elle occupe en particulier une place d'honneur dans le Songe de Scipion (CIC. *rep.* 6,17,17) et ses commentaires (MACR. *in somn.* 1,14): voir là-dessus P. BOYANCÉ, *La religion astrale de Platon à Cicéron*, *REG* 65, 1952, p. 312-349, part. p. 321 s.

Page 68.

27. On retrouve bien l'esprit socratique dans cette anecdote, mais elle ne correspond à aucune de celles que nous connaissons par les sources dont nous disposons.

28. Cette résistance est également évoquée par Plotin (*Enn.* II,3,9): celui-ci reprend les affirmations du *Timée* (61 ce; 69 cd) selon lesquelles l'homme reçoit des astres au moins une partie de son âme, celle qui produit les passions, et se trouve ainsi soumis à la nécessité. Plotin insiste sur la puissance de l'autre partie de l'âme, celle qui est donnée à l'homme par le démiurge, et qui est la seule véritable partie divine de son être: elle doit lui permettre de résister à ses passions, à la force des astres, et donc de «fuir d'ici» comme le dit Platon dans le *Théètète* (176a). «C'est l'être privé de cette âme qui a une vie assujettie au Destin... il devient lui-même un fragment et il dépend de l'Univers dont il est un fragment» (II,3,9).

Page 69.

29. Le passage est peut-être corrompu, comme le pensent *Ksz*; Stangl proposait de corriger *inimicus* par *uicinus*. On peut comprendre le texte tel qu'il est: le contexte est celui d'un procès (ou d'une déclamation): l'*inimicus* est l'adversaire du désespéré: il a vu, ou feint de voir, dans le suicide, une manœuvre qui aurait aidé les héritiers à faire échapper au fisc les biens du défunt. Mais l'enquête établit, ou feint de reconnaître, que celui-ci a agi poussé par le *dedecus uitae*, motif de suicide admis par la législation; de ce fait, le suicidé est absous par ceux qui auraient dû le condamner (sur ces problèmes, voir Y. GRISÉ, *Le suicide dans la Rome antique*, Paris-Montréal 1982, p. 264).

Page 71.

32. Aristide, on le sait, avait reçu le surnom non pas de *sage*, comme le dit ici Firmicus, mais de *juste* (PLUT. *Arist.* 6,2). C'est bien le titre qu'avaient retenu pour lui les Latins, Cornélius Népos (*Arist.* 2,5) comme Valère Maxime, qui le classe dans les personnages rendus exemplaires par leur *iustitia* (6,5, *ext.* 2). Firmicus fait bien d'abord allusion à cette justice exemplaire, puis lui attribue cet autre qualificatif, sans que l'on puisse discerner clairement la raison de cette modification (souci d'éviter une répétition?).

33. L'oracle de Delphes, interrogé par Chéréphon, fidèle disciple de Socrate, avait proclamé que «nul n'était plus désintéressé, ni plus juste, ni plus sage que Socrate» (XEN. *apol.* 14). Dans la version rapportée par Platon (*apol.* 21 a), la question, et donc le compliment, n'avait porté que sur la *science* du philosophe.

34. Les vicissitudes endurées par Alcibiade étaient devenues exemplaires même chez les Latins: elles trouvent place chez Valère Maxime, dans un ensemble consacré aux *miserabiles exitus* (1,7 *ext.* 9), ainsi que dans le chapitre intitulé *De mutatione morum aut fortunae* (6,9, *ext.* 7).

Page 72.

35. Cette évocation du destin de Pythagore est essentiellement oratoire: elle reproduit diverses données que l'on trouve bien dans la *Vita Pythagorae* de Porphyre (§ 57) et chez Diogène Laërce (8,21), mais elle est fondée avant tout sur le contraste entre l'esprit supérieur de Pythagore qui lui permet de faire accéder les hommes aux secrets de la majesté divine, et ses pérégrinations malheureuses suivies d'une catastrophe dans laquelle sont entraînés avec lui beaucoup d'autres hommes: par la volonté des astres, celui que l'on croyait supérieur à eux a connu l'humiliation d'être celui qui provoque le malheur. Sur le rôle joué par les Pythagoriciens dans l'emprise croissante des religions astrales, cf. L. ROUGIER, *La religion astrale des Pythagoriciens*, Paris 1959.

Page 73.

36. Le long récit consacré à Plotin, ennemi de l'astrologie et châtié de son outrecuidance, a été analysé par P. Henry, *Plotin et l'Occident*, Louvain, 1934, p. 25-43. Contre H. Oppermann (*Plotins Leben. Untersuchungen zur Biographie Plotins*, dans *Orient und Antike*, 7, 1929, p. 60 s.), pour qui Firmicus Maternus s'était inspiré ici d'une œuvre perdue du médecin Eustochius consacrée à la vie de son maître et ami, P. Henry montre que l'astrologue a essentiellement utilisé la *Vita Plotini* de Porphyre, en s'appliquant à lui donner un caractère déclamatoire, pour d'évidentes nécessités polémiques. Les symptômes de la maladie de Plotin sont ceux que les médecins anciens rassemblaient pour décrire l'*elephantiasis*, la lèpre.

37. Plotin, après avoir songé à fonder en Campanie une *Platonopolis*, s'était installé dans cette région, où il devait mourir dans une villa appartenant à un de ses amis. Aux charmes du climat s'ajoutait en ces lieux la possibilité de profiter des vertus salutaires des eaux minérales et thermales, en particulier de celles de Baies: cf. PLIN. 31,4 et les notes *ad loc.* de G. Serbat (ed. *CUF*, 1972); J.H. D'Harms, *Romans on the bay of Naples*, London 1970, p. 147 s.

Page 75.

38. Miltiade et Thémistocle figuraient, comme Aristide cité plus haut, dans des catalogues d'*exempla* destinés à montrer que les peuples sont le plus souvent ingrats envers ceux qui les ont sauvés (cf. VAL. MAX. 5,3, *ext. de ingratis*). Ces trois personnages, comme d'ailleurs Alcibiade, étaient connus des Romains non seulement par l'œuvre de Plutarque, mais aussi par les *Vies* de Cornélius Népos.

39. Les pages consacrées à Sylla (§ 25-38) ont fait l'objet d'une édition procurée par H. Usener, dans la préface à l'édition des *Historiarum reliquiae* de Salluste (B. Maurenbrecher, Stuttgart, 1891), p. XV-XXII. Dans deux pages de commentaires, l'éditeur montre la tonalité toute sallustéenne de ces pages de Firmicus, où il n'hésite parfois même pas à déterminer ce qu'il pense être des citations des *Histoires*. Sur le personnage, et les épisodes de sa vie auxquels Firmicus fait ici allusion, on lira les travaux de F. Hinard: *Les proscriptions de la Rome républicaine* (BFAR 83, Paris 1985) et *Sylla* (Fayard, 1985).

Page 76.

41. Ce titre confirmait que toute son action et sa réussite recevaient l'appui et la faveur des dieux. Il se l'était décerné à lui-même après la mort de Marius le Jeune, alors que les flatteurs le lui donnaient depuis déjà quelque temps (VELL. PAT. 2,27,5; PLUT. *Sylla* 34,3). Pline (*nat.* 7,137) fait remarquer que jusqu'à son temps Sylla fut le seul humain à être appelé ainsi.

42. En 95 av. J.-C., le peuple refuse de l'élire à la préture parce qu'il n'a pas assumé d'abord les fonctions d'édile.

43. En 91 av. J.-C., il est accusé par Censorinus d'avoir, à l'occasion de sa préture en Cappadoce, extorqué des fonds à une monarchie alliée; mais l'accusation fut abandonnée.

44. Cf. SALL. *hist. frg.* 1,55.

Page 77.

48. Cette façon de déterminer l'extrémité de l'empire par l'Océan (qui entoure l'ensemble des terres) est toute sallustéenne (cf. *Hist.* 4,69,17).

Page 78.

49. L'expression *inter leges* ne signifie pas que la troisième proscription se serait produite entre les lois *Porciae* et les lois *Semproniae*, mais qu'elle s'est produite malgré les garanties apportées aux citoyens, corps et biens, par ces deux séries de lois toujours évoquées quand il s'agissait de libertés publiques et de protection des personnes (G. ROTONDI, *Leges publicae populi romani*, Milano 1912, p. 268 s.; 307 s.).

50. Le meurtre de Lucrétius est au contraire rapporté par Asconius (p. 81 K.) à une date à laquelle Sylla n'avait pas encore abdiqué: «(Bellienus)... Lucretium Ofellam consulatum contra uoluntatem Sullae... petentem occiderat iussu Sullae tunc dictatoris».

51. Il s'agissait d'une fontaine qui alimentait Rome en eau vive et qui fut souillée par les cadavres des proscrits, et transformée, de ce fait, en un lac de sang: cf. SEN. *prou.* 3,7.

Page 80.

54. On a trouvé là un argument pour corroborer l'hypothèse (fondée sur CIC. *rep.* 6,12) selon laquelle Scipion Émilien aurait songé, avant sa mort brutale et inexpliquée, en 129, à prendre le titre de dictateur: cf. R.L. MONTANARI CALDINI, *Cicerone, Firmico e la dittatura di Sc. Emiliano*, *Prometheus* 10, 1984, 19-32.

55. On sait que Régulus, capturé par les Carthaginois, avait été envoyé par eux à Rome pour négocier la paix et qu'il avait conseillé à ses compatriotes de refuser les conditions proposées, avant de se constituer à nouveau prisonnier. Les Carthaginois lui avaient alors arraché les paupières et il mourut de l'épuisement provoqué par une veille perpétuelle et l'exposition au soleil. Il était cité comme exemple de fidélité à la parole donnée, et comme victime de la cruauté et de la perfidie puniques (CIC. *off.* 1,39; HOR. *od.* 3,5,42; LIV. 22,60,15...) Voir également la fin de la note suivante.

56. M. Licinius Crassus, à qui tout avait si bien réussi qu'il avait acquis le surnom de *Diues*, fut capturé par les Parthes en 53, lors du désastre de Carrhae. Il était cité dans les exemples *de mutatione morum*

aut fortunae (VAL. MAX. 6,9,12-13). On notera surtout que, chez les déclamateurs, Crassus et Régulus étaient réunis pour fournir un exemple de chefs, qui, malgré leur puissance, avaient pu être capturés par les ennemis (SEN. *contr.* 5.7).

56 bis. L'assassinat de Cicéron était volontiers représenté comme la revanche des méchants sur celui qui avait passé sa vie au service des gens de bien: on souligne en particulier que, parmi les assassins, figurait C. Popilius Laenas, que Cicéron avait défendu contre une accusation de parricide (PLUT. *Cic.* 48,1; SEN. *contr.* 7,2,8).

Page 81.

57. A partir de Pharsale, en particulier, César avait réussi à acquérir une grande réputation d'indulgence vis-à-vis de ses adversaires, qui était presque devenue un thème de propagande autour de son nom (voir, par exemple, la liste des Pompéiens grâciés, PW, X, 355). On sait aussi qu'il avait fait la carrière de Brutus, âme du complot dirigé contre lui (PLUT. *Caes.* 63,1) et qu'il avait fait de D. Brutus Albinus, un autre conjuré, son héritier en second (*ibid.*, 64,1).

58. Couleur virgilienne: *Aen.* 4,569: «Varium et mutabile semper/ femina».

Page 85.

60. Cette division en cinq zones, qui confond en une seule la zone équatoriale et les zones tropicales, remonte à Ératosthène (cf. HERACL. PONT. *Alleg. Hom.* p. 476; PLIN. *nat.* 2,95); elle est longuement expliquée chez CIC. *rep.* 6,20,21. La présentation de Firmicus reproduit celle que donne Virgile (*georg.* 1,231-240): il reprend la plus grande partie des qualificatifs virgiliens, ce qui a même conduit *Kśz* à corriger *niuibus* en *imbribus* pour obtenir un parallèle plus frappant.

Page 86.

61. Sur les incohérences entraînées par la volonté de certains astrologues de s'en tenir à cinq zones alors qu'il y a sept astres pour régir le monde, cf. BL p. 335; sur le rôle joué par Ptolémée dans l'élaboration de l'évolution de cette «théorie des climats», cf. BL p. 337 s.; sur les liens entre caractères et climats, cf. note 18; sur l'objection à l'astrologie tirée de l'existence des races, cf. BL p. 582 s.

Page 89.

64. Firmicus adopte ici clairement l'ordre dit «chaldéen» des planètes, qui, plaçant le soleil au milieu du ciel, favorisait la tendance à le diviniser. Cet ordre, introduit en Occident par Posidonius, avait été adopté par Archimède, divers pythagoriciens et stoïciens (cf. P. BOYANCÉ, *Études sur le Songe de Scipion*, Paris 1936, p. 61 s.) ainsi que par Pline (*nat.* 2,12-13). Cicéron (*nat. deor.* 2,20,51; 46,119) défend l'ordre dit «égyptien» qui place les deux luminaires immédiatement au-

dessus de la terre et en dessous des planètes (Étude et bibliographie sur ce point dans les notes de l'édition du livre II de Pline procurée par J. Beaujeu, *CUF* 1950, p. 124-125, puis dans l'édition du *De republica* de Cicéron, procurée par E. Bréguet, *CUF* 1980, t. 2, p. 184-185).

65. Alors que, plus haut, Firmicus affirme d'étonnante façon que la lune, tout en utilisant parfois les rayons du soleil, possède également une lumière propre, il en fait ici un astre mort. Pour les autres planètes, il n'évoque pas non plus ici des rayonnements propres, signes de leur puissance, sans percevoir peut-être qu'il sape ainsi les fondements de l'astrologie. Mais on sait qu'il n'en est pas à une contradiction près, et, dans ce passage dédié à Constantin, sectateur du *Sol inuictus*, le plus important était pour lui d'affirmer hautement la puissance suprême du soleil, qui reçoit même le titre *Optime Maxime*, habituellement dévolu à Jupiter.

66. Ces régions profondes sont les plus basses, les plus proches de la terre, centre du monde.

LIVRE II

Page 91.

2. Antiscies: les astronomes associaient par couples les signes zodiacaux qui avaient même latitude: lorsque le soleil se trouvait dans l'un ou l'autre de ces signes couplés, les jours, et par conséquent les nuits, avaient, dans un cas comme dans l'autre, la même durée. Pour cette raison, Ptolémée (*Tetr.* 1,16) les appelle ἰσοδυναμοῦντα. Les astrologues disaient que les signes ainsi placés se voyaient par-dessus ou par-dessous le disque de la terre, placé au centre du cercle zodiacal, et échangeaient leurs rayonnements: Firmicus revient sur cette théorie au chap. 29 (cf. notre note *ad loc.* et, sur l'ensemble du système, BL, p. 159-163). Traduction de *antiscia*: certains astrologues utilisent le terme *antices*, mais la définition qu'ils en donnent ne correspond pas à l'idée que s'en faisaient les Anciens: nous conservons donc une forme francisée du terme utilisé par Firmicus, *antiscie*, le plus souvent au pluriel *antiscies*, puisqu'il se rapporte toujours à des couples. On prendra garde au fait que cette dernière forme est utilisée en géodésie pour désigner des points d'un même méridien, de latitude égale, mais opposés de part et d'autre de l'équateur et où, conformément au sens de *anti-scia*, les ombres sont opposées rigoureusement les unes aux autres. L'illustre astronome Hipparque de Nicée, connu surtout par le catalogue d'étoiles qu'il avait dressé vers 130 av. J.-C., avait mis au point plusieurs systèmes permettant de mieux observer les astres et de mesurer leurs mouvements (PW, VIII, 1666). Croyant à «une parenté entre les astres et l'homme» (cf. PLIN. *nat.* 2,95), ce théoricien de la théodésie zodiacale et des antiscies avait été très tôt «récupéré» par les astrologues (cf. R. TURCAN, *Littérature astrologique et astrologie littéraire dans l'Antiquité classique*, dans *Latomus*, 27, 1968, p. 399 s.).

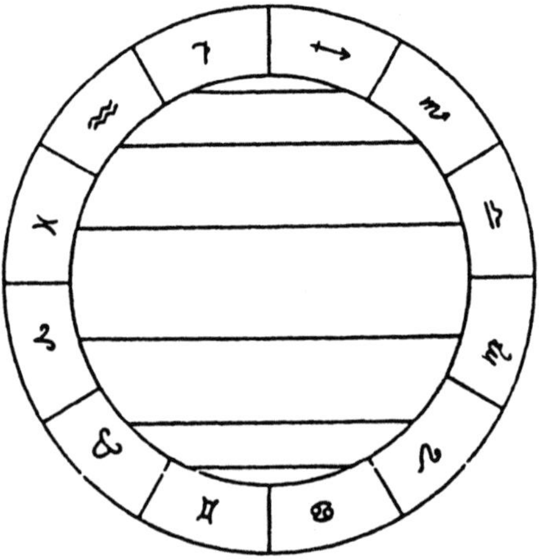

Correspondances par antiscies entre les signes du Zodiaque.

3. Énoncés apotélesmatiques: le mot grec que Firmicus s'est contenté de transcrire indique un accomplissement: il s'agit, non pas comme le croient certains, d'un accomplissement dans la réalité de prédictions astrologiques, mais de formules qui annoncent ce qui va s'accomplir, qui tirent les conclusions pratiques de l'analyse de l'état du ciel pratiquée préalablement: ce que l'on désigne actuellement par le terme *horoscope*, lequel, chez les Anciens, désigne l'état du ciel au moment de ma naissance d'un individu (cf. 2,14,3).

4. J. César avait bien écrit, avec l'aide de Sosigène, un ouvrage sur les astres, qui est mentionné par Pline (*nat.* 18,211.214) et par Macrobe (*sat.* 1,16,39). Mais il s'agissait très vraisemblablement d'un ouvrage sur le calendrier; Firmicus évoque donc certainement ici Germanicus César, qui avait traduit les *Phénomènes* et les *Pronostics* d'Aratos. (Édit. A. Le Boeuffle, *CUF*, 1975). Pas plus que Cicéron, il n'avait traité d'astrologie, mais tout exposé d'astronomie était peu ou prou, chez les Anciens, considéré comme une introduction à l'astrologie.

5. De la traduction que Cicéron a donnée des *Phénomènes* d'Aratos, (Édit. J. Soubiran, *CUF*, 1972), il ne nous reste que la description des signes du Zodiaque, environ cinq cents vers. On s'étonnera peut-être de ne pas voir citer Manilius, que Firmicus semble utiliser à plusieurs reprises. Ne pas citer sa source principale était un usage assez répandu chez les Anciens.

6. Consultation: Kroll-Skutsch trouvent *respondit* malvenu et préféreraient *exposuit uel sim.* Mais *respondeo* désigne souvent la réponse

d'un oracle et s'applique donc très bien à celle de cet oracle particulier qu'est l'astrologue, fût-il amateur.

7. Cf. § 2.

Page 92.

8. Les manuscrits donnent tous le nom de Navigius, inconnu par ailleurs. Un grand nombre de critiques, à la suite de Scaliger, proposent de lire ici le nom du célèbre Nigidius Figulus; certes, la tentation était grande de substituer à ce nom inconnu celui du célèbre ami de Cicéron, qui l'appelait «acer inuestigator et diligens earum rerum quae a natura inuolutae uidentur (*Tim. frg.* 1)»: on sait qu'il avait joué un certain rôle politique (cf. J. Carcopino, *La basilique pythagoricienne de la Porte Majeure*, p. 197 s.), mais son rôle philosophique et religieux lui avait valu un prestige tel que saint Augustin, par exemple, le considérait comme un des astrologues les plus représentatifs (*cit.* 5,3); voir A. Della Casa, *Nigidio Figulo*, Roma 1962. Toutefois, la tradition manuscrite est unanime pour écrire Navigius, que nous conservons donc; certains essaient de rehausser le prestige de cet inconnu en lui attribuant un traité sur les songes, cela sur la foi de bien maigres indices (deux mots à demi effacés dans une scolie de Térence, et restitués pour les besoins de la cause: *<a>put <Navi>gium*!): voir en dernier lieu L. Castiglioni, *Decisa forficibus*, V, *ACME*, 1,195, 1948, 43-45. Une lecture rigoureuse de la phrase de Firmicus (*probat* au présent, *monstrauit* au parfait) pourrait conduire à penser que Navigius est, sinon un contemporain de Firmicus, du moins un personnage postérieur à Ptolémée.

9. Cf. *infra*, ch. 29.

10. Sur les origines et l'histoire du Zodiaque, voir BL p. 52-62; H.G. Gundel et R. Böker, *Zodiakos*, München 1972; A. Le Boeuffle, *Les noms d'astres et de constellations*, p. 77 s.

11. *Planetae*: Firmicus ne recourt à cette transcription du terme grec que lorsqu'il distingue les cinq planètes alors connues des deux luminaires; dans les autres cas, il utilise *stellae*: cf. A. Le Boeuffle, *Les noms latins*... p. 51-52.

12. Pour l'observateur placé sur la Terre et qui se croit au centre de l'Univers, le plan du Zodiaque, incliné sur l'Équateur, est traversé obliquement par l'axe du monde. Firmicus ne s'étend guère sur le problème de l'obliquité de l'écliptique (il y fait encore allusion en 1,10,5), soit, comme on le dit le plus souvent, qu'il n'entende rien au problème, soit qu'il veuille épargner à son lecteur des détours fastidieux.

13. Les sexes attribués aux signes par les astrologues n'ont aucun lien logique avec les figures évoquées (le Taureau est féminin!) ni avec les noms latins ou grecs de ces représentations. Les signes de feu et d'air sont masculins, les signes d'eau et de terre sont féminins (Firmicus

fait allusion à la théorie des quatre éléments, *mat.* 3, *pr.* 2). Les sexes alternent de signe en signe, à partir du Bélier, qui est masculin: selon la doctrine pythagoricienne, les signes impairs sont masculins et les signes pairs féminins (cf. BL, p. 154); quant à la répartition en «modes» (à partir d'un équinoxe les signes sont dits *tropiques*, *solides*, *doubles*) Firmicus l'évoque rapidement (*infra*, 22,8).

Page 93.

15. Ces vocables épithètes, que Firmicus présente comme Égyptiens, sont en fait alexandrins, donc grecs, et traduisent des qualificatifs babyloniens qui correspondaient peu ou prou à l'aspect des astres: pour Firmicus, Φαίνων, le *Visible*, désigne Saturne, alors qu'Ératosthène donne ce nom à Jupiter; Φαέθων désigne Jupiter, par référence à la divinité solaire; Στίλζων, le *Scintillant*, est Mercure; Vénus, astre du soir et du matin, est Φωσφόρος, *Porte-Lumière*; quant à Mars, son éclat rougeâtre le fait appeler Πυρόεις, le *Flamboyant*. Sur cette terminologie, voir LB *NLAC* p. 250 s.). A l'origine, on ne confondait pas les astres et les dieux, on disait ὁ τοῦ Χρόνου et non pas Χρόνος. Puis, sous l'influence des pythagoriciens et des stoïciens, mais aussi pour faire court, on utilisa la formule la plus brève; c'est ce que fait Firmicus dans 93% des cas (LB *NLAC* p. 254-255).

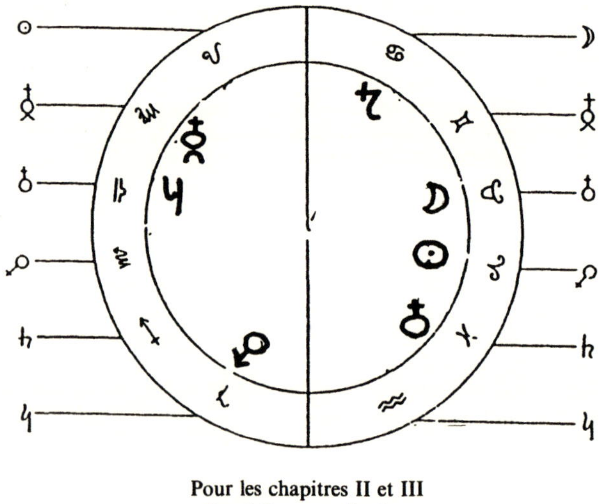

Pour les chapitres II et III
Domiciles et exaltations
Table des signes p. 39

Page 94.

16. *Altitudo* et *deiectio* traduisent respectivement ὕψωμα et ταπείνωμα. Malheureusement ce couple de mots est déjà chargé d'ambiguïté chez les astronomes, pour qui ils désignent tantôt les déclinaisons (boréales et australes) des planètes, tantôt l'apogée/périgée. Les astrologues, considérant que la planète, lors de son passage quotidien au méridien d'un lieu terrestre, doit avoir davantage de puissance, considèrent aussi que, quand elle est en apogée, elle «monte» parce que sa vigueur est plus grande. Dans tous les cas, cette élévation la rend heureuse, donc propice (cf. BL, p. 192-197). Ce système, qui revient à donner à chaque planète non plus deux signes dans lesquels elle se montre favorable, mais un seul, entre théoriquement en concurrence avec celui des domiciles: voir la figure ci-dessus. Dans la pratique, cela donne un peu de jeu à l'astrologue qui peut, grâce à l'un des systèmes, découvrir des données encourageantes que n'apporte pas l'autre: c'est un peu ce que fait Firmicus plus bas, dans le chapitre 21.

17. *Genitura* traduit γένεσις que les astrologues utilisaient, par abréviation de διάθεμα ou θέμα τῆς γενέσεως, sorte d'instantané du ciel au moment de la naissance (cf. BL, p. 256).

Page 95.

18. *Partes* est déjà utilisé ici avec le sens technique de *degré* qui ne sera défini qu'au chapitre 5. Quelques chiffres, manifestement modifiés au cours de la transmission manuscrite, ont été rétablis par *Ksz* à l'aide des autres auteurs qui présentent des tableaux analogues: Vettius Valens, Pline (*nat.* 2: voir le commentaire de J. Beaujeu dans l'édition *CUF* p. 151-152, où l'on trouvera, pour les *apogées*, notion astronomique, les chiffres des auteurs anciens et ceux qu'a pu rétablir l'astronomie moderne); Dorothée de Sidon, dont le texte en vers, transmis par Héphestion de Thèbes, apporte des certitudes confirmées par les mètres (éd. D. PINGREE, Teubner, 1976). On notera que les dépressions sont dans les signes opposés à ceux des exaltations; mais comme elles sont situées au degré de même valeur, toute la symétrie du système est détruite, sauf quand il s'agit du 15ᵉ degré.

18b. Dans ce §, il n'est pas nécessaire de rétablir partout des génitifs pour les noms des signes, comme l'ont fait *Ksz*: là où le nom qui désigne le signe est à l'ablatif, on peut considérer qu'il est simplement précisé par *parte* (cf. ERN.-THOM. § 120b).

Page 96.

20. La notion de décan était extrêmement confuse et recouvrait de multiples méthodes de subdivision du Zodiaque: «fatras répugnant, œuvre de cerveaux sans génie», dit Bouché-Leclercq (p. 216, n. 3) avant d'exposer ces nombreux systèmes. Le premier paragraphe de Firmicus semble faire allusion à l'une des premières formes des décans, *figures* de

génies, au nombre de 36, réparties sur le pourtour du cercle et occupant donc chacun dix degrés (cf. *math.* 4,22). Mais dans les § 2 et 3, *decanus* ne désigne plus que cet *espace* de dix degrés, dédié alors, à titre secondaire, à l'un ou l'autre des astres, dans des signes qui ne sont pas leur domicile premier: ainsi, dans le Bélier, domicile de Mars, le premier décan appartient-il à ce même Mars, tandis que le second est au Soleil et le troisième à Vénus (cf. BL, p. 216; 229).

Page 97.

21. *Munifices*: les divinités au profit desquelles est établie cette nouvelle subdivision sont nommées par un terme qui désigne habituellement des serviteurs publics chargés de tâches subalternes ou des *milites gregarii*, soldats qui ne bénéficient d'aucune exemption de corvée: ces *munifices* n'influent, de fait, que sur une petite partie de la destinée. *Id est liturgos* semble bien être une glose: pourquoi, en effet un auteur latin expliquerait-il un terme latin par un mot grec? Si on élimine ces mots, on peut, du même coup conserver *applicandos*, que l'introduction de la glose avait fait corriger en *appellandos*. Sur ce passage, voir BL, p. 225, n. 1, et A.-J. FESTUGIÈRE, *La Révélation*... t. 1, p. 132.

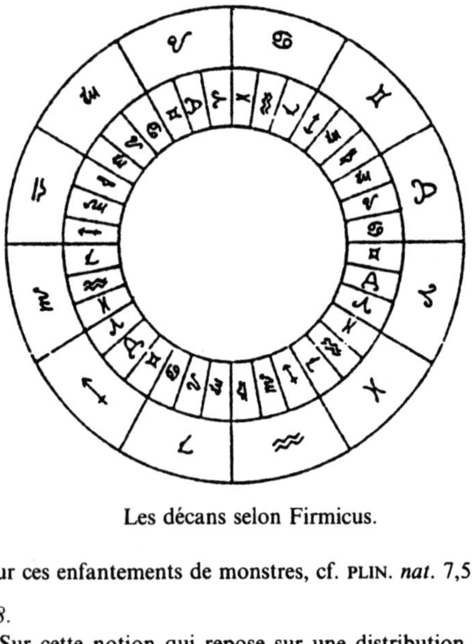

Les décans selon Firmicus.

22. Sur ces enfantements de monstres, cf. PLIN. *nat.* 7,51.

Page 98.

23. Sur cette notion qui repose sur une distribution en apparence aléatoire et que Manilius évoque sans l'exposer (1,747 s.), cf. BL, p. 206. Le système présenté ici par Firmicus est celui des Égyptiens,

dont les autres témoins sont Paul d'Alexandrie et Dorothée de Sidon. L'exposé de ce dernier, en vers, est peut-être plus fiable et permet de corriger le texte, même unanime, des manuscrits de Firmicus, comme le fait l'édition *Ksz*, approuvée par BL, p. 207. La complexité de ce système est telle que celui-ci n'a pas eu de descendance (LB, *Lexique*, n° 447). Ptolémée, quant à lui, propose un système concurrentiel (*Tetr.* 1,20-21).

24. *Stella*, dans ce début de chapitre, désigne les seules planètes, puisque les deux luminaires ne possèdent pas de confins.

25. Cf. *supra*, 2,2,5.

Page 101.

27. Les manuscrits de la famille des *mutili* offrent ici une lacune, que présentait également l'exemplaire copié par le copiste de *N* (cf. *Ksz* t. II, p. 547b). Celle-ci peut être comblée en partie grâce au témoignage de divers *recentiores*, dans lesquels on trouve, à des endroits différents (après 2,2,4 pour *A C F*; à leur place dans *D*; dans *B*, le chapitre VIIb est à sa place, mais le reste se trouve à la fin du chapitre II), le passage qui, dans notre édition, va de 2,7b,3 à 2,10,5. Le recoupement avec les *capitula* et les *indices* semble montrer que manquent ici cinq chapitres complets ainsi que des éléments de deux chapitres. Les éditeurs *Ksz*, dans leur préface (t. II, p. XIV-XV), présentent de minutieux calculs sur l'étendue vraisemblable de cette lacune, en recourant aux règles de la stichométrie et en se fondant sur les *indices* de certains manuscrits. Mais ils reconnaissent finalement qu'il s'agit là d'hypothèses d'autant plus fragiles que les *indices*, pour les parties que nous avons conservées, ne correspondent pas toujours au contenu des divers chapitres. Ce que *Ksz* présentent comme la fin du chapitre VII (VII,3-4) constitue plus vraisemblablement la fin du chapitre consacré à la Lune, intitulé, dans les *capitula* «La Lune: qu'indique-t-elle en s'associant à un astre donné». De fait, on y trouve évoqués les effets produits par l'association de la Lune avec Vénus ou Mars. Je présente donc ces quelques lignes dans un ensemble distinct; mais, soucieux de ne pas bouleverser une numérotation devenue traditionnelle, je donne à ce chapitre le n° VII B.

28. *Deficiens*, ici comme presque toujours chez Firmicus, se rapporte au décours de la lune et non à ses éclipses (cf. LB, *Lexique*... p. 115, n° 390 b); *crescens*, qui lui est opposé, désigne la lune en phase croissante (cf. *infra* 19,9; 29,14; 29,16).

29. Cette promesse sera tenue essentiellement dans les livres III et IV.

Page 102.

30. Firmicus utilise d'abord cinq adjectifs, mais il n'en explique que quatre dans la suite de son texte, *occiduales*, que donnent ici tous les

manuscrits, n'étant pas repris. Pour les astronomes, le lever matinal d'une planète a lieu quand celle-ci est assez écartée du soleil pour être visible à l'aurore; le coucher matinal (pour les planètes inférieures) quand, pour la dernière fois, elles sont visibles à l'est à la fin de la nuit; le lever du soir des planètes supérieures se produit quand elles sont en opposition avec le Soleil, leur coucher du soir quand, rejointes par lui, elles disparaissent dans le rayonnement du couchant. Pour les planètes inférieures, il y a lever du soir quand, pour la première fois, elles sont visibles à l'ouest, au crépuscule; coucher du soir, entre leur station du soir et leur conjonction inférieure avec le soleil. De cet ensemble, Firmicus ne retient qu'une partie, oubliant ou négligeant le fait qu'à *matutinae et uespertinae in ortu* aurait dû répondre *matutinae aut uespertinae in occasu*. Pour lui, les planètes sont simplement matinales quand elles précèdent le soleil levant et vespérales quand elles le suivent. Firmicus explique également *absconsae*: les planètes sont cachées quand elles sont en conjonction avec le disque du soleil, juste sur son chemin (συνοδικαί). Ἀκρόνυχος qualifiait, chez les astronomes, le lever ou le coucher d'un astre qui se produisait au moment où le soleil, à l'opposé de l'horizon, se couchait ou se levait. Firmicus reprend cet adjectif, sous la forme utilisée par Vettius Valens, ἀκρονύκτος et réduit sa signification à une seule de ces situations, celle où l'astre se lève au coucher du soleil. Quant à *occidualis*, c'est un terme rare (on ne le retrouve que deux fois, chez Prudence, avec le sens d'*occidental*, *Sym.* 2,598; *Psych.* 832), que LB, *Lexique*... ne signale que dans ce passage, et pour lequel il ne propose pas de traduction. Le mot se rattache à *occidens*, «qui se couche» (LB, *Lexique*... s.u. *cadere*); Firmicus ne l'explique pas, soit parce qu'il le considère comme synonyme de *uespertinus*, soit parce que sa source, en ce passage, l'utilisait sans l'expliquer davantage; on peut supposer qu'il s'appliquait à une cinquième position des planètes par rapport au soleil, correspondant peut-être au *coucher du soir* des astronomes.

Les éditeurs *Ksz* ajoutent, dans leur apparat, à propos de ce passage: «astronomiae plane est ignarus Firmicus». Il est certain que sa classification réduit abusivement celle des astronomes, et que les explications qu'il donne à la fin du § 1 ne répondent pas à ce que l'on pouvait attendre (*matutinae* et *uespertinae* ne sont expliqués que pour un seul des deux cas de figure qu'ils recouvrent). Cette réduction des perspectives peut s'expliquer en partie par son ignorance, ou par des lacunes dans ses sources, ou par le souci de ne retenir que les positions qui pouvaient donner lieu à une interprétation astrologique. Mais celle-ci demeure elle-même incomplète: dans le § 3, Firmicus indique que les *matinales* (sans doute les *matinales au lever*) se réjouissent avec le soleil; mais, après avoir laissé entendre que les *vespérales* se réjouissent avec un autre astre (phrase 1), il finit par écrire (phrase 4) que leur influence est voilée par celle de la lune.

31. Cette explication n'apparaît nulle part dans le reste de l'œuvre.

Page 103.

32. Les Anciens n'évaluaient pas tous de la même façon l'écart (que les astrologues, à partir de la Renaissance, appelleront *orbe*), qui doit séparer une planète du soleil pour qu'elle soit visible à l'aurore ou au couchant, les chiffres variant de cinq à dix-huit degrés, et l'appréciation pouvant encore être modifiée en fonction de la luminosité des astres en question. Cette notion, qui n'intéresse plus les astronomes, jouait un rôle dans les spéculations astrologiques, peut-être pour les calculs de la durée de vie (cf. BL, p. 111, n. 3; LB, *Lexique...* n° 763). Sur le vocabulaire de ce chapitre, je dois à P. Brind'Amour les précisions suivantes: *recedere* n'indique aucune rétrogradation, mais un *écart* (les astronomes disent alors *élongation*); *praecedere* indique la *précédence* de la planète quand sa longitude est inférieure à celle du Soleil et qu'elle se lève avant le Soleil, le matin; *subsequi* indique la *subséquence* de la planète quand sa longitude est légèrement supérieure à celle du Soleil et que son lever vespéral a lieu à l'occident le soir.

32a. Cette asyndète reprend l'usage des astrologues qui parlent de planète *praecedens matutina* (voir note 32) ou *subsequens vespertina*.

33. *Ksz* avaient restitué ici un titre emprunté aux *indices* des manuscrits.

Page 104.

34. Le Bélier est d'abord qualifié d'équinoxial, car c'est dans ce signe que se trouve l'équinoxe de printemps; il est, depuis les Égyptiens, adorateurs d'Ammon, placé en tête de toutes les énumérations de signes zodiacaux, et bien souvent, pour cette raison, qualifié de royal (BL, p. 129, n. 1). Dire qu'il est solsticial est en totale contradiction avec le qualificatif précédent, et l'astronome trouvera l'erreur grossière. Il s'agit en fait d'une erreur de traduction, que l'on retrouve au début du § 3, où Firmicus semble considérer solsticial et équinoxial comme synonymes: l'expression ἰσημερινὸν τροπικόν, à lequelle il se réfère alors, et qui désigne les jours équinoxiaux, a été traduite en deux fois: ἰσημερινόν, a été transposé très justement par *aequinoctiale*, et τροπικόν a été rendu par *solstitiale*, ce qui reste plausible, si l'on considère que le terme s'appliquait à un changement de saison, et que les jours τροπικάι pouvaient être non pas uniquement ceux où le soleil change le sens de son mouvement, mais ceux où changent les saisons, donc non seulement ceux des solstices, mais aussi ceux des équinoxes (c'est le cas chez Héphestion de Thèbes 47,10); cf. *infra* 22,8. *Ignitum*: trois signes sont classés dans cette catégorie: Bélier, Lion, Sagittaire. *Ad laniandum* est retenu dans le texte édité par *Ksz*; mais ceux-ci se demandent, dans l'apparat, s'il ne vaudrait pas mieux écrire *lanatum*, ce que nous faisons, ou encore *lanigerum*, tous deux constituant des qualificatifs

adaptés à la nature de l'animal: c'est d'ailleurs un aspect sur lequel insiste Manilius (IV,123 s.; 505 s.). Pour F. Boll (*Paralipomena I, Phil.* 69, 1970, p. 175-176), *laniandum* devrait être compris comme un adjectif verbal, donc passif, devant lequel *ad* serait une adjonction tardive. *Corporale* oppose le Bélier à la Balance, et peut-être aussi au Taureau, dont seule la *protomé* est discernée dans les astres. *Erraticum*, parce que les mythographes l'avaient identifié au Bélier à la Toison d'Or, qui avait emporté Phrixus et Hellé (Bibl. sur la description de l'ensemble des signes dans BL, p. 130, n. 1). Description en termes analogues chez Vettius Valens (I,2,1) et Ptolémée (*Tétr.* I,11 et 12).

34a. Le Bélier est dit «mobile» en référence à un système qui classait les signes en *mobiles* (Bélier, Cancer, Balance, Capricorne), *fixes* (Taureau, Lion, Scorpion, Verseau) et *communs* (Gémeaux, Vierge, Sagittaire, Poissons).

35. *Nem*[3]. propose de combler la lacune par *Crios dictum est*, mais cette désignation est présentée et discutée au § 3. Il est plus probable que Firmicus avait mis là un équivalent grec de *erraticum* (Vettius Valens 1,2,1 le qualifie de εὐμετάβολον), à moins que ce soit *quod a graecis* qui soit entré indûment dans le texte.

36. Il ne faut pas chercher ici une quelconque allusion à l'harmonie des sphères. Parmi les critères de classification, qui se sont multipliés avec les siècles, figurait celui de la voix: certains signes étaient censés avoir une voix, d'autres une demi-voix (par exemple le Lion!), d'autres pas du tout (BL, p. 150). Manilius introduit une distinction entre signes *uidentia* et signes *audientia* (I,466-519). Il est vrai que le Bélier, qui se voit attribuer ici une voix, était appelé ἡμίφων par Maxime d'Éphèse et Vettius Valens (1,2,1). Firmicus semble connaître également cette catégorie de signes doués d'une portion de voix, qu'il appelle plus bas (3,6,3) *modicae uocis*.

37. Il est en aspect trigone avec le Sagittaire et avec le Lion, dont les maîtres sont respectivement Jupiter et le Soleil.

38. Sur cette confusion, cf. note 34.

39. Aucun des manuscrits n'indique de lacune, mais la phrase de Firmicus s'interrompt brusquement. Il nous manque la description de tous les signes intermédiaires entre le Bélier et les Poissons.

Page 105.

42. Le développement est déjà englobé dans le titre du chapitre X, tel que le donnent les *antiquiores*. Ce n'est qu'au XVe siècle qu'il est constitué en chapitre indépendant, avec un titre que *Ksz* proposent entre crochets obliques. Suivant les *antiquiores*, nous ne donnons pas ce titre dans le texte (*de moribus signorum et natura*), mais nous conservons la division et la numérotation traditionnelles.

43. La théorie dite «des sept climats» avait été formulée par Sérapion, un élève d'Hipparque, vers 120 av. J.-C., et elle découlait de

la théorie astronomique de l'inégalité des ascensions due à Hypsiclès, dont les travaux (vers 200 av. J.-C.) avaient inspiré Hipparque: cf. E. HONIGMANN, *Die sieben Klimata*, Heidelberg, 1929; on trouvera une reconstitution des calculs des anciens babyloniens dans l'ouvrage d'O. Neugebauer, *Greek Horoscopes*, Philadelphia 1959, p. 3-5. L'inégalité des ascensions des signes, c'est-à-dire le fait que les parties obliques du Zodiaque montent plus vite au-dessus de l'horizon, et descendent plus lentement, provient du fait que le plan de l'écliptique est incliné par rapport à celui de l'équateur. En outre, cette inégalité s'accroît avec l'éloignement de l'équateur (BL, p. 259-269). Firmicus a pu lire, dans un traité d'astronomie, que, du fait de l'obliquité du Zodiaque, les ascensions de certains signes étaient plus rapides que celles des autres, et que la latitude du lieu d'observation avait une influence sur le calcul de ces ascensions. Mais il savait également que les anaphores pouvaient être prises en compte dans le calcul de la durée de vie (PTOL. *Tétr.* 3,10). Mélangeant ces deux données, il en conclut que les tableaux chiffrés dont il dispose indiquent «en quelle année chaque signe se lève dans les génitures», c'est-à-dire «s'il fallait chercher un sens à ce non-sens, en quelle année de la vie d'un individu né sous un des sept climats recensés par lui se fera sentir l'influence de chaque signe du Zodiaque» (BL, p. 261). Pour les corrections apportées aux chiffres à la suite de *Ksz*, voir n. 23.

44. On remarquera que Firmicus confond sans sourciller les *climats* d'Alexandrie et de Babylone, et qu'il donne les mêmes chiffres pour l'Hellespont et Rome: cela conduit à penser que la valeur des notions qu'il expose lui échappe complètement, et qu'il ne voit dans ces tableaux que des listes à consulter pour établir des horoscopes, mais sans plus de signification intrinsèque que si elles étaient arbitraires ou aléatoires.

Page 107.

45. L'idée de relier vents et signes du Zodiaque était née d'une observation tout à fait empirique, selon laquelle les vents avaient une direction et une durée déterminées lorsque la Lune occupait tel ou tel signe (cf. BL, p. 199 s.). Partant de là, les astrologues avaient édifié des systèmes divers et complexes (PTOL. *Tetr.* 1,18; DOROTH. SIDON. *Heph.* 1,6; PAUL. ALEX. A2-B), dans lesquels Firmicus semble s'être orienté un peu au hasard.

46. Les quatre vents ici évoqués correspondent à peu près aux quatre points cardinaux (Aquilon: N; Auster: S; Solanus: E; Africus: OSO). Sur la rose des vents des Anciens, on trouvera une mise au point complète et une bibliographie méthodique dans l'édition de PLIN. *nat.* 2, procurée par J. Beaujeu pour cette même collection, p. 195-201.

47. Ces dodécatémories n'ont, à part leur dénomination, rien de commun avec celles qui désignent la division des signes en douzièmes

de 2°5 chacun. Firmicus appelle ici dodécatémorie d'un point du cercle zodiacal — et donc de l'astre qui occupe ce point à un moment donné — un autre point du Zodiaque déterminé par le calcul suivant: on multiplie par 12 le quantième de degrés qui mesure la position de ce point dans le signe où il se trouve; on reporte le produit obtenu sur le cercle, à raison de 30° par signe, et le point où l'on arrive est la dodécatémorie du point de départ. Firmicus donne un exemple au § 3; mais il n'applique pas sa théorie avec toute la rigueur voulue, puisqu'il compte le Bélier pour 30°, alors que si l'on part du point 5°5′ occupé par le Soleil, le Bélier ne devrait compter que pour 24°5′ et l'on devrait arriver à 6°5′ des Gémeaux (cf. BL, p. 300 s.).

Page 109.

49. La notion de *lieux* (les *maisons* des astrologues modernes) est le fondement de l'astrologie, et elle a donné naissance, au fil des siècles, à des systèmes de plus en plus complexes. Il s'agit, en fait, une fois dressée une carte du ciel au moment d'une naissance, d'en tracer les axes, horizontal et vertical, de la diviser ensuite en secteurs, de 45° ou de 30°; chacun de ceux-ci est alors censé contenir, étant donné les astres qui s'y trouvent et les aspects qui les relient aux autres, toutes les indications relatives à une partie de la destinée du consultant: naissance, enfants, santé, fortune... (BL, p. 270 s.) Leur origine est sans doute babylonienne, mais les premières codifications furent égyptiennes (F. Cumont, *L'Égypte...* p. 13-19). Ptolémée en parle peu; Manilius (II,856-967) expose un système qui ne concorde qu'en petite partie avec ce que dit Firmicus, mais qui, contrairement à ce qu'écrit BL p. 276-279, semble bien avoir été duodénaire. Firmicus, d'ailleurs, présente successivement deux systèmes, l'un qui partage le ciel en huit lieux, l'autre en douze; le premier est peut-être une ébauche pour faciliter l'apprentissage des débutants (cf. 14,2; 14,4); mais il est possible aussi que Firmicus ait utilisé deux sources différentes sans se préoccuper de les harmoniser.

50. L'expression *testimonium perhibere* est bien souvent utilisée par Firmicus qui explique, en 2,25,10, le sens très particulier que lui donnent les astrologues: «si stellae bonum ei testimonium perhibeant, id est bona illum radiatione respiciant».

Page 110.

51. A l'origine, le terme *Horoscope* désigne le point du cercle Zodiacal qu'on *voit* émerger de l'horizon à l'*heure* de la naissance, du côté du levant. Appelé aussi *Ascendant* il sert de point de départ au cercle de géniture dont il est le premier pôle ou cardinal. Pour certains, il désigne aussi la figure de l'ensemble du ciel telle que la notait l'astrologue, à partir de ce point premier, au moment de la naissance. Afin de conserver ce terme et d'éviter la confusion avec le sens qu'on

lui donne couramment de nos jours, nous l'écrivons avec une majuscule.

52. *Debes... scientes*: l'anacoluthe est un peu rude, mais Firmicus est coutumier du fait et il n'est pas nécessaire de corriger le texte.

53. Cf. 2,19,13.

54. On trouve un système de douze lieux exposé chez Manilius (II,856-967), mais, pour cinq lieux sur douze, il ne correspond pas à celui de Firmicus. Ptolémée se réfère aussi à un système de douze lieux, dans son chapitre sur la durée de la vie (*Tétr.* 3,10), mais le tracé qu'il propose part du cinquième degré au-dessus de l'Horoscope; en outre, il fait beaucoup plus de cas des cardinaux que des lieux, et considère les lieux situés au-dessous de l'horizon comme bien inférieurs à ceux du dessus. Il semble, en fait, avoir voulu rationaliser un ensemble de systèmes confus (BL, p. 269 s.), alors que Firmicus les juxtapose sans paraître apercevoir leurs contradictions.

55. MC = medium caelum = Milieu du Ciel. IMC = Imum caelum- = Fond du Ciel.

56. Les *cardines* forment la charpente de douze lieux: chacun des quatre lieux présentés ici (les huit autres le sont dans les chapitres suivants) porte le nom du *cardo* dont il est le plus proche; Horoscope, Couchant, IMC, MC... désignent donc tantôt un point tantôt l'espace de 30° dont ce point est l'origine.

Page 111.

57. En fait, ici, Firmicus ne démontre rien: il fait, à grand peine, comprendre quelque chose, qu'il a dû lire ailleurs — et qui est exact —, c'est-à-dire que le Milieu du Ciel (non pas la *pointe* du Milieu du Ciel, mais son *lieu*) se trouve parfois décalé de quelques degrés (*partiliter*) dans le onzième lieu, parce que le Zodiaque, tournant autour d'un axe oblique par rapport à son plan, n'est jamais divisé en quadrants égaux par l'horizon et le méridien: cf. BL, p. 259 s. Mais les astrologues simplifiaient généralement le calcul (*platice*) et retenaient pour vrai ce qui ne l'était, à nos latitudes, que le 21 mars et le 21 septembre, dressant en fait leur Milieu du Ciel non sur l'équateur, mais sur l'horizon.

58. A condition de faire le calcul en se fondant sur une division du cercle de géniture non pas en huit lieux, mais en douze, comme c'est le cas dans les chapitres suivants.

Page 114.

62. En fait, pour arriver à trente, il faut décompter les vingt-neuf degrés qui suivent, car il a déjà comptabilisé le degré de départ. En revanche, au § 6, mais là seulement, Firmicus donne les chiffres selon la bonne méthode: du 121e au 150e, il y a bien trente degrés.

63. Au § 11, Firmicus attribue cette suprématie au Milieu du Ciel,

sans signaler la contradiction. Le problème divisait les astrologues, Ptolémée et Manilius tenant pour la prééminence de cet angle, tandis que Paul d'Alexandrie et Proclus, à la suite de Dorothée de Sidon, tenaient pour l'Horoscope.

64. Comme *Dea* est la Lune, *peregrinantis* est peut-être *la voyageuse*.

Page 122.

70. La notion d'*aspect* est un autre pilier de l'astrologie, et semble être due à l'astrologie gréco-égyptienne (BL, p. 178). Elle consista d'abord à associer les signes qui se font face (diamètre, ou opposition diamétrale), puis on examina le cas de ceux que l'on pouvait réunir en formant un triangle (trigone ou trine), et, de proche en proche, un carré (quadrat) ou un hexagone (sextil): cf. fig. p. 173. Les astrologues modernes prennent même en compte les aspects correspondant à des angles de 30° ou de 150°, que les anciens qualifiaient d'*aveugles*: cf. infra, 23,7 et fig. p. 173. Mention est faite de ces notions chez Cicéron (*diu.* 2,42), Sextus Empiricus (*c. mat.* 39), Manilius (2,270-342) et surtout Ptolémée (*Tétr.* 1,13). Ces liens particuliers sont exprimés par Firmicus par des termes concrets et imagés, souvent empruntés à ses prédécesseurs, comme *uidere*, *radiatio*, *societas*, *testimonium* (cf. BL, p. 165-179).

71. Le raffinement supplémentaire qui distingue les aspects de droite et les aspects de gauche permettait de préciser encore la «qualité» de l'aspect, l'astre situé à droite d'un autre étant considéré comme prenant l'ascendant sur celui-ci. Ces relations de puissance seront décrites en termes militaires un peu plus bas (2,29,15s.): cf. BL, p. 174s. La nomenclature française traditionnelle est la suivante: aspect sextil, quadrat... dextre, senestre.

Page 123.

72. Jusqu'au septième, parce que, tout en utilisant la numération ordinale, Firmicus prend encore en compte l'unité de départ; cette «méthode» lui est familière (cf. supra ch. 19 *pass.* et note 63). *Signes aveugles*: les astronomes associaient par couples les signes de même latitude. Les astrologues, pour qui les signes étaient des êtres vivants, disaient, de deux signes ainsi accouplés, qu'ils «se voyaient» par-dessus ou par-dessous la terre. Les signes tropiques, Cancer et Capricorne, n'étant pas couplés, étaient «disjoints», ou «aveugles» (cf. *infra*, 23,7 et BL p. 160).

73. Cf. supra 2,22,4.

Page 124.

75. Dans ce chapitre, les mots *trigone*, *hexagone*... désignent tantôt les formes géométriques correspondantes, tantôt les signes qui sont réunis par le tracé de ces figures. Sur la notion d'aspects, voir note 70.

Page 127.

77. L'établissement de correspondances systématiques entre les signes du Zodiaque et les différentes parties du corps, ou *mélothésie zodiacale*, était attribué tantôt aux Chaldéens tantôt aux Égyptiens. Le principe consistait à étendre le corps humain sur le cercle déroulé du Zodiaque, ce qui faisait correspondre la tête au Bélier et les pieds aux Poissons (ils ne marchent pas, mais ils sont deux!): cf. BL p. 319-320; A.-J. FESTUGIÈRE, *Révélation*... t. 2, p. 131 s.).

78. Si, dans ce contexte, *uitium* se rapporte clairement à un défaut physique, il arrive aussi qu'il désigne tout aussi nettement un vice. Mais, dans un grand nombre de cas, en particulier dans les formules apotélesmatiques, le contexte ne permettra pas de déterminer le sens avec autant de netteté.

79. Ce chapitre aurait dû faire suite au chap. 11 sur les ascensions des signes. Mais Firmicus ne semble pas avoir compris le lien entre le problème des ascensions et celui des durées de vie. Sur ce point, comme sur beaucoup d'autres, ses données ne concordent pas avec les chiffres de Paul d'Alexandrie et de Vettius Valens. Deux autres passages de la *Mathesis* sont aussi en contradiction avec ce chapitre: *math.* 3,2,23; 3,6,34: maître de géniture et donneur de vie, ici confondus, y sont nettement distingués. Quant à la détermination du maître de géniture, elle est expliquée d'une autre manière en 4,19,1-2.

Page 129.

80. Firmicus est censé bien connaître ce sujet, auquel, dit-il, il avait consacré un ouvrage entier, dédié à un certain Murinus, inconnu par ailleurs (4,20,2). Sur ce problème des chronocratories planétaires, cf. BL p. 484 s. Pour résumer, on peut dire que Firmicus recourt successivement, sans le dire, à deux systèmes différents, l'un planétaire et l'autre zodiacal. Dans le premier, après que le Soleil a dominé pendant une période de dix ans et neuf mois (*decennium*), les autres planètes prennent le pouvoir selon un ordre de succession déterminé par les signes où elles se trouvaient, et se partagent le *decennium* suivant. Au chapitre 27, Firmicus expose un système selon lequel chaque signe reçoit une année de pouvoir, dans un cycle qui compte douze années; ce système est repris au chapitre 28 pour présenter la chronocratorie journalière. Les applications que Firmicus en tirera tout au long de son ouvrage tiendront compte, en outre, des mouvements de la Lune postérieurs au moment de l'établissement du Thème, ce que les astrologues appellent maintenant le *transit lunaire*. Manilius (3,514 s.) expose un système zodiacal, semblable à la deuxième partie de l'exposé de Firmicus. Quant à Ptolémée, il explique la «répartition des temps» à la fin de sa *Tétrabible* (4,10) en utilisant à la fois planètes et signes, et en tenant compte également du transit postérieur de toutes les planètes

(BL, 502-503). Il manifeste encore son plus grand souci de rationalité en tenant compte des races, des régions, des âges.

81. Dans ce chapitre, *décennie* désigne non pas une durée exacte de dix ans, mais d'abord la durée de domination, exprimée en mois, que le *chronocrator* se réservera, et celle qu'il attribuera à chacun des signes qui, à sa suite, prendront le pouvoir; au § 4, le terme désigne la somme de ces attributions, 129 mois, qui sont répartis entre les astres en fonction de la durée de «période propre» de chacun (BL p. 492 s.).

Page 132.

84. Dans la pratique, l'antiscie est, pour Firmicus, un rayonnement direct ou indirect dont il propose de tenir compte en plus des autres, pour nuancer le pronostic, peut-être pour corriger les formules apotélesmatiques quand les faits leur ont apporté un démenti trop voyant (cf. § 10 s.). Mais cette dernière astuce est déguisée en un exposé en forme de discussion et présenté en deux étapes. Au début du livre (*Pr.*, 2) il a évoqué deux systèmes, l'un qu'il rejette comme faux, celui d'Hipparque et de Fronton, l'autre qu'il adopte, celui de Navigius (?) et Ptolémée, qui reçoivent en renfort, au début de ce chapitre, l'autorité d'Antiochus et celle de Dorothée de Sidon. La querelle, dont on trouvera les détails analysés dans BL p. 159 s., était née en grande partie du fait que certains astrologues articulaient leur Zodiaque en partant du commencement des signes, d'autres en partant du centre de ces signes, voire du 15ᵉ degré (le *Thème du monde* présenté en 3,1 commence au 15ᵉ degré du Cancer). Dorothée de Sidon et Antiochus d'Athènes ne nous sont guère connus que par les fragments que nous a transmis Héphestion de Thèbes, qui semble avoir écrit sous Théodose (BL p. XIV-XV); pour Dorothée, nous disposons maintenant de l'édition du *Carmen astrologicum* procurée par D. PINGREE, Teubner 1976; ce dernier éditeur pense pouvoir dater son activité de 25 à 75 après J.-C.

Page 136.

87. Th. Mommsen (*Hermes* 29,618) a reconnu dans le natif de cet horoscope Céionius Rufius Albinus, consul en 335, préfet de Rome de 335 à 337, et dont le père, C. Céionius Rufus Volusianus, avait été consul en 311 et 314. O. Neugebauer a montré que la naissance d'Albinus peut être datée du 13 mars 303 (*The horoscop of C. Albinus*, *AJPh* 74, 1953, 418-420). Mon collègue G. Moreels, astronome à l'Observatoire de Besançon, a bien voulu préciser, après avoir repris ce calcul, que la naissance s'était passée le soir de ce jour, vers 21 heures (voir les figures p. 175). L'établissement de ce thème permet de constater que Firmicus traçait les aspects selon les relations entre les signes sans s'astreindre à le faire au degré près. Cette géniture applique par ailleurs un principe posé en 2,7,3, selon lequel les aspects entre Mars et

Lune croissante sont maléfiques, y compris le trigone, qui est habituellement bénéfique.

88. L'adjectif *ignobile* ne laisse pas de surprendre, puisque l'homme est dit *amplissimi ordinis*. Si l'on n'envisage pas de corriger le texte, il faut admettre que *paternum genus* désigne une ascendance lointaine, et que la noblesse de la famille ne remontait qu'à une ou deux générations, ce qui, à cette époque, n'était pas impensable.

89. Anacoluthe et ellipse un peu brutales: le sujet des verbes *humiliatur ostendit... decernit* est le Soleil seul, et non plus le couple Jupiter/Soleil qui régissait la phrase jusqu'à *mittentes*.

Page 137.

89[a]. C'est-à-dire le degré qui sert de point de départ pour tous les calculs (cf. 2,15,2-3).

FIGURES

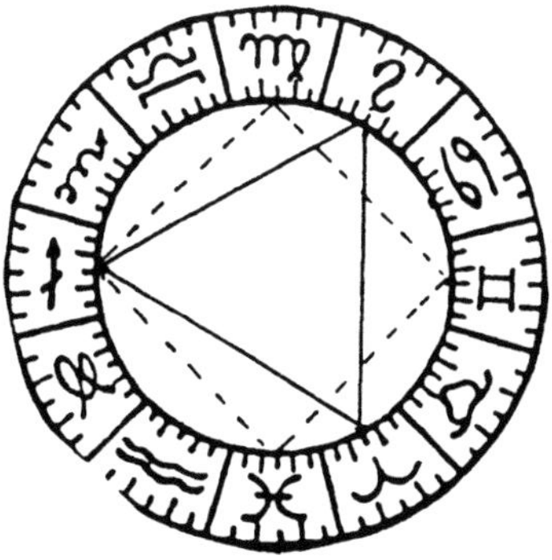

Aspects (a)
trait continu: trigone ou trine.
pointillé: quadrat.

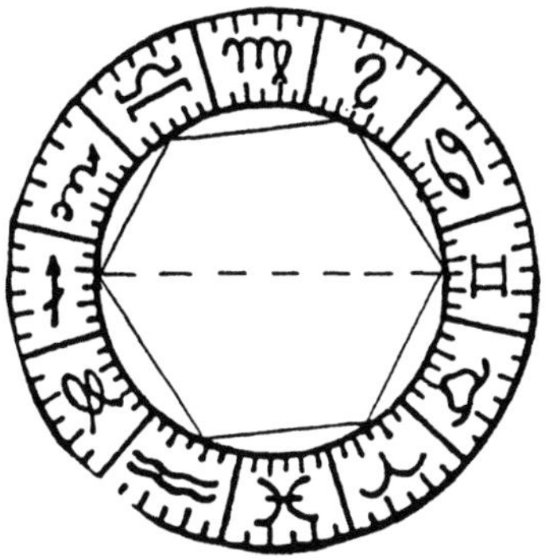

Aspects (b)
trait continu: hexagone ou sextil.
pointillé: opposition.

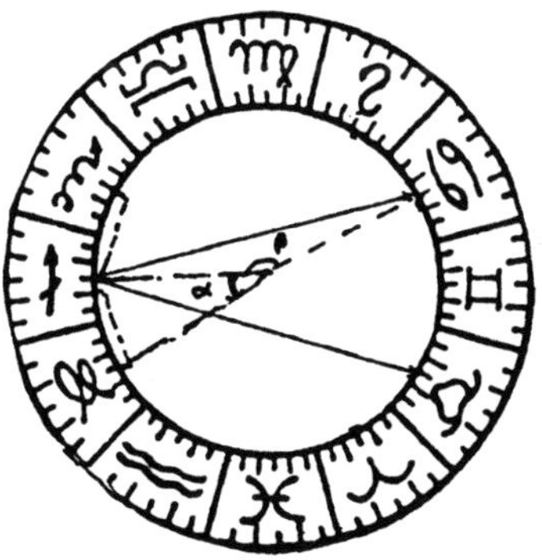

La «non-relation» ou les rapports «en aveugle».
pointillé: de voisin à voisin: l'angle au centre est de 30°.
trait continu: liaison avec le voisin du signe opposé: l'angle au centre est de 150°.

Les aspects.

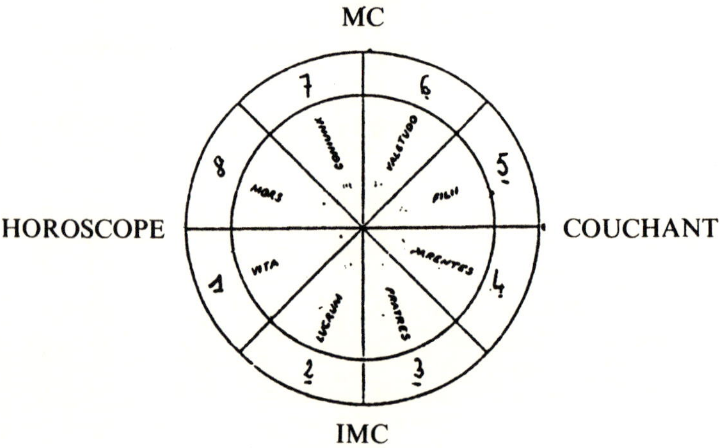

Système des huit lieux (Chap. 15-19).
MC: medium caelum.
IMC: imum caelum.

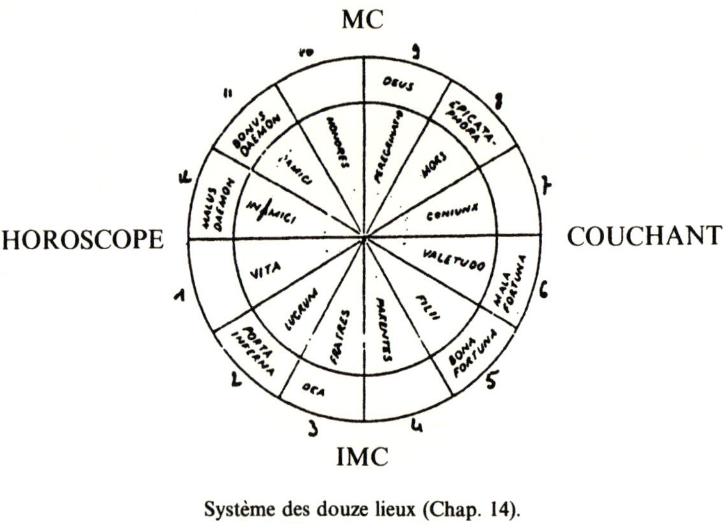

Système des douze lieux (Chap. 14).
MC: medium caelum.
IMC: imum caelum.

Pour lire l'horoscope d'Albinus (ch. 29).

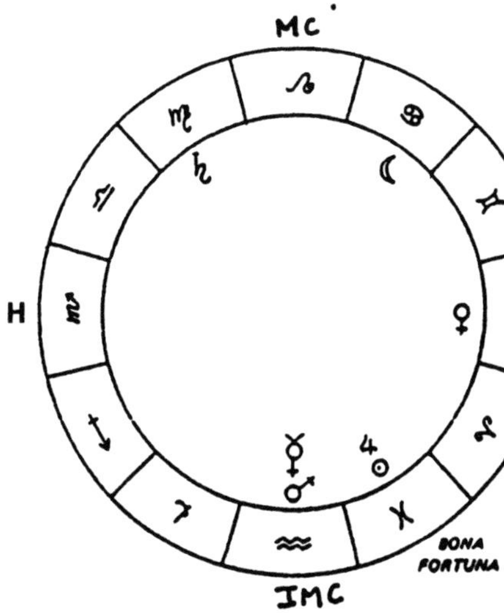

A. Le ciel à la naissance d'Albinus.

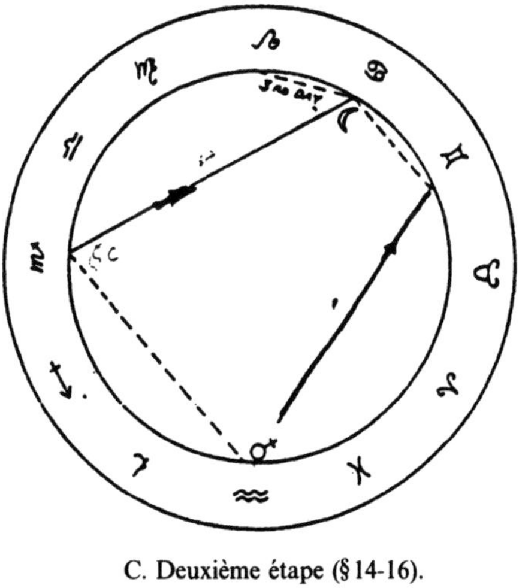

C. Deuxième étape (§ 14-16).
Les traits continus indiquent les astres et signes en aspect trigone; les pointillés représentent les antiscies.

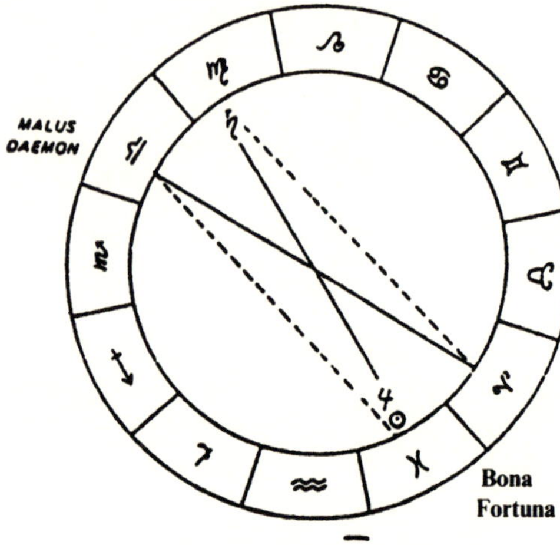

B. Premier effet des antiscies (§ 12-13).
Traits continus: opposition diamétrales.
Pointillés: antiscies.

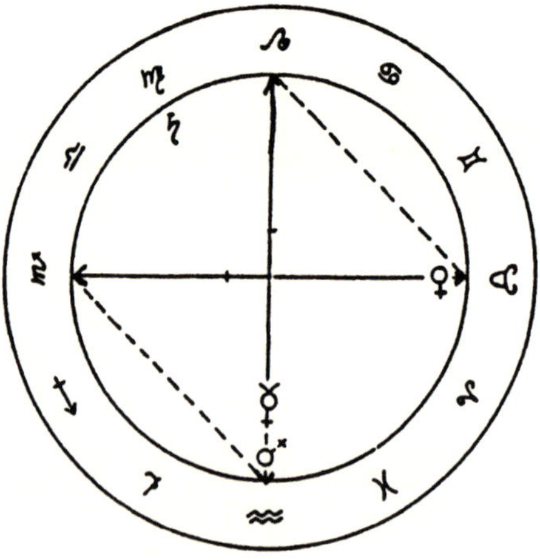

D. Dernière étape (§ 17-18).
Les traits continus indiquent des opposition diamétrales, les pointillés des antiscies.

TABLE DES MATIÈRES

CORRIGENDA

Traduction

P. 47 (l. 7, XIX) : corriger « inertes » en « abattus ».

P. 50, l. 1 : après « MATERNUS », ajouter « LE JEUNE ».

P. 110 (I, 14, 3, l. 5 et 9) : remplacer « fils » par « enfants ».

P. 112 (I, 17, l. 8) : au lieu de « Génie », lire « Démon ».

Ce volume,
de la Collection des Universités de France,
publié aux Éditions Les Belles Lettres,
a été achevé d'imprimer
en novembre 2002
sur presse rotative numérique
de Jouve
11, bd de Sébastopol, 75001 Paris

304e volume de la série latine

N° d'édition : 4531
Dépôt légal : décembre 2002

Imprimé en France